프로 레크리에이션 600 

전 승 훈 엮음

머리말

　좋은 레크리에이션 책을 읽는 것은 뛰어난 레크리에이션 지도자와 대화를 하는 것이다.

　어느 누군가 해야 할 일이지만 그러나 아무나 할 수 없는 일을 하기 위해 7년이라는 시간이 걸렸다. 그 일은 "구슬이 서말이라도 꿰매야 보배다."라는 말대로 국 내외(內外)에 널려 있는 레크리에이션 자료들을 모아 십여년간 쌓아온 필자의 현장 경험, 여러 가지의 생생한 체험과 실험, 창작을 동원하여 우리 몸의 신경조직과 같이 유기적으로 구성하고 편집했다. 또한 레크리에이션에 이벤트 개념을 첨가하여 '게임 이벤트'와 '레크리에이션 이벤트'가 되도록 꾸몄다. 독자들이 실용적이고 편리하게 읽고 활용할 수 있으리라 확신한다.

　책이름을 "프로 레크리에이션 600"이라고 정한 것은 20,000여개의 자료들을 600개로 압축시키고 이것들을 다시 원형(□)과 변형(●)으로 엮은 이유에서이다. 나는 이 책이 레크리에이션을 좋아하는 사람과 필요로 하는 사람, 크고 작은 모임의 리더, 선생님, 특히 레크리에이션을 싫어하는 사람에게 읽혀지길 바란다. 레크리에이션에 관심이 있던없던 상관없이 여가를 선용하길 바라는 사람과 좋은 행사를 위해 애쓰는 모든 사람에게 많은 도움이 될 것으로 믿는다.

　이 책은 한마디로 "어떻게 하면 레크리에이션을 성공적으로 진행할 수 있는가?"에 대한 해답서이다.

　내가 사랑하는 사람과 나를 사랑하는 사람들, 그리고 레크리에이션적인 '나의 삶'을 만들어 준 모든 분들과 하나님께 감사를 드린다.

1994년 5월

전 승 훈

증보판을 내면서

　레크리에이션 책자가 레크리에이션 지도자와 전문가들로부터 호평을 받는다는 것은 힘겹고 어려운 일이지만 프로레크리에이션 600은 받았습니다. 그리고 독자들의 눈은 예리했고, 판단은 정확했습니다.

　강아지가 앞발을 드는 것은 반갑기 때문이고, 고양이가 앞발을 드는 것은 공격 자세입니다. 이래서 개와 고양이는 사이가 좋을래야 좋을 수가 없습니다. 이유는 둘 사이엔 통하는 것이 없기 때문입니다. 또 갑돌이와 갑순이는 한마을에 살았고, 둘이는 서로서로 사랑을 했지만 결혼을 하지 못했습니다. 이유는 갑돌이가 갑순이에게 프로포즈를 하지 않고 마음뿐이었기 때문입니다.

　이제 독자와 필자 사이에 통하는 프로포즈를 위해 프로레크리에이션 600의 **증보판**을 내게 되었습니다. 증보판을 내면서 '이벤트 기획론'과 레크리에이션 진행에 있어 꼭 필요한 '유머 마인드'를 보강했습니다.

　이벤트 기획론은 행사를 주관하는 사람의 고충을 크게 덜어 줄 것이고, 유머 마인드는 행사를 진행하는 사람에게 든든한 밑천이 되리라 확신합니다.

　사람이 여가를 어떻게 보내느냐 하는 문제는, 한 개인의 차원을 넘어서 그 나라의 흥망성쇠(興亡盛衰)가 달려있는 문제입니다. 이 책은 여가의 선용과 행사의 품질을 높이는데 기여할 것입니다.

　못 다한 이야기들은 레크리에이션과 이벤트 전문 인터넷사이트인 www.selfevent.com을 통해 하겠습니다.

　특히 www.selfevent.com은 스스로 행사를 기획하고 진행할 수 있도록 친절히 안내하는 인터넷사이트입니다. 방문하시면 감동과 행복이 가득할 것입니다.

2005년 6월 10일

전쟁에서 **승**리하여 **훈**장 받은　전 승 훈

목 차

Ⅱ. 프로 레크리에이션 600

Ⅲ. 활 용 색 인

레크리에이션의 기본 이론

1

① 레크리에이션

1. 레크리에이션의 역사(歷史)

레크리에이션 역사의 시작은 분명하지 않다. 왜냐하면 고대로 거슬러 올라가서 기원을 찾기가 어렵고, 고대 올림픽(그리스.로마 시대) 이전의 운동경기도 일종의 레크리에이션 범주에 넣을 수 있기 때문이다. 정의하기에 따라서는 사람이 세상에 태어날 때 부터라고 할 수도 있다. 그러나 실제적인 단어의 사용에 대한 기원을 찾아보면 16세기 경이 된다.

2. 레크리에이션의 어원(語原)

레크리에이션이란 용어는 16세기 문예부흥기에 인간 개조의 필요성을 주장하는 인문주의자들에 의해 처음으로 사용되었는데, 그 뜻은 "건전한 여가의 활용"이었다. 이것은 오늘날의 레크리에이션과 동일한 뜻의 용어로 쓰였다.

1932년 미국 LA올림픽과 병행하여 제1회 레크리에이션 회의가 처음으로 개최되었는데 이 때부터 레크리에이션이란 용어는 국제적으로 널리 알려지고 쓰이기 시작했다.

우리 나라에서 레크리에이션이란 용어가 사용된 것은 6·25 이후로 볼 수 있다. 물론 그 이전에도 레크리에이션이야 있었지만 - 제기차기, 투호(投壺), 연날리기, 널뛰기, 팽이치기, 강강수월래 등의 전통 민속 놀이 - 레크리에이션이란 낱말이 통용된 것은 전쟁 이후로 봐야 한다.

3. 레크리에이션의 뜻(語義)

Recreation이라는 단어는 라틴어의 '레크레싸오(recreatio)'에서 시작하여 '리크리에이트(recreate)'로 된 것인데 발음별로 분류하여 보면 두 가지 뜻이 있다.

   (1) **리크리에이션(re-creation)** : 발음의 강점(액센트)이 앞에 있고 개조(改造), 재창조, 새롭게 만듬의 뜻

⑵ 레크리에이션(recre-ation) : 발음의 강점이 뒤에 있고 오락, 유희,
  소창, 취미, 휴양, 위안, 기분 전환의 뜻

레크리에이션과 리크리에이션은 서로 밀접한 관계를 갖고 있다. 왜냐하
면 레크리에이션이란 어떤 활동(즐김)을 통하여 창조적인 결과를 가져와야
하기 때문이다. 즉 레크리에이션을 통해서 리크리에이션이 될 때 참다운 레
크리에이션이라 할 수 있다.

4. 레크리에이션의 의의(意義)

레크리에이션의 의의는 3가지 면에서 찾을 수 있다.

첫째, 어떤 활동에 대한 각자의 흥미와 욕구에 의해서 이루어지는 것
둘째, 각자가 행하는 여가 활동에서 희열과 만족을 느끼는 것
셋째, 마음으로부터 우러나오는 자발적인 활동에 의해 이루어지는 것

5. 레크리에이션의 정의(定意)

레크리에이션에 대한 학자들의 대표적인 정의를 보면

◇ H. D. Meyer : 레크리에이션은 여가에 관계되는 활동이며 그 활동
  자체에서 연유되는 만족에 의하여 동기화 된 것이다.
◇ John Hutchison : 레크리에이션은 활동에 스스로 참가하는 개인에
  게 직접적이며 만족스러운 가치 있고 사회적으로 받아들일 수 있는
  여가의 경험이다.
◇ Edis Boll 박사 : 레크리에이션은 여가 시간에 있어서 각자가 선택
  한 활동에 자발적인 참가를 하여 만족을 나타내는 여러 가지 경험을
  포함한다.
◇ Bright Bill 박사 : 레크리에이션이란 여가를 즐기기 위하여 또는 어
  떠한 자기 만족을 얻기 위하여 자유로이 하는 활동이다.
◇ 김오중 박사 : 레크리에이션은 각자가 선택한 활동에 스스로 참여하
  여 만족을 느낄 수 있고 동시에 문화적, 사회적으로 받아들일 수 있는
  창조적이며 건설적인 여가의 활동이다.

6. 레크리에이션의 본질적(本質的)인 요소(要素)

레크리에이션에 대한 저명한 학자들의 정의에서 찾을 수 있는 본질적인 요소들은 다음과 같다.

(1) 할만한 가치가 있는 것 (Worth-While)
(2) 사회적으로 용납되는 것 (Socially Accepted)
(3) 여가를 선용하는 것 (Leisure)
(4) 만족을 느낄 수 있는 것 (Satisfaction)
(5) 자발적으로 행하여지는 것 (Voluntary)

위와 같은 요소가 포함될 때 비로소 레크리에이션이 될 수 있다.

7. 레크리에이션의 2가지 형태

레크리에이션에는 두 가지 형태가 있다.

(1) **능동적(적극적) 형태** : 각종 스포츠나 등산, 합창 등 레크리에이션 활동에 직접 참가하여 즐기는 것
(2) **수동적(소극적) 형태** : 영화 감상이나 독서, 음악 등 보고 듣고 느끼는 감상을 주로 하는 것

이 두 형태는 각기 장단점을 가지고 있으나, 수동적인 것보다는 능동적인 레크리에이션이 바람직하다. 왜냐하면 자기 스스로 레크리에이션 활동에 직접 참여하여 기쁨과 만족을 얻고 느끼며, 여러 사람들과 서로 어울려 즐기는 가운데 바람직한 인간 관계를 맺을 수 있기 때문이다.

8. 레크리에이션의 효과

(1) 기분 전환으로 인한 심신의 피로 회복
(2) 각종 공해로 인한 스트레스 해소
(3) 여가의 선용
(4) 창조적인 분위기 조성
(5) 자기 자신의 재발견
(6) 사회의 적응성 발견 및 획득

⑺ 자기 능력 및 창의성 개발

⑻ 리더십의 획득

⑼ 적극적 사고 방식 및 다각적 사고 방식의 활용

⑽ 많은 사람과 친교 (Friendship)

⑾ 목적을 위한 동료 의식 (Team work)

⑿ 봉사의 기회

⒀ 지속적인 작업의 능률 향상

⒁ 성격의 변화와 개조

⒂ 인간 관계의 개선

9. 레크리에이션 활동 종목의 분류

레크리에이션 활동 종목에는 다종 다양한 것들이 헤아릴 수 없이 많지만 아래와 같이 여섯 가지로 분류하여 정리할 수 있다.

⑴ 지적(知的) 레크리에이션 : 독서, 서도, 연구 조사, 탐구, 수집, 창작 활동, 퀴즈 게임, 동화 구연 등

⑵ 사회적(社會的) 레크리에이션 : 캠프, 담화, 게임, 클럽 활동, 포크댄스, 각종 파티, 축제, 봉사 활동 등

⑶ 예능적(藝能的) 레크리에이션 : 미술, 문학, 음악, 연극, 재봉, 수예, 공작, 도예 등

⑷ 신체적(身體的) 레크리에이션 : 수렵, 낚시, 하이킹, 등산, 원예, 스포츠, 소풍, 채집 활동 등

⑸ 취미적(趣味的) 레크리에이션 : 바둑, 장기, 꽃꽂이, 볼링, 도자기 만들기, TV 시청, 영화 감상 등

⑹ 관광적(觀光的) 레크리에이션 : 관광, 여행, 고적답사, 명승지순례, 단풍 놀이, 견학 등

10. 현대 사회에 있어서 레크리에이션의 필요성

복잡한 현대인의 생활에서 의식주와 마찬가지로 레크리에이션은 필수적인 요소가 되었다.

⑴ 급변하는 사회에 대처
⑵ 기계력(자동화)에 의한 노동력의 감소
⑶ 노동 시간의 단축과 자유 시간의 증가
⑷ 도시의 증대 및 인구 집중과 불건전하고 부자연스러운 생활 형태
⑸ 분업화에 의한 자기 표현의 결핍
⑹ 청소년 범죄 및 비행 행위의 증가
⑺ 민주주의적 생활 양식과 상통
⑻ 부자연한 생활 조건의 완화

11. 현대 레크리에이션의 흐름

오늘날 레크리에이션의 흐름은 세 가지로 나누어 생각할 수 있다.

첫째, 생산 능률의 향상

레크리에이션은 직장 생활이나 노동에서 시달린 몸과 마음을 후련하게
풀어줌으로써 새로운 의욕과 활력을 넣어 준다. 생산성 향상과 조직 활성
화 및 일체감 조성 등에 도움을 주는 레크리에이션은 기업체, 공장 등에서
강조되고 있다.

둘째, 행복의 추구

인생이란 생존 경쟁에서 이기기 위해 사는 것이 아니며, 항시 소유욕을
만족시키기 위해 사는 것도 아니다. 인간의 기본적 욕망인 '행복한 삶'을
위하여 마음껏 일하고 즐기는 가운데 인생의 참다운 의미를 찾는 것이다.
레크리에이션은 우리에게 진정한 기쁨과 만족 그리고 평화와 행복을 가져
다 준다.

셋째, 교양 및 인격의 향상

레크리에이션 종목은 크게 나누어 지적, 사회적, 예능적, 신체적, 취미.
오락적, 관광적 레크리에이션 등 6개 분야로 나누어져 있다.
우리는 여가를 통해서 각자가 즐길 수 있는 위와 같은 여러 가지 활동에
참여하여 폭넓은 교양을 쌓고, 또 여러 사람들과 어울리는 가운데 서로 이
해하고 믿고 돕는 바람직한 인간 관계를 이루게 된다.

2. 직장 레크리에이션

(1) 직장 레크리에이션의 필요성

우리는 노동 시간을 오래 끌면 끌수록 작업 성과가 향상되는 것으로 믿어왔다. 그러나 인간은 기계와 달라서 휴식 없이 노동을 계속하게 되면 도리어 생산성이 떨어진다. 더욱이 오늘날의 산업 구조는 대량 생산을 위한 공업의 분업화를 택하기 때문에 작업 형태는 무미 건조 하고, 종사자에게는 스트레스를 주어 일에 대한 권태감과 노동 의욕을 상실하게 한다. 이러한 상황에서 직장 레크리에이션은 긴장을 풀어 주고, 얽매임으로부터 자유로운 기분으로 전환시키고, 자기표현의 기회를 주는 역할을 하고 있다. 따라서 직장 레크리에이션은 생산성 향상과 직결된다.

(2) 직장 레크리에이션 운영의 기본

직장에서 레크리에이션을 운영하는 데는 다음과 같은 점을 고려한다.

① 전 종업원이 참가하도록 다채로운 프로그램을 마련한다.
② 노조와 경영자가 협조하여 합리적 활동 조직을 확립한다.
③ 각 직장의 특수성에 적응하도록 운영한다.
④ 종업원의 자발적 활동을 존중한다.
⑤ 레크리에이션의 활동에 소요되는 경비는 회사측에서 지출하도록 하되, 약간의 경비는 노조측에서도 부담하도록 한다.
⑥ 안전 사고에 대한 예방책을 강구한다.

(3) 직장 레크리에이션의 역할

직장 레크리에이션은 직장에서 일하는 사람들을 위한 레크리에이션으로서 이 활동을 장려하는 이유로는

① 종업원의 인간적 화합
② 종업원의 건강 증진
③ 경영자 측과 종업원 간의 바람직한 협력 관계 형성
④ 생산성의 향상 (노동 능률을 높임)
⑤ 명랑한 직장 분위기를 조성 등이다.

직장 레크리에이션의 역할을 요약하면

첫째, 종업원들의 육체적 정신적 건강과 인간성을 위하여
둘째, 원만한 노사 관계를 위하여
셋째, 직장의 분위기를 쇄신하여, 생산성을 향상시키기 위하여

② 레크리에이션 지도자

1. 레크리에이션의 지도자

레크리에이션의 구체적인 방법은 체험과 학습을 통해서 배우고 익혀야 하기 때문에 이를 지도할 지도자가 필요하다. 지도자는 누구에게나 평등하게 기회를 제공하고 물질적, 정신적인 마당을 제공하며 생활 습관을 계몽하고, 참가자 모두가 만족할 수 있도록 도와야 한다.

"과연 레크리에이션 활동에서 지도자가 꼭 있어야 하는가?"라는 의문이 있을 수 있다. 그러나 집단 활동을 통하여 모두에게 영향을 주는 프로그램을 전개하기 위해 기획하고, 준비하고, 진행하고, 판정하고, 평가할 지도자는 있어야 한다. 지도하는 방법 하나로 모임이 즐겁게도 되고 불쾌하게도 된다.

지도 방법에는 민주적 지도법, 독재적(전제적) 지도법, 방임주의적 지도법 등이 있다.

궁극적으로는 자발적으로 활동할 수 있는 방임주의 지도법에 이르러야 하겠지만, 그 중간 과정은 앞에서 말한 두 가지 지도법이 적절히 혼용되어야 한다.

2. 지도자의 자격

레크리에이션에 관한 기획, 프로그램 진행, 관리 등을 성공적으로 수행하느냐 못하느냐의 여부는 오직 지도자의 역량에 의존한다. 레크리에이션의 발상지라 할 수 있는 미국의 레크리에이션 협회에서 레크리에이션 지도자의 자격을 다음과 같이 설정했다.

(1) 인간 개인의 가치와 존엄성을 인정하려는 의식
(2) 사람들의 흥미나 요구에 대한 이해
(3) 생활의 기쁨이나 사는 수단에 대한 이해 및 그것을 실현하려는 열의
(4) 유머 (Humor)
(5) 봉사하려는 의욕
(6) 창조적 표현을 통해서 개인의 성장 및 발달에의 관심
(7) 다른 사람의 의견 및 개성에 대하여 가지는 호의적인 태도
(8) 예리한 통찰력
(9) 민주적으로 사물을 보고 운영해 나가는 능력
(10) 진행의 민주적인 방법 및 자치의 가치에 대한 확신과 열의
(11) 기분 좋은, 또 호의적인 성격
(12) 조직력
(13) 생산적 에너지와 열의
(14) 사람들과의 협조성
(15) 심신의 건강

또, 오늘날의 전문가들의 의견을 종합해 보면 이밖에도 다음과 같은 일반적인 자질을 요구한다.

(1) 사람을 움직일 수 있는 힘
(2) 사생활이 건전한 사람
(3) 인생관이 건전하고 긍정적인 사람
(4) 미래상, 즉 이상을 가진 사람
(5) 판단력 있고 객관적인 사람
(6) 결단력이 있고 응용력이 있는 사람
(7) 인내심이 있고 낙관적인 사람
(8) 설득력, 신뢰도, 책임감이 강한 사람
(9) 신체적으로 자세가 바르고 청결한 사람
(10) 인간의 이해력과 정보 전달의 능력

3. 지도자의 사전 준비 사항

(1) 행사전에 행사를 할 수 있는 장소를 선택해야 하며 참가자의 성격을 파악하여 연령과 지위를 초월시킴으로 행사 분위기를 살려야 한다.
(2) 게임에 있어서 게임의 내용을 완전 소화시키고, 짧은 시간 내에 참가자를 이해시키고, 경우에 따라서는 임기 응변할 수 있는 사전 준비가 되어 있어야 한다. 그리고 항상 진행 계획을 문서로 작성한다.
(3) 게임은 활동적이고 의욕적인 것이어야 하고, 특수한 분야에 대한 것보다는 대중적인 것이 많아야 한다.
(4) 게임은 의미를 부여함으로써 참가자의 지적 향상 및 레크리에이션의 특수성을 갖게 하며, 여가 선용을 주장해야 한다.
(5) 피곤해 해선 안되고 진행 도중 절대로 화를 내지 말고 항상 활동적이고, 명랑한 분위기를 만들어야 한다.
(6) 게임에 있어서 창작적 요소가 많은 것을 가르쳐 주어야 하고, 그 게임과 호흡이 맞아야 한다.
(7) 경험이 많아야 하며, 새로운 게임은 장단점을 찾아내어 실용화한다.
(8) 안전 사고에 대비를 한다 –시설과 환경 요인, 사용 도구 및 지도 요인
(9) 행사가 끝난 다음에는 반드시 평가하는 습관을 가짐으로서 다음에 대처할 수 있는 마음가짐을 갖는다.
(10) 행사에 관한 모든 것을 문서화시키고, 다음 행사에 대비한다.

4. 지도자의 갖출점

(1) 행동적일 것	(11) 침착할 것
(2) 시간을 잘 지킬 것	(12) 대담할 것
(3) 음악을 알 것	(13) 갈팡질팡하지 말 것
(4) 율동을 알 것	(14) 유연성을 풍부히 할 것
(5) 어휘력을 풍부히 할 것	(15) 임기 응변에 능할 것
(6) 연출을 할 것	(16) 첫인상은 부드럽게 할 것
(7) 겸손할 것	(17) 행사 분위기에 어울리는 복장을 할 것
(8) 명령적일 것	(18) 얼굴에 철판을 깔 것
(9) 게임의 기교를 알 것	(19) 성냄과 지치는 것은 피할 것
(10) 대상 파악을 할 것	(20) 자료를 아껴서 쓸 것

※ 말보다 기분(분위기)을 전달!

③ 노래와 율동

1. 노 래

"음악은 즐거움의 원천이며 마음과 마음의 벽을 무너뜨리는 힘을 갖고 있다." 노래는 분위기 조성, 긴장 해소에 좋고 참가자들로 하여금 참여 의식을 높여 준다. 레크리에이션 프로그램에 있어서 노래는 거의 예외 없이 시작과 마무리를 담당하는데 이것은 그 자체를 즐기는 것으로 소임은 끝난다. 그렇기 때문에 그 이외의 어떠한 목적도 존재하지 않으며 예술성을 추구는 순수 음악의 입장과는 목적을 달리한다. 그 과정을 즐기는 것 그것이면 족하다.

(1) 곡을 선택할 때

① 지도자 자신이 좋아하는 노래를 고집하기보다는 레크리에이션 활동에 참가하는 대상의 수준과 기호에 맞는 노래를 선택한다.

② 전체의 주제와 분위기에 맞는 노래를 선택, 이를 완전히 익힌다.

③ 될 수 있는 한 쉬운 노래, 모두가 좋아하는 노래를 택하여 누구나 다같이 부를 수 있도록 해야 한다.

④ 특수한 모임의 성격을 제외하고는 한 종류의 노래보다는 여러 종류의 노래를 골고루 선택한다.

⑤ 노래의 흐름 전반을 통하여 프로그램이 목적하는 어떤 목표나 성과를 기대할 수 있는 곡을 선택한다.

⑥ 참가자들이 성인이면 안단테(걸음걸이 속도), 청소년이면 알레그로(원기있는 속도)로 빠른 듯하면서 리듬이 강한 곡이 좋다.

⑦ 노래가 미치는 영향(암시 효과)을 생각하여 희망적이고 밝은 노래, 건전하고 적극적인 노래를 선택한다.

(2) 노래를 지도할 때

① 노래를 가르친다는 인상보다는 함께 노래 부르면서 노래를 리드하는 입장을 취하고, 프로그램 참가자들과의 거리감을 좁힌다.

② 참가자들의 음역을 잘 선정하여 무리가 없는 소리로 첫 음정을 잡

아 준다. 쉽고 잘 아는 노래부터 시작하여 음악(노래)의 기교나 분위기가 절정에 이르도록 인도한다.
④ 악보(인쇄물)에 이상이 없도록 하고 프로그램 참가자들의 시창(始唱) 능력의 향상을 꾀한다.
⑤ 선곡한 노래와 관련된 다양한 지식과 화제를 미리 준비하여 분위기를 이루어 나가는 방법으로 활용한다. - 노래를 잘 해석해 둘 것
⑥ 언제나 프로그램 참가자들에게 적극적인 참여를 유도한다.
⑦ 먼저 리더 또는 시범자가 노래를 불러보는 방법, 음반이나 테이프를 방송해서 감상하게 하거나 악기 연주로 감상하도록 하는 방법, 사전에 노래의 분위기를 설명하거나 유인하는 방법 등 노래 소개의 다양한 방법을 연구 개발한다.
⑧ 노래를 하면서 손뼉을 치게 하거나, 동작을 붙이거나, 게임으로 연결하여 가능한 부르는 노래로부터 동적인 면을 연출한다.
⑨ 6/8박자는 민요풍으로, 3/4박자는 왈츠풍으로, 2/4박자는 동요풍으로, 4/4 박자는 행진곡풍이 좋다.
⑩ 간혹 파트를 나누어 노래하게 함으로써 음악적 조화를 강조한다.
⑪ 박자와 리듬에 따른 노래의 흐름을 익혀 노래 지도에 활용한다.
⑫ 박자를 지휘하는 법도 정확히 익혀둔다.
⑬ 박자에 맞는 시작 구령을 붙인다.
　예 4박자 : 하나 둘 시~작, 3박자 : 하나 시~작, 2박자 : 시~작
⑭ 노래를 따라 부르게 할 때 노래 소리가 작으면 다시 시작한다.

2. 노래와 율동

정해진 박자나 노랫말의 상징적인 동작을 재미있게 표현하여 율동과 함께 노래를 함으로써 즐거운 마음으로 동작을 배우고 분위기를 더욱 고조시킬 수 있다.

노래와 율동이 함께 어우러질 때 가사의 뜻을 정확히 이해하게 되고, 빠르고 바르게 익힐 수 있고, 입과 함께 신체를 사용하므로 정신을 집중시키고, 적극적인 자세를 취할 수 있게 된다.

(1) 율동을 만들 때

① 노래 선정을 잘해야 된다.
② 동작은 간단하면서 쉬운 것으로 하고, 난해한 동작은 피한다.
③ 직접적인 표현보다는 상징적인 표현을 한다.
④ 혐오감을 주거나 감정적인 피해를 주는 동작은 피한다.
⑤ 모든 율동에는 정해진 동작이 없으므로 지도자에 따라 얼마든지 쉽고 재미있게 변형시킬 수 있다.

(2) 율동을 지도할 때

① 지도자의 동작은 신체가 허락하는 최대의 동작을 해야 한다.
② 한 소절씩 끊어서 지도한다.
③ 좌우 방향을 잘 설정해야 한다. - 강의형일 경우는 대상과 반대 동작, 원형일 경우는 대상과 같은 동작
④ 대상과 함께 동작을 한다.
⑤ 가사를 불러주면서 지도한다.
⑥ 1/100초(아주 조금) 앞선 동작을 한다.
⑦ '콜(Call)'을 하거나 상징적인 멘트(Ment)를 넣어 준다.

④ 게 임 (GAME)

1. 게임의 의의

사람이 행복하고 만족스러운 생활(살 맛나는 세상)을 할 수 있느냐 없느냐는, 각자가 여가를 현명하게 사용하는 능력과 환경 그리고 조건에 달려 있다.

게임이나 스포츠는 많은 사람들이 즐길 수 있는 활동이다. 특히 게임은 여러 종류가 있으며, 여러 가지 모임에서 장소에 구애됨이 없이 어디서나 즐길 수 있는데 이것은 인간이 지닌 천성중의 하나이기 때문이다.

게임에는 경쟁적 요소와 흥미가 포함되어 있기 때문에 남녀노소 누구나 즐길 수 있을 뿐만 아니라 화기애애한 분위기를 조성하는 데 효과적이다. 그리고 게임을 통해서 리더십, 친선, Fellowship, Teamwork, 협조, 이해 등 사회적 성격을 함양하는데 도움을 주며, 바람직한 인간 관계를 형성하는 데 의의가 있다.

2. 게임의 요소

(1) 언제든지 (간편성)
(2) 어디서나 (보편성)
(3) 누구하고든지 (대중성)
(4) 재미있고 (흥미성)
(5) 거침없이 (건강성)
(6) 다같이 즐기며 (협동성)
(7) 규칙을 지키는 (준법성) 등의 요소로 집약된다.

그러므로 위와 같은 요소들로 이루어지는 게임은 지루함을 잊게 하고, 심신의 건강을 유지시켜 주며 기분을 전환하는 데 큰 효과를 나타낸다. 결국 게임은 가장 훌륭한 전인 교육 방법의 하나이며 생활의 활력소라고 할 수 있다.

3. 게임의 분류

(1) 장소에 의한 분류 : 실내, 실외, 실내외 공용, 차내, 무대, 테이블, 전천후
(2) 동작에 의한 분류 : 정적, 동적
(3) 대상에 의한 분류 : 유아, 청소년, 청년, 성인(남 · 여), 노인, 일반, 장애인, 개인, 환자, 교정자, 커플, 팀, 단체, 집단
(4) 용구에 의한 분류 : 풍선, 종이, 컵, 주사위, 공, 일반 도구
(5) 대형에 의한 분류 : 강의형, 자유형, 횡대, 종대, 단원, 이중원, 대표, 릴레이, 특수 대형
(6) 실질상 분류 : 분위기 조성, 인사, 음악, 관람, 상대적, 요령, 학술적, 율동, 신체적, 경기적, 사회자

 레크리에이션의 기본 이론

(7) 목적에 의한 분류 : 지적 발달, 감각 발달, 공동 능력 발달, 미술 공
작 발달, 음악 능력 발달, 신체 능력 발달, 도구 활용, 민속 놀이, 국
제 이해, 특별 기능 개발, 율동 개발, 인사 소개, 분위기 조성

※ 위에 적은 것 외에도 게임은 인간 발달과 직접적인 관계가 많기 때문에 이러한
원리들을 활용하면 많은 도움을 받을 수 있다.

4. 게임의 지도 방법

(1) 게임을 하기 전에 노래로 분위기를 조성한다.
(2) 게임의 설명은 간단 명료하게 한다.
  - 지나친 경어나 비어는 쓰지 않는다.
(3) 게임에 대한 연구와 사전 준비를 해둔다.
  - 아무리 간단한 게임이라도 치밀한 사전 준비를 하고, 작은 것이나마
    상품을 준비하면 매우 효과적이다.
(4) 게임에 있어서 방관자가 없도록 한다.
  - 규칙은 쉽게 하고 항시 변화와 융통성을 유지한다.
  - 벌칙 게임은 모욕감을 느끼지 않고 부담 없는 것으로 한다.
  - 참가자 스스로가 소리를 낼 수 있는 게임부터 시작하면 좋다.
(5) 대상과 장소에 따라 종목을 선택한다.
(6) 게임의 종료를 적절하게 한다.
(7) 게임을 리듬화한다.
  - 다음 게임과 연결되도록 게임의 물결을 만든다.
(8) 아무리 재미있는 게임이라도 반복하지 않는다.
(9) 게임을 하는 데 있어서 경쟁 행위보다 협조적으로 이끌어 나가야 한
다. - 경쟁을 시키되 전체가 융화될 수 있어야 한다.
(10) 게임의 설명이나 진행이 잘 되지 않으면 다른 게임으로 빨리 전환한
다.
(11) 게임을 하는 데 있어서 부정 행위를 절대로 인정하지 않는다.
(12) 예상되는 게임 수의 2배를 준비한다.

※ 게임을 올바르고 교육적으로 지도할 때 게임의 가치가 있다.

5. 게임의 전환

지도하는 게임을 어느 때에 바꾸면 좋은 효과를 얻을 것인가는 많은 지도자들이 모색해야 할 점이다. 그 예로서

(1) 게임의 분위기가 고조되었을 때
(2) 게임이 잘 풀어지지 않을 때
(3) 집단의 목적에 부합시켜야 할 때
(4) 시간에 구애를 받을 때
(5) 게임의 일정한 규칙을 원치 않을 때
(6) 대상의 수준이 게임 내용과 맞지 않을 때
(7) 지도 내용이 원숙치 않을 때

재빨리 게임을 바꿔야 한다.

6. 게임의 변형

모든 게임은 카멜레온(Chameleon)과 같아서 어느 한 게임을 기본으로 하여 변형을 시키면 무수히 많은 게임이 만들어진다. 게임을 만드는 눈으로 모든 것을 바라보면 새로운 게임은 얼마든지 만들어 낼 수 있다.

이 책에 수록되어있는 게임들은 2만여 개의 게임들을 컴퓨터 시스템을 이용하여 쓸만한 것들을 고른 후 엮은이의 경험과 판단에 따라 압축시키고 다시 이를 원형과 변형으로 처리하여 엮었다. 레크리에이션 리더들은 이 책을 연구하는 노력에 따라 2만여 개 이상의 게임들을 찾아내거나 만들 수 있다.

(1) 새로운 게임을 위한 생각할 점 10가지!

① 이 게임은 어떤 점이 좋은가?
② 이 게임은 어떤 장소에 어울리는가?
③ 이 게임은 어떤 대상에 맞는가?
④ 이 게임은 어떤 문제점을 갖고 있는가?
⑤ 이 게임은 어떤 개선점이 있는가?
⑥ 이 게임은 어떤 도구가 적당한가?

⑦ 이 게임은 어떤 시기에 적절한가?
⑧ 이 게임은 어떤 방법으로 지도해야 하는가?
⑨ 이 게임은 어떤 성격의 모임에 적합한가?
⑩ 이 게임은 어떤 방법으로 변형시킬 수 있는가?

(2) 변형을 위한 생각할 점 7가지!

① 장소를 바꾼다면 어떻게 변형시켜야 하나?
② 대상이 바뀐다면 어떻게 변형시켜야 하나?
③ 사용 도구를 바꾼다면 어떻게 변형시켜야 하나?
④ 시기(계절)를 바꾼다면 어떻게 변형시켜야 하나?
⑥ 지도 방법을 바꾼다면 어떻게 변형시켜야 하나?
⑦ 모임의 성격이 다른 곳에서 진행한다면 어떻게 변형시켜야 하나?
⑧ 다른 게임과 혼합(장점과 강점끼리)한다면 어떻게 변형시켜야 하나?

※ 같은 게임도 지도 방법과 활용 방법에 따라 전혀 다른 분위기와 효과를 낸다!

⑤ 프로그램 작성 및 진행시 유의점

1. 프로그램 작성시 유의점 (기본 항목)

(1) 참가자의 연령과 성별
(2) 흥미와 요구의 정도 - 참가자들의 기대를 정확히 파악
(3) 구성 성격 - 지식 정도, 직업별, 직책별, 기술과 능력의 정도 등
(4) 인 원
(5) 기성 그룹인 경우에 그 조직
(6) 장 소 - 크기, 시설, 명암, 실내, 실외 등
(7) 시 간 - 계절, 낮과 밤, 시간의 길이 등
(8) 모임의 목적
(9) 행사의 종류 및 성격 - 파티, 강습회, 야유회, 단합 대회, 체육 대회
    등

⑽ 유인물 - 악보, 행운권, 티켓, 순서지 등
⑾ 게임에 필요한 도구나 시설 및 상품이나 기념품
⑿ 진행 협조자 등 빠짐없이 검토한다.

2. 프로그램 진행시 유의점

⑴ 시간을 잘 지킨다.
⑵ 지도자는 참가자들이 잘 보이는 위치와 지도자의 목소리가 잘 전달될 수 있는 위치를 선택한다. - 가까울수록 좋다.
⑶ 참가자들을 집중시키는 방법을 연구하여 언성을 높이지 않고도 자연스럽게 프로그램에 들어가도록 한다. - 시작한지 2~5분 안에!
⑷ 레크리에이션의 순서나 내용은 참가자들에게 쉽고 익숙한 것부터 시작해서 차츰 어려운 것으로 들어간다.
⑸ 게임의 설명은 되도록 간단 명료하게 하고 복잡한 게임은 몇 개의 부분으로 구분하여 지도한 후 전체 게임으로 발전시킨다.
⑹ 프로그램 내용은 되도록 말로 설명하지 말고 시범으로 시작해서 저절로 게임에 들어가도록 힘써야 한다.
⑺ 말은 보통 목소리로 쉽게 하도록 애쓰고, 구호는 구령식 구호보다는 부드러운 구호 활용이 좋다.
⑻ 그때그때의 분위기를 빨리 파악하여 변경할 필요가 있을 때에는 자기의 고집을 버리고 곧바로 응용을 하거나 조절을 하여 공백 시간이 없게 프로그램을 이끌어 나간다.
⑼ 순서와 순서, 게임과 게임의 연결 과정에 신경을 써서 대형 변경이 자연스럽게 이루어지도록 한다.
⑽ 무엇보다도 지도자 자신이 프로그램에 열중하여야 한다.
⑾ 빈 공간이 없게 하면(좌석) 집중력이 좋다.
⑿ 프로그램 진행 중 빠지는 사람과 구경만 하는 사람이 없이 모두가 참가할 수 있는 방법을 찾아 함께 참여하고, 특히 연로하거나 신체·정신 장애자와 같이 문제가 있는 사람이 있나 살펴서 그들의 마음을 상하게 하지 않고 참가할 수 있도록 골고루 기회를 준다.
⒀ 분위기와 기분, 감정 등의 흐름이 시작에서부터 끝날 때까지 무리가 없는 흐름이 되도록 노력한다.

⑭ 순서마다 클라이맥스를 잘 포착하여 어디에서 끝나는 것이 효과적인가
   를 잘 판단한다.
⑮ 프로그램 전체의 클라이맥스도 잘 포착하여 어디에서 끝나는 것이 효
   과적인가를 잘 판단한다. - 클라이맥스가 되면 마무리로 들어간다.
⑯ 참가자를 빠짐없이 본다. - 시선을 벽, 천장 등 엉뚱한 곳에 두지 않
   는다.
⑰ 팀 대항으로 경쟁심을 유발한다.
⑱ 팀 나누기를 하기 전에 팀의 기울기(성별, 연령별)가 없도록 한다.
⑲ 프로그램의 끝맺음을 잘하여 그날의 즐거움과 의의를 가슴에 새기며
   다음 과정에 들어가도록 지도한다.
⑳ 웃는 얼굴은 프로그램 진행에 있어서 최대의 무기이다.
㉑ 프로그램을 시작하면서 먼저 웃음을 유발한다.
㉒ 모든 사람의 참여를 유도할 때는 서로 옆사람을 건드리게 한다.
㉓ 파트너 게임을 할 때는 서로 육체적으로 접촉(Skin Ship)하게 한다.
㉔ 대상들이 다음의 내용을 예측할 수 없게 진행한다. - 흥미 지속
㉕ 생각보다 게임이 흥겨워지면 다른 게임을 뒤로 미루더라도 그 게임에
   시간을 더 할애하고, 그렇지 않으면 즉시 게임을 전환한다.

※ "훌륭한 지도자가 되려면 빨리빨리 많은 실패를 해야 한다!"

3. 모임의 순서

(1) 회갑, 고희연 식순
   ① 개식사
   ② 약력 소개
   ③ 가족 대표 인사
   ④ 내빈 대표 인사
   ⑤ 헌화 또는 헌주
   ⑥ 축하 케익 커팅
   ⑦ 축가, 축주 (손주들의 낭독문)
   ⑧ 축배
   ⑨ 식사

⑩ 여흥
⑪ 기념 촬영
⑫ 폐회

※ 혼잡을 피하기 위하여 기념 사진 촬영을 식사 전에 하면 좋다.

(2) 약혼 식순

① 약혼식 선언
② 신랑 신부 약력 소개(학력, 성격, 직장, 건강, ……)
③ 사주 증정, 예물 교환
④ 양가 가족 소개(신랑측 먼저, 주인공들을 기준으로)
⑤ 축하 케익 커팅
⑥ 신랑 신부 가족께 인사
⑦ 식사 및 여흥
⑧ 신랑측 가족 대표 인사
⑨ 폐회

(3) 결혼 식순

① 개식(주례 임석, 점촉)
② 신랑 입장
③ 신부 입장
④ 신랑 신부 맞절
⑤ 신랑 신부 서약
⑥ 예물 증정
⑦ 성혼 선언문 낭독
⑧ 주례사
⑨ 축가, 축주
⑩ 양가 대표 인사
⑪ 신랑 신부 내빈께 인사
⑫ 신랑 신부 행진
⑬ 폐식
⑭ 기념 사진 촬영

(4) 생일 파티

① 개회
② 주인공 인사
③ 축전 공개(전보, 전화, 카드, FAX, ……)
④ 축하 파티
  ㉠ 축가, 축주
  ㉡ 축하 케익 커팅
  ㉢ 선물 공개
  ㉣ 축배
  ㉤ 식사 및 여흥
⑤ 전체 축가
⑥ 폐회

※ 축하 케익 커팅시 "축하 케익을 '절단' 하겠습니다."라는 말은 하지 않는 것이 좋다.

예 "축하 케익을 나누겠습니다."
　"축하 케익을 커팅하겠습니다."
　"축하 케익을 자르겠습니다."

⑥ 레크리에이션 스피치(Speech)

인간 생활의 80%는 언어 생활이다. 말에는 사상과 감정이 있는데 레크리에이션 스피치는 주로 후자 쪽이다.

1. 스피치의 4대 원칙

(1) 말의 강약과 속도
(2) 말의 쉼(Pause)
(3) 감정이 깃든 말
(4) 목소리의 변화

2. 말과 태도

레크리에이션 프로그램을 진행하는 사람의 입장에 따라서는 지도자, 진행자, 사회자, MC(Master of Ceremoney) 등의 다양한 말로 표현된다. 그러나 어떤 입장을 막론하고 다음 사항을 지킨다.

⑴ 자신의 의견을 고집하지 않는다.
⑵ 모든 사람에게 골고루 기회를 제공한다.
⑶ 모두의 의견을 잘 이해하고 모임의 성격과 목적에 따라 원만한 진행이
    되도록 노력한다.
⑷ 자연스러운 태도로 이야기한다.
⑸ 남의 이야기를 잘 듣고 의견을 존중한다.
⑹ 적절한 존칭어를 사용한다.
⑺ 대화의 주제를 훌륭히 전개해야 한다.
⑻ 시간을 감안하고 시간에 맞춰 이야기한다.
⑼ 알아듣기 쉽고 명확하게 바른 언어로 말한다.
⑽ 남에게 호감을 주는 언어와 태도를 취한다.
⑾ 다른 사람의 흉내보다는 독창성을 지닌 언어를 활용한다.
⑿ 품위가 없는 말은 삼가한다.
⒀ 말을 잘 한다는 것은 말이 많은 것과 다르다.
    - 대체로 경험이 적을수록 말이 많다.

3. 레크리에이션 스피치

⑴ 발음, 감정 등도 중요하지만 자연스럽게 해야 한다.
⑵ 상대방의 기분을 상하지 않게 한다.
⑶ 존댓말을 알맞게 활용한다. - 지나친 존대나 반말은 안 된다.
⑷ 발음은 정확하고 분명하게 한다.
⑸ 분위기와 대상에 맞는 단어를 쓴다.
⑹ 희망적이고 밝은 말을 하고 전신으로 표현한다.
⑺ 자기의 음색과 말버릇을 파악한다. - 맑은 목소리로, 마이크 사용 연
    구
⑻ 가급적 표준말을 쓰되 위트(Wit)에 더 비중을 둔다.

(9) 행사에 어울리는 복장을 한다. - 배색, 장소와 내용, 포인트 등
⑽ 처음 말과 마지막 말이 반(半) 영구적인 편견이 됨을 인식한다.
⑾ 처음부터 끝까지 '준비!' '시작!'이라는 말을 잊지 않는다.

※ 그림을 보는 듯한 입체 언어를 구사한다. - 명확, 억양, 간격, 액센트, 호감이
   가는 음성, 그리고 화면화(畵面化)

4. 스피치 준비 사항

(1) 대상 파악 - 청중에 대한 연구가 없이는 좋은 스피치가 될 수 없다.
(2) 모임의 때와 장소를 알아둔다.
(3) 모임의 목적을 알아둔다.
(4) 모임의 화제를 선정한다. - 바람직하지 않은 화제는 피한다.
(5) 자료를 수집한다. - 화제를 풍부하게 준비한다.
(6) 메모를 하여 장황한 이야기가 되지 않도록 한다.
(7) 실제 연습을 해 본다. - 거울을 보면서 해 보거나 모니터(Monitor)의
   도움을 받아 완벽하게 실제 연습을 한다.

5. 유머(Humour) 활용법

"유머는 감춰지거나 억압된 스트레스와 원망을 일시적으로 해소시킴으로써 인간에게 쾌감을 주고 동시에 공포감을 완화시켜 주며 또한 곤란한 일이나 대인 접촉 따위를 부드럽게 연결시켜 주는 요소이다." -프로이드-
   게임에 있어서 웃음은, 마음 속에서부터 나오는 천진난만한 웃음 그것이다.

(1) 악의나 비난, 야유 또는 가시가 돋힌 풍자는 안 된다.
(2) 누구에게도 상처를 주지 않는 웃음거리이어야 한다.
(3) 육체적 결함 따위를 대상으로 하면 안 된다.
(4) 전화위복의 화제로 그 장소의 분위기를 일신(一新)시키는 데 힘쓴다.
(5) 사태에 맞춰 천변만화(千變萬化)하는 이야기여야 한다.
(6) 너무 지저분한 느낌을 주는 것은 피한다.

6. 유머 감각을 풍부하게 하려면

(1) 재미있는 유머의 예를 기억해 둔다.
(2) 무엇이든 가볍게 입을 열 수 있도록 한다.
(3) 교양을 넓히고 매사에 자신을 갖는다.
(4) 상상력을 풍부히 하고 과장법을 적절히 사용한다.
　- 기대에서 어긋남, 의외성, 리듬의 변화
(5) 관찰력과 통찰력을 예리하게 기르고 항상 주의를 게을리 하지 않는다.

※ "정열적인 몸짓으로 사자후(獅子吼)를 토하며 군중을 사로잡던 웅변가의 시대는 지났다. 대화의 시대인 오늘은 인간의 마음을 공감시킬 수 있는 자연스러운 표정과 여유 있는 설득력을 요구하고 있다."

⑦ 팀 데몬스트레이션 (Team Demonstration)

1. 개 요

　팀 데몬스트레이션은 팀 파워(Team Power), 그룹 다이나믹스(Group Dynamics), 팀웍 게임(Team Work Game)이라고도 한다. 이는 전원을 몇 개의 팀으로 나눈 상태에서, 게임을 통해 팀의 공동 목표를 이루어 나가는 것이다.

　팀 데몬스트레이션에 들어가기전 우선 해야 할 일은, 소속된 팀 안에서 팀원 서로간에 서먹하고 어색한 분위기를 정리한다. 그리고 닫혀 있는 마음을 열어(Open Mind) 화합과 단결된 마음으로 임하는 것이다. 그 후 개개인 모두가 헌신적인 노력으로 상대 팀과의 선의의 경쟁을 통해 팀의 공동 목표를 이루어 나간다. 소속 팀에 대한 적극적인 참여 의식과 직위의 높낮이 구별 없이 하나가 되어 수평 체제(수직 체제가 아닌)를 유지하고 서로 협력함으로써 팀 속에 있는 '나의 힘'을 발견하게 된다. '나의 힘'이 '팀의 힘과 발전'이 되고 '팀의 힘과 발전'은 '나의 힘'으로부터인 것을 느끼게 한다.

　'너'와 '내'가 '우리'가 되고 '더불어 함께' 사는 세상을 위하여!

2. 목 적

　(1) 협력을 통한 일체감 조성
　(2) 적극적인 참여 의식 고취
　(3) 헌신적인 봉사 정신
　(4) 하나를 위한 단합심(집단력 강화)
　(5) 팀(집단) 속의 역할 의식(리더십, 멤버십)

3. 팀(집단)의 특성

　(1) 공통의 협동 목표 소유
　　① 행동 통일
　　② 전체의 능률
　　③ 목표 달성

　(2) 공통의 목표 달성 방법 소유
　　① 목표 설정과 방법의 모색에 공동참여
　　② 팀웍 정신(Team Work Spirit)의 발휘
　　③ 목표 달성에의 성취감

4. 팀웍(Team Work) 향상 방안

　(1) 팀원 개개인의 능력 향상을 도모하고, 동시에 팀원 전체의 '팀'으로서
　　효율을 향상시키는 것
　(2) 전원을 몇 개의 팀으로 나누어 구성하고, 각 팀마다 공동 목표(과업)를
　　주어 협력할 수 있게 하는 것
　(3) 자발적으로 참여할 수 있는 분위기 조성으로 팀을 활성화시키는 것

5. 팀웍 향상 방법

　(1) 구체적이고 명확한 행동 지침을 제시한다.
　　- 목표가 명확하여야 문제 해결에 응집력과 추진력이 생긴다.
　(2) 팀원의 역할과 능력의 결합을 이상적으로 조화(調和)시킨다.
　　- 개개인의 견해 차이와 장점(장기)들을 잘 활용하여 결합한다.

(3) '팀' 효율 향상을 위한 팀의 가치관을 형성한다.
  - 새로운 눈(전통, 습관)으로 보다 높은 목표에 기쁨으로 도전할 수
    있도록 '일'을 나누어(配當) 준다.
(4) 활동에 대한 피드 백(Feed Back)을 한다.
  - '팀의 눈'으로 자신들의 행동에 대하여 평가하고 반성하며, 다음을
    준비한다.

6. 팀 데몬스트레이션의 실제 (예)

(1) 팀 나누기 : 각 개인의 특징과 부서간의 특성을 고려(考慮)한다.
(2) 팀 구성 : 팀명, 팀장, 부팀장, 총무, …… 등을 선출한다.
(3) 팀과제 완수 : 팀 구호, 팀가(歌), 상징 마크나 동물 선정, 팀원의
    이름과 별명, 팀훈(訓), …… 등을 커다란 종이(켄트지 전지)에 작성
    한다.
(4) 팀깃발 제작 : 팀을 상징할 수 있는 구성을 한다.
(5) 상황극 연출 : 주어진 상황을 갖고, 팀원 모두가 참여하는 상황극(촌
    극)을 만들고 연습한다.
(6) 팀별 발표 : 발표를 위한 연습(준비) 시간을 충분히 준다. 팀원 모두
    가 참여해야 하고, 작품(과제)은 모두가 볼 수 있도록 부착(설치)한
    다.
(7) 마무리 : 리더는 피드 백(Feed Back)을 반드시 해 주고 각 팀의 발
    표 내용을 점수로 평가, 순위를 결정(교육 점수, 상품과 연결)한다.

7. 진행시 유의 사항

(1) 팀명은 팀의 개성을 충분히 살릴 수 있는 이름으로 하되 흥미와 창의
    성이 있어야 하고 비어(卑語)나 저속어는 피한다.
(2) 팀가는 기존하고 있는 곡조를 이용하되, 반드시 가사를 새로 만든다.
(3) 팀구호는 팀의 응집력을 살릴 수 있는 짤막한 구호로 정한다.
(4) 팀가와 팀구호를 발표할 때는 개성적이고 창의적인 몸짓을 가미한다.
(5) 상황극은 진부한 것을 피하여, 창의력을 발휘할 수 있는 신선하고 위
    트(Wit)가 있는 풍자극이나 촌극 등으로 한다.
(6) 팀깃발 제작과 상황극 연출은 상황에 따라서 생략해도 좋다.

⑺ 팀별 발표시, 팀원 모두가 한 가지 역할씩을 맡아서 전원이 연기에 참여할 수 있도록 한다.

⑻ 팀상징은 팀의 성격과 개성을 나타낼 수 있는 것으로 하되, 뜻이 있고 참신한 내용으로 창안하여 성의 있게 그린다.

⑼ 팀구호, 팀가, 팀훈은 가능하면 끊임없이 전체가 일사불란(一絲不亂)하게 연결되도록 충분히 연습한다.

⑽ 팀과제, 팀깃발 제작시 여러 가지의 색을 사용하여 생기 있고 다채롭게(Colorful) 만든다.

※ "6. 팀 데몬스트레이션의 실제(예)" 외에도 팀웍 게임(Team Work Game)을 활용하면 다양하게 진행할 수 있다!

⑧ 인간 관계 훈련, 심성개발 훈련

1. 인간 관계 훈련

⑴ 이끔말

두메 산골 깊은 곳에서 수양을 하다 보면 어느 정도 마음의 평온을 찾을 수 있을지 모르나, 사람이 오가는 거리나 장터에 나오면 그 순간부터 마음의 평화는 산산이 부서지고 …… 득도(得道)했다는 자부심도 환상에 불과했다는 것을 깨닫게 될 것이다. 다시 산 속의 동굴에 들어가 죽을 때까지 피나는 고행을 계속한다고 진리를 터득하게 되는 것은 아니다.

우리가 살아가고 있는 '한 사회'와 '한 인간'의 운명은 〈홀로 보내는 시간〉과 〈함께 보내는 시간〉이 동전의 양면(兩面)처럼 결합되어 있다. 즉 〈홀로 있는 자리〉에서 알찬 시간을 보내고 〈함께 있는 자리〉에서 서로가 가진 것을 나눌 때 바람직한 인격과 성숙한 공동체가 만들어지는 것이다. 그러나 한두 번의 시도만으로 각자의 지혜와 뜻이 모아져 한 덩어리로 되는 것은 아니다. 여기에서는 끈기와 자기 혁신의 믿음이 필요하다.

오늘날의 우리는 함께 있는 자리에서도 '자기'라는 단단한 껍질 속에서 깨어나질 못하고 함께 있는 시간에도 홀로 시간을 보내고 있는 것이다. '홀로 있는 자리'에서 '함께 있을 자리'를 위해서 무언가를 적극적으로 준비하지 못한다면, 괜히 시간만 보내고 심한 경우엔 단적인 쾌락과 무분별한 방종(放縱) 속에 자기 자신을 던지게 된다.

이런 괴리(乖離)는 우리의 진정한 삶의 방향을 상실케 하거나, 어제도 오늘도 내일도 똑같은 생활과 인간 관계만을 반복하면서 사회 변화는 커녕 자기 발전에 아무런 도움도 줄 수 없게 하는 것이다.

이렇게 생각할 때 우리가 가지는 모든 '만남'은 그대로 머물 수 없는 소중한 필연(必然)을 갖게 한다.

(2) 펼침말

인간 관계에서, 내가 아닌 다른 사람에게 관심을 갖고 서로를 이해한다는 것은 매우 중요한 일이다. 바람직한 인간 관계를 위해서는 윤리관과 가치관을 재고(再考)해야 하고, 인간 관계를 돕는 훈련을 받아야 한다.

이러한 훈련은 그룹으로 실시되어야 하며 무관심을 관심으로 바꾸고, 서로를 이해하게 되고, 훌륭한 인간 관계를 유지하게 하고, 삶의 공동체를 만들어 나가게 한다. 이 훈련은 감수성 훈련(Sensitive Training)과 행동 훈련(Active Training)을 포함하고 있다.

이것은 주로 그룹 행동에 대한 지식을 개발하고, 그 그룹 과정에 대해서 진단하는 기술을 증진시키고, 그룹의 효용성을 강조하고 진단해 보고, 새로운 인간 관계를 형성할 수 있도록 훈련하는 그룹 방법이다.

이 훈련을 실시함으로써 자신이 다른 사람과의 관계 속에서, 다른 사람과의 반응 속에서 무한한 가치를 지니고 있음을 스스로 알게 하고, 다른 사람과의 반응 속에서 나의 장단점을 발견하게 하고, 자신이 다른 사람과 깊이 연관되어 있음을 깨달아 협동 없이는 가치 있는 삶을 이룰 수 없다는 공동체 의식을 갖게 한다.

결국 '나와 너'를 새롭게 발견할 뿐 아니라 '우리'를 새롭게 인식할 수 있기 때문에 매우 중요한 것이다. 인간 관계 훈련에 대한 상식적인 견해는 단순히 사람을 잘 대하는 교육으로 이해하기 쉽다. 그러나 여기의 인간 관계 훈련은 세상을 살아가는 데 필요한 처세술을 배우는 것이 아니라 공동체 안에서 체험을 통해 상대의 인생관, 윤리관, 가치관을 이해하고 사귀며 생생한 인간 관계 속에서 이루어지는 깊은 대화의 훈련이다. 이 훈련이 의도하는 구체적인 목적은 자기 개발이다. 즉 자기와 다른 사람을 대인 관계 상황 속에 몰아넣어 자기 자신에 대한 통찰력을 개발하게 하고, 대인 상호 작용 과정 안에서 인간성을 체험하게 하고, 창조적인 대인 관계의 경험을 나누는 기회를 제공해 준다.

2. 개 요

(1) 배 경

인간은 대인 관계를 통해 여러 분야에서 많은 문제점들을 인식하게 되었고, 동시에 이러한 문제점의 해결자는 대인 관계의 핵심인 바로 "나"임을 깨닫게 되었다. 이러한 상황속에서 "나"의 근본인 "나 속의 나(심성)"를 연구 계발하려는 시도가 있었고, 1947년 전 미국교육협회(메인주의 베델)에서 심성 수련(Laboratory Method Training Group)을 실시함으로써 발달하기 시작했다.

우리나라에서는 1971년 광주에서 "Counseling Work Shop"이라는 명칭으로 처음 시작되었고, 그후 1973년 서울의 중·고등학교에서 학생들의 생활 지도와 문제 학생의 선도 차원에서 운영을 하여 큰 효과를 얻었고, 지금은 비약적으로 발전하여 여러 분야에서 적용하고 있다.

(2) 의 의

인간 관계 훈련 또는 심성개발 훈련은 "마음밭 가꾸기"라고도 표현하는데, 이는 훈련을 통해 자아 발견과 자기 성장, 인간성 회복을 이루는 데 큰 의의를 둔다.

(3) 효 과

① 상대방을 통해 자신을 발견(긍정적 자아)
② 서로가 서로의 성장에 영향을 줌(공동체의 필요성)
③ 상대방의 말을 경청(자율적인 협동학습)
④ 리더십의 향상(창조적 계발)
⑤ 바람직한 인간 관계 형성(사회성 개발)

3. 훈련의 실제

(1) 자기 소개

① 인원이 많으면 팀 구성을 한다.

② 서로간의 가벼운 인사를 한다.

③ 차례로 자기 소개 - 성명, 소속, 취미, 성장 과정, 장·단점, 특기 등

④ 피드 백(Feed Back) - 자기 소개를 하는 과정에서의 느낌을 주고 받는다. (자기 소개의 어려움, 보기와는 다른 사람들의 개성, 서로 다른 인생관과 가치관 등)

(2) 대변인 소개

① 2사람씩 짝을 짓는다.

② 서로 자기 소개를 간단 명료하게 나눈다. (5분 이내)

③ 전체가 모여 앉는다.

④ 대변인 소개(짝 소개)를 차례로 한다.

⑤ 피드 백(Feed Back) - 서로(짝)가 더욱 친숙해진다.
상대의 말을 경청(잘 듣고 기억)하게 된다.
상대의 말을 듣고 다른 사람들에게 잘 소개하는 훈련이 된다.

(3) 주고 싶은 말 한마디

① 각자 종이와 볼펜을 준비한다.

② 종이 위쪽에 자기 이름을 적는다.

③ 오른쪽으로 종이를 전달한다.

④ 전달받은 종이에 그 사람의 첫 인상과 지금의 느낌을 간단하게 적고 오른쪽으로 전달한다.

⑤ 종이가 1바퀴를 돌아 자기 것이 돌아오면 그친다.

⑥ 피드 백(Feed Back) -종이 위에 적힌 내용들을 읽고 느낌을 발표.

(4) 나의 미래상

① 각자 종이와 볼펜을 준비한다.

② 몇 년(5년 후, 10년 후, 20년 후, …… 또는 60세, 70세, ……) 후의 자신의 모습들을 가상하여 적는다.

---

③ 차례로 발표한다.

④ 메모지에 적는 대신, 그림으로 자화상을 그려도 좋다.

⑤ 피드 백(Feed Back) - 현재의 자신을 돌아보며 장래에 대한 구체적인 인생 설계와 계획을 생각하게 한다.

(5) 희망 뉴스

① 팀별로 모여 앉는다.

① 희망 사항을, 현실로 이루어진 사실로 가정하여 뉴스거리를 만들고, 이를 문안으로 작성한다.

③ 팀별로 정리를 하여 발표한다.

④ 모임의 성격과 분위기에 따라 다양한 주제를 선택한다.

　　예 오늘 남북통일이 되어 금강산 입구에는 많은 식당들이 들어서기 시작했는데 그 이유는 "금강산도 식후경"이라는 말 때문이었습니다.

⑤ 피드 백(Feed Back) - 문안을 작성하는 과정에서 희망적인 삶을 추구하게 해 주며 '한마음'을 느낀다.

※ 인간 관계 훈련(심성개발 훈련) 게임을 활용하여 여러 모양으로 다양하게 진행할 수 있다.

※ 언제나 피드 백(Feed Back)을 반드시 한다!

프로 레크리에이션 600

2

001 도착 시각 맞추기

준 비: 메모지, 볼펜

진 행: 차내 게임으로 적당하다.

  ① 승차한 전원에게 메모지와 볼펜을 나누어 준다.

  ② 메모지를 받은 사람들은 자신의 이름을 쓰고 나서 목적지에 차가 몇시 몇분 몇초에 도착할 것인지를 예측하여 메모지에 적고 리더에게 넘겨 준다.

  ③ 리더는 메모지를 모아 갖고 있다가 가장 정확히 맞춘 사람을 발표하고 상품을 준다.

요 령: 도착 시각은 버스가 주차장에 주차한 후 차문이 열리는 순간을 도착 시각으로 한다. 차 안에 걸려 있는 시계를 기준으로 하되 없으면 리더의 시계로 한다.

도움말: 힌트를 주기 위해서 운전 기사에게 소요 시간을 물어 본다.

시간 순서대로 정리하여 갖고 있다가 시간이 지나간 사람들에겐 노래를!

※ ☐ - 원형, ⬤ - 변형

프로는 남이 하기 어렵다는 것을 쉽게 하는 것이다.

002 같은 성씨 맞추기

준　비: 메모지, 볼펜
진　행: "도착 시각 맞추기" 게임 방법으로
　　　 진행하는데 차내에 있는 사람들 중에
　　　 서 김씨, 이씨, 박씨 등 어느 성씨가
　　　 몇 명이 있는가를 맞추는 게임이다.

003 머리 속의 시계 (1)

진　행: 전원이 동시에 참여할 수 있는
　　　 전체 게임이다.
　　　① 리더는 참여한 모든 사람에게
　　　　 눈을 감게 한다.
　　　② 30초 또는 1분을 정하고 대상들
　　　　 로하여금 머리 속으로 짐작하여
　　　　 정한 시간이 되었다고 판단되는
　　　　 사람은 손을 들거나 자리에서
　　　　 일어나게 한다. 가장 정확히 맞
　　　　 춘 사람이 챔피언이다.

요　령: 시계를 보거나 자신의 맥박을 짚어 보게 하면 안된다.
도움말: 이 게임의 실시 횟수는 2회가 적당하다. 그 이상 되면 지루하다.

004 머리 속의 시계 (2)

진　행: ① "머리 속의 시계(1)"을
　　　　 팀 대항으로 진행한다.
　　　② 팀 대항으로 할 경우 팀원
　　　　 전체가 팀장을 중심으로 손
　　　　 을 잡은 후 눈을 감고 팀장
　　　　 의 손신호를 기다린다.
　　　③ 팀장의 손신호가 오면 팀원은 자신의 생각과 관계없이 일어난다.
　　　④ 팀원들 중에서 마지막으로 일어나는 사람이 기준 시간이다.

풍선 폭죽

준　비: 풍선, 끈

진　행: ① 청, 백 2팀으로 나눈 후 전원에게 풍선 2개와 50㎝ 정도의 끈 2개를 나누어 준다.

② 각자 풍선을 불어 그림과 같이 발목에 묶는다.

③ 시작 신호와 함께 상대팀으로 뛰어가 상대팀의 풍선을 발로 밟아 터뜨린다.

④ 제한 시간이 되면 자기 팀의 지역으로 돌아와 터지지 않고 남아 있는 풍선의 숫자로 승패를 가린다.

요　령: 4팀일 경우 색깔이 있는 포장끈(청색, 홍색, 백색, 황색)으로 묶고 4팀이 동시에 경기를 치룬다.

006 제한 풍선 폭죽

준　비: 풍선, 끈

진　행: ① 풍선을 불어 발에 묶은 다음 2m 지름의 원 안으로 들어가 상대방 풍선을 밟아 터뜨린다.

② 이때 원 밖으로 발이 나가면 실격이다.

③ 커플 게임이나 팀 대표 대항전으로 2명씩 진행한다.

> 프로의 재능은 끊임 없는 노력에 의해 얻어진 노력의 댓가이다.

007 터지는 가슴

준　비: 풍선
진　행: 부부 모임이나 연인들끼리
　　　　모인 곳에서 진행하면 좋다.
　　① 몇 쌍의 부부를 앞으로 나
　　　오게 한다.
　　② 남자들에게 풍선을 주어 적
　　　당한 크기로 불게 한다.
　　③ 먼저 한 쌍의 부부가 두 손
　　　을 잡고 마주보며 선다.

　　④ 리더는 풍선을 위로 던지고, 이때 부부는 떨어지는 풍선을 서로의
　　　가슴으로 받은 다음 껴안아 가슴으로 풍선을 터뜨린다.
　　⑤ 풍선을 터뜨리는 폼이 여러 사람에게 즐거움을 주거나 적극적인 커
　　　플에게 상품을 준다.
요　령: 풍선에 바람을 적게 넣으면 잘 터지기 않기 때문에 진풍경이 벌어
　　　　진다.

008 다이너마이트 폭파

준　비: 풍선
진　행: 이 게임은 벌칙 게임으로 적합하다. 무엇보다 벌칙 게임은 여러 사
　　　　람 앞에서 부담을 느끼지 않고 수치스럽지 않아야 한다.

　　① 벌칙을 받을 사람 2명을 세워 풍선
　　　을 불게 한다.
　　② 둘이 마주보고 풍선끼리 갖다 댄
　　　다.
　　③ 자기의 풍선을 밀어서 상대방의 풍
　　　선을 터뜨린다.
　　④ 리더는 진 사람에게 풍선 1개를 더
　　　주어 입으로 불어 터뜨리게 한다.
　　　풍선이 터질까 봐 눈을 감고 얼굴
　　　을 찡그리는 모습은 볼 만하다.

009 안짱다리 줄다리기 (1)

준 비: 수건

진 행: 커플 게임이나 팀 대항 게임으로 진행한다.

① 2사람이 1조가 되어 그림과 같이 선 2개를 나란히 긋고 마주 선다.

② 2사람은 수건을 양 무릎 사이에 끼고 손은 뒷짐을 진다.

③ 시작 신호와 함께 무릎에 힘을 주어 수건을 잡아당긴다.

④ 상대방의 다리에서 수건을 빼내거나 상대방의 발을 선 안으로 끌어 들이면 이긴다.

010 안짱다리 줄다리기 (2)

준 비: 튜브

진 행: ① 수건으로 하는 대신 튜브를 이용해 진행한다.

② 이때는 게임을 하는 사람의 뒤쪽으로 2m 정도 떨어진 곳에 선을 긋고 시작한다.

③ 이기는 방법은 상대방의 무릎에서 튜브를 빼내거나 뒤에 있는 선을 밟으면 이긴다.

※ 안 뺏기려고 끌려가다가 넘어지면 서로 겹치는 수가 있다. 여자들은 각별히 조심하세요!

프로로 가는 지름길은 일(Recreation)을 사랑하는 것이다.

011 신문지 줄다리기

준　　비: 신문지

진　　행: ① 2사람이 1조가 되어 게임을
　　　　　　한다.

　　　　② 신문지를 펴서 깔아 놓고 접힌
　　　　　선을 경계선으로 하여 2사람이
　　　　　마주보고 한쪽 면씩 밟고 선다.

　　　　③ 리더의 하나, 둘, 셋! 소리와 함
　　　　　께 두 발을 동시에 뒤로 당겨서
　　　　　신문지를 찢는다.

　　　　④ 접혀진 경계선보다 많이 찢어 갖고 온 사람이 이긴다.

도움말: 신문지를 충분히 준비한다.
　　　　남녀 2사람이 같은 팀이 되어 어깨동무를 하고, 발을 하나씩 올려
　　　　놓고 상대팀과 혼성 복식 게임으로 진행해도 재미있다.

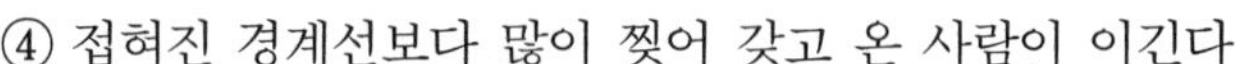

012 신문지 움켜잡기

준　　비: 신문지

진　　행: ① 각 팀에서 대표 1사람씩 나온
　　　　　다.

　　　　② 리더는 팀 대표에게 신문지를 1장
　　　　　씩 준다.

　　　　③ 시작 신호와 함께 팀 대표는 한 손
　　　　　만으로 신문지를 움켜잡아 손아귀
　　　　　안으로 들어오게 한다.

　　　　④ 먼저 손아귀 안으로 신문지를 움켜잡는 사람이 이긴다.

요　　령: 다른 손은 쓸 수 없고 신문지는 바닥에 펴놓은 상태에서 시작한다.

✏ 유머 마인드와 하트

　이 코너는 독자들의 유머 감각 향상을 위한 코너다. 충분히 생각하면서 읽고, 자신의 유머 마인
드에 새긴다면 유머 감각을 키우는 데 큰 도움이 되리라 확신한다. 자연상태에서의 육체적인 심장
이나 마음은 하트(HEART) 이고, 학습과 경험을 통해서 구조화된 일정한 틀(패러다임)을 갖고 있는
마음은 마인드(MIND)이다.

013 황소 줄다리기

준　비: 줄다리기 줄
진　행: ① 각 팀에서 대표 1사람씩 선발한다.
　　　② 줄 양쪽을 연결하여 원으로 만든다.
　　　③ 원으로 된 줄 안으로 2사람이 들어가 줄을 잡고 서로 반대 방향으로 선다.
　　　④ 시작 신호와 함께 앞으로 1m 이상 끌고간 사람이 이긴다.
요　령: 팀 대항으로 하거나 토너먼트로 진행한다.

014 끈끈이 줄다리기

준　비: 줄
진　행: ① 2사람이 마주본다.
　　　② 30㎝ 정도의 줄을 중앙에 놓고 오른손의 인지와 왼손의 새끼손가락으로 누르며 잡는다.
　　　③ 시작 신호와 함께 줄을 당겨서 상대에게서 줄을 뽑아 내거나 가슴 앞으로 줄을 갖고 오는 사람이 이긴다. 힘을 주기가 힘든 경기!
요　령: 커플 게임이나 팀 대항으로 진행한다.
도움말: 줄다리기 줄이 없을 때는 볼펜이나 책 등을 이용해도 좋고, 한 손만 사용하여 엄지와 새끼손가락으로 줄을 잡고 진행한다.

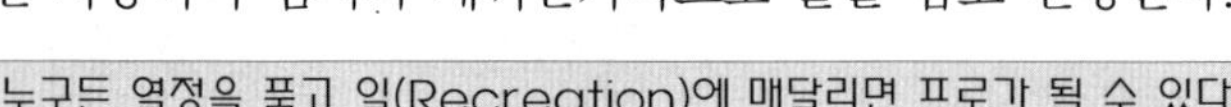

015 손수건 줄다리기

준　비: 손수건
진　행: "끈끈이 줄다리기"의 방법으로 진행하되 줄다리기 줄 대신에 손수건을 이용하여 진행한다. 이때는 손가락으로 잡아당기지 않고 양손을 편 상태에서 손바닥으로 수건을 잡고 게임을 한다.
도움말: 2사람이 1조가 되어 한 사람은 왼손을 다른 한 사람은 오른손을 이용하여 게임을 해도 재미있다.
　　　　양손의 인지나 새끼손가락끼리 잡고 줄다리기를 해도 좋다.

016 무조건 앞으로

준　비: 줄다리기 줄
진　행: ① 2사람이 서로 등을 맞대고 선다.
　　　　② 2m 정도의 줄을 갖고 2사람의 오른쪽 발목 하나씩을 묶는다.
　　　　③ 2사람 사이 중앙에 선을 하나 긋는다.
　　　　④ 시작 신호와 함께 선수들은 앞쪽으로 전진한다.
　　　　⑤ 한 발로 당기는 줄다리기로 상대를 중앙선까지 끌어오면 이긴다.

017 인지 줄다리기

진　행: 줄다리기 줄을 사용하지 않고 인지끼리 걸어서 서로 당기기를 한다. 이때는 손가락이 풀어지거나 끌려오는 사람이 진다.
도움말: 다섯 손가락을 하나씩 순서대로 당기기를 하여 5판 3승제로 진행하면 재미있다.

018 캥거루 릴레이 (1)

준　비: 자루 ☞ www.selfevent.com

진　행: ① 짝 배수의 팀으로 팀구성을 한다.

　　② 각 팀은 출발선에 1줄로 줄을 선 후 쌀자루나 밀가루자루를 1개씩 나누어 준다.

　　③ 시작 신호와 함께 각 팀의 1번 선수들은 자루 속으로 들어가 자루 입구 를 두 손으로 잡고 깡충깡충 뛰면서 반환점을 돌아와 자루를 벗어 2번 선수에게 넘겨 준다.

　　④ 2번 선수들은 반환점을 돌아와 3번 선수에게 …….

019 캥거루 릴레이 (2)

준　비: 풍선, 책

진　행: "캥거루 릴레이(1)" 방법으로 진행을 하는데 자루 안에 들어가는 대신 무릎과 무릎 사이에 풍선이나 책을 끼워 놓고 양손은 머리 위로 올린다. 오리걸음으로 반환점을 돌아오고 도중에 풍선이 터지거나 책을 떨어뜨리면 감점 처리를 한다.

발전을 저해하는 요소는 시도를 하지않고 포기하는 것이다.

020 모둠발 뛰기

준　비: 깡통, 끈

진　행: ① 짝 배수의 팀으로 팀구성을 한다.

　　　　② 각 팀의 1번 선수들은 두발을 모아
　　　　　발목을 끈으로 묶는다.

　　　　③ 무릎 사이에 깡통을 끼우고 양손은 뒷짐 진다.

　　　　④ 출발 신호와 함께 두 발을 동시에 깡충깡충 뛰면서 반환점을 돌아
　　　　　와 다음 번 선수에게 깡통을 넘겨 준다.

도움말: 깡통은 각 팀에 1개씩이면 되나 발을 묶는 끈은 2개 이상 준비한
　　　　다. 벌칙 게임이나 대표자 게임으로 좋다.

021 알 낳고 돌아오기

준　비: 풍선, 바구니, 바통

진　행: ① 풍선을 불어서 무릎 사이에
　　　　　끼우고 양손은 뒷짐을 진다.

　　　　② 출발 신호와 함께 반환점으로
　　　　　깡충깡충 뛰어가 반환점에 있는
　　　　바구니에 풍선을 넣고 돌아와 다음 번 선수와 바통 터치를 한다.

022 캥거루 드리블

준　비: 공

진　행: ① 2사람이 1조가 되어 갑은 업
　　　　　고 을은 업힌다.

　　　　② 이때 업힌 을은 공을 갖고 준비하고 갑은 출발선에 선다.

　　　　③ 시작 신호와 함께 갑과 을은 호흡을 맞춰서 공을 튀기면서 반환점
　　　　　을 돌아온다.

　　　　④ 공이 다른 곳으로 튀어 나갔을 경우 다시 주워서 계속하는데 어떠
　　　　　한 경우라도 갑은 공을 만질 수 없다.

요　령: 반환점에서 갑과 을이 서로 임무를 교대해도 재미있다.

도움말: 팀 대항 경기도 재미있고 커플 게임으로도 좋다.

023 폐활량 챔피언

준　비: 종이

진　행: ① 시작 신호와 함께 16절지 크기의 종이를 입에 갖다 대고 숨을
　　　　들이마시면서 동시에 양손은 뒷짐을 진다.

　　　　② 숨을 들이 마시는 동안은 종이가 떨어지지 않고 입에 붙어 있기 때
　　　　문에 폐활량이 큰 사람이 이기게 된다.

　　　　③ 종이에 침이 묻어 있는 사람은 실격패!

요　령: 2사람씩 토너먼트 식으로 진행해도 되고 팀별 대항으로 진행해도
　　　　된다. 경기 중에는 반드시 차려 자세로 서있어야지 머리를 뒤로 젖
　　　　히면 실격패!

024 긴 숨

준　비: 종이, 가위, 줄

진　행: ① 짝 배수의 팀으로 팀구성을 한다.

　　　　② 종이를 가늘고 길게 잘라서 그림과
　　　　같이 줄에 매단다.

　　　　③ 각 팀에서 1번부터 시작하여 번호 순
　　　　서대로 1명씩 나와 종이 앞에 선다.

　　　　④ 시작신호와 함께 선수들은 종이를 불어서 반대쪽으로 날리게 한다.

　　　　⑤ 숨이 다하여 종이가 내려오면 게임 끝.

　　　　⑥ 경기 도중에 다시 숨을 들이마시는 사람은 실격패!

도움말: 종이는 되도록 가벼운 것을 선택하고, 2사람이 종이를 사이에 두고
　　　　마주본 다음 서로 상대방 쪽으로 종이를 날리는 게임도 재미있다.

프로가 되기 위해서는 빨리빨리 많은 실수를 해야 한다. 절대로 실수하지 않는 사람은 아무 일도 하지 않은 사람 뿐이다. 〈롤랑〉

025 입 큰 개구리

준　비: 자

진　행: ① 짝 배수의 팀으로 팀 구성을 한다.

　　② 각 팀에서 입이 큰 사람을 1사람씩 선출한다.

　　③ 선출이 끝나면 참석한 모든 사람과 함께 박수를 치면서 큰 소리로 노래를 한다. "다~함께 노래합시다~ 다~함께 노래합시다~ 입을 크게 벌려~ 입을 크게 벌려~ 벌려~ 벌려~ 아~아~."

　　④ 노래가 끝나면 선수들의 입을 자로 재어 아래위로 가장 크게 입이 벌어지는 사람을 챔피언으로 뽑는다.

　　⑤ 리더의 재치 있는 멘트와 센스가 요구된다.

요　령: 흥미를 돋구기 위해서 토너먼트 식으로 진행하고 결승전은 "입 큰 사람치고 노래 못하는 사람 없다!"고 말한 후 노래 솜씨로 챔피언을 뽑는다.

도움말: 개인전으로 진행할 경우 입 크기에 자신이 있는 사람은 앞으로 나오라고 해서 진행을 하되 챔피언에게는 상품을 줄 수 있어야 한다.

026 그랑프리 선발대회

준　비: 없음

진　행: ① 팀 구별 없이 모여 앉는다.

　　② 리더는 "각 부문별 그랑프리를 선발하겠습니다!"라고 말한다.

　　③ 자신이 해당된다고 생각하는 사람들을 앞으로 나오게 하여 나온 사람 들 중에서 최고를 뽑아 상품을 준다.

요　령: 예 머리카락이 제일 긴 사람 ⇒ 머리빗

　　　다리에 털이 많은 사람 ⇒ 일회용 면도기

　　　피부가 검은 사람 ⇒ 때밀이 수건

　　　그 외에 갈비씨, 삼겹살, 곱슬머리, ……

도움말: 팀 대항전으로 할 경우 팀 대표를 선정하여 진행하고 최고로 선발된 사람이 소속한 팀에게 점수를 주면서 부문별로 계속 진행한다.

027 빙고 게임

준　비: 메모지. 볼펜 ☞ www.selfevent.com

진　행: ① 정사각형의 메모지에 가로 세로 5줄을 그어 25칸의 빙고판을 만든다. 〈그림 참조〉

② "B"칸에는 1~15까지의 숫자를 임의로 채우고, "I"칸에는 16~30까 지의 숫자를, "N"칸에는 31~45까지, "G"칸에는 46~60까지, "O"칸에는 60~75까지의 숫자를 무작위로 배열하여 채운다.

③ 리더가 "B에 15번!", "N에 33번!", "G에 52번!"하는 식으로 숫자를 부르면 각자가 해당되는 번호 칸에 "○"표를 한다.

④ "○"표가 다음과 같은 모양을 갖추면 당첨된다.

　(ㄱ) 가로나 세로로 5개가 일렬로 모양을 만들었을 때.

　(ㄴ) 좌우 대각선으로 5개가 모양을 만들었을 때.

　(ㄷ) 좌우 상하로 각 모서리마다 모양을 만들었을 때.

　(ㄹ) 영어로 "H"자나 "N"자 또는 "Z"자 모양을 만들었을 때.

　(ㅁ) 9칸이 "+" 모양을 만들었을 때.

　(ㅂ) 25개 칸을 모두 채울 때. 〔블랙 빙고〕

　(ㅅ) 1칸도 채우지 않고 부르는 번호를 피해 갔을 때. 〔화이트 빙고〕

B	I	N	G	O
⑦	18	40	48	74
2	26	32	59	65
9	20	37	46	72
5	29	36	55	71
14	16	44	50	69

요　령: 아래로 내려올수록 난이도가 높다. 한번 당첨이 나왔다고 해서 다른 종이로 바꾸지 말고 같은 종이로 난이도를 높여 계속 진행하면 된다. 숫자를 부르면서 긴장감을 일으키는 리더의 멘트가 있으면 더욱 좋다.

도움말: 영자 B, I, N, G, O를 쓰는 대신 우, 리, 는, 하, 나 또는 분위기에 어울리는 단어를 사용하면 좋다. 번호를 부를 때는 영자순서대로 부르지 말고 무작위로 안배를 해서 부른다. 빙고 기계를 사용하지 않을 때 리더는 자기가 부른 번호를 반드시 메모 하고 당첨자가 나왔을 때는 꼭 확인해야 한다.

> 실패를 밑받침으로 하지 않는 발전은 모래 위에 지은 집과 같다.

028 숫자 빙고

준　비: 메모지, 볼펜
진　행: ① 25칸의 빙고 판 메모지에 1~100
　　　　까지의 숫자를 갖고 각자 마음대로
　　　　빈 칸에 번호를 1개씩 써넣는다. 이
　　　　때 번호가 중복되면 안 된다.
　　　② 리더가 처음에 번호를 1개 부르고 그 다음부터는 순서대로 돌아가
　　　　면서 각자가 부르고 싶은 번호를 부른다.
　　　③ 당첨이 되는 조건은 "빙고 게임"과 같다.

029 이름 빙고

준　비: 메모지, 볼펜 ☞ www.selfevent.com
진　행: "숫자 빙고" 방법으로 진
　　　　행하되, 25개의 빈칸에
　　　　숫자를 쓰는 대신 참가자
　　　　의 이름을 쓰고 나서 진
　　　　행한다.

도움말: 이름 쓰기를 끝내고 나서 이름 칸에 그 사람의 혈액형을 추가로 적
　　　　는 게임을 진행하면 더욱 친숙해질 기회를 가질 수 있다.

030 성씨 빙고

준　비: 메모지, 볼펜
진　행: "숫자 빙고" 방법으로 진행하
　　　　되, 25개의 빈칸에 한국인의 성
　　　　씨를 적고 진행한다. 당첨 조건
　　　　은 "빙고 게임"과 같다.
도움말: 대상에 따라서 꽃 이름, 도시 이
　　　　름, 곤충 이름, 물고기 이름 등으로 변화를 준다. 빙고 칸은 25칸
　　　　으로 한정짓지 말고 인원과 모임의 성격에 따라 늘리거나 줄여서
　　　　진행할 수 있다.

031 ○표와 ×표 이어나가기

준　비: 메모지, 볼펜
진　행: ① 2사람이 1조가 되어 25칸의 빈 빙고 판을 준비한다.
　② 교대로 한 번씩 빈칸에 표를 하는데, 갑은 '○'표를 하고 을은 '×'표를 한다.
　③ 25개의 칸이 모두 채워지면 득점을 계산하여 승패를 가린다.
　득점 계산 : 가로, 세로, 대각선으로
　2개가 이어지면 → 0점,　3개가 이어지면 → 2점
　4개가 이어지면 → 4점,　5개가 이어지면 → 6점, ……
요　령: 오목(五目)과 같은 방식의 게임으로 자기 표를 늘어놓을수록 득점이 높아진다. 상대방의 상황을 잘 보면서, 상대의 것은 막고 나의 것은 늘리는 데에 묘미가 있다.

032 가로 세로 빙고

준　비: 메모지, 볼펜
진　행: ① 그림(가로는 영어, 세로는 숫자)과 같은 빙고 판을 준비한다.
　② 리더 자신만 알도록 글자 1개를 쓴다.
　③ 참가자들은 이 글자를 추적하여 알아 맞춰야 한다.
　④ 추적 방법은 가로 칸과 세로 칸이 만나는 곳에 글자의 한 부분이 걸려 있는지 없는지를 추적하여 리더가 쓴 글자를 찾아낸다.
　⑤ 걸려 있는 부분을 맞추면 +10점, 틀리면 –5점이고, 글자를 맞추면 +100, 틀리면 –50점을 준다.
　⑥ 참가자들이 차례로 가로와 세로를 말하면 리더는 "있다" 또는 "없다"고 말을 해 줘야 한다.
　예 리더가 쓴 글자가 "라"일 경우 참가자는 가로를 먼저 부르고 나서 세로를 부른다.
　(G와 3)! = +10점, (F와 7)! = –5점
　"마!" = –50점, "라!" = +100점이 된다.

033 지폐 빙고

진 행: ① 각자 자신의 지폐를 1장씩
　　　　준비하고 지폐의 고유 번호를
　　　　확인한다.
　　　② 리더는 한글과 아라비아 숫자
　　　　를 요령껏 불러 나간다.
　　　③ 리더가 임의로 부르는 번호가
　　　　5개 이상 맞으면 당첨된다.
　　　예 "2"자가 3개인 지폐,
　　　　"1"자가 1개도 없는 지폐,
　　　　끝자리 2개의 숫자 합이 15가 넘는 지폐, ……

034 신문지 빙고

준 비: 신문지
진 행: ① 참가자 전원에게 신문지 1장씩을 나누어 준다.
　　　② 리더가 부르는 문장을 신문지 속에서 먼저 찾아내는 사람이 당첨!
　　　예 "오늘은 제 1회 한마음 단합대회"
　　　　"이상은 높게! 마음은 넓게! 사랑은 깊게!"
도움말: 신문지가 아니어도 된다. 각종
　　　　유인물이나 간행물 등을 이
　　　　용해도 좋다.

✏ 사람은 왜 웃나?

　　인간의 간질에 대한 연구를 하던 중 의외의 소득이 있었다. 그것은 왼쪽 대뇌의 중 상위 부분이 -사지(四肢)통제 신경조직 앞에 있는 4C㎠- 자극을 받으면 사람이 웃게 된다는 것이다. 이 부분이 바로 오래 전부터 이야기 해 오던 '웃음보' 인 것이다. 따라서 이 곳을 자극할 수만 있다면 사람을 웃길 수 있다.

035 직업 자랑

준 비: 메모지, 볼펜

진 행: ① 리더는 메모지에 직업들을 적는데 1장에 1가지씩 적어 여러 장을 준비한다.

② 직업을 적은 메모지를 나누어준다.

③ 각자 돌아가면서 자기가 받은 직업에 대해 최대의 자긍심을 갖고 온갖 미사여구(美辭麗句)를 총동원하여 자랑을 한다.

④ 가장 멋지고 훌륭하게 발표한 사람에게 시상을 한다.

요 령: 직업의 내용은 사회적으로 환영을 받지 못하거나 희귀한 것이면 좋다.

도움말: 팀웍 게임으로 진행해도 좋다. 이때 팀원들과 함께 만든 미사여구는 팀 대표가 발표하도록 한다.

036 즉석 광고

진 행: "직업 자랑" 방법으로 진행하되, 직업 대신 어떤 상품을 선전한다. 리더는 메모지에 상품을 써서 주는 것보다 직접 상품을 현장에서 구해 그것을 갖고 진행하면 좋다. 5초 이상 우물쭈물하면 실격!

요 령: 상품은 주변의 악세서리나 문구류, 생활 필수품 등으로 하고 이것들을 선수들이 보지 못하게 감추어 놓고 1가지씩 꺼내어 진행한다.

도움말: 상품은 문제가 있는 것이면 더 좋다.

[예] 빵꾸난 양말, 깨진 그릇, 먹다 남은 사과, 쏟아진 우유, ……

프로그램 성공의 비결은 대상의 관점을 포착, 대상의 입장에서 진행한다.

037 고성 방가

진　행: ① 2사람이 서로 마주보고 선다.
　　　② 시작 신호와 함께 큰 목소리로 힘차게 노래를 부른다.
　　　③ 자기 목소리로 상대방의 목소리를 제압하여 상대방이 노래를 못 부르게 하거나, 웃게 하거나, 포기하도록 만든 사람이 이긴다.

도움말: 다음과 같은 방법을 혼용하면 더 재미있다.
　　　① 서로 상대방의 코를 잡고 노래를 한다.
　　　② 서로 이마를 맞대고 노래를 한다.
　　　③ 온몸을 흔들며 요란한 동작으로 노래를 한다.

038 더하기 웅변

진　행: ① 2사람이 서로 마주보고 선다.
　　　② 갑이 먼저 "친애하는 국민 여러분!"하고 말을 시작한다.
　　　③ 을은 이 말을 받아서 한 문장을 더 갖다 붙인다.

　　　　　　　　· 을: "친애하는 국민 여러분 안녕하십니까?"
　　　　　　　　· 갑: "친애하는 국민 여러분 안녕하십니까? 저도 안녕합니다."
　　　　　　　　· 을: "친애하는 국민 여러분 안녕하십니까? 저도 안녕합니다. 오늘 우리가 이곳에 모인 이유를 알고 계십니까?"
　　　④ 말을 계속 이어나가지 못하거나, 순서가 틀리거나, 말을 빠뜨리는 사람이 진다.

도움말: 여러 명이 할 수도 있다. 이때는 순번을 정하여 반복해서 엮어 나간다. 웅변의 내용을 모임의 성격이나 취지에 맞는 주제로 진행하면 1석 2조!

039 경운기 몰기

진　행: ① 각 팀마다 2사람이 1조가 되어 2줄로 줄을 선다.
　　　　② 출발선에서 갑은 팔굽혀펴기 자세를 취하고 을은 엎드린 갑의 발목을 잡고 들어올린다.
　　　　③ 시작 신호와 함께 엎드린 갑은 팔의 힘을 이용하여 앞으로 전진하고 발목을 잡고 있는 을은 갑의 발이 땅에 닿지 않도록 하여 발목을 잡고 갑을 쫓아간다.
　　　　④ 1번 조가 반환점을 돌아오면 2번 조가 출발한다.
요　령: 체력을 요구하는 게임이므로 반환점은 5m 정도가 적합하다.
도움말: 엎드린 사람의 양 허벅지 위에 공을 올려놓고 떨어뜨리지 않고 반환점을 돌아오게 하면 흥미를 더할 수 있다.

040 인간 기중기

진　행: ① 각 팀별로 '인간 기중기' 역할을 할 1사람씩을 선발한다.
　　　　② 시작 신호와 함께 '인간 기중기'는 자기 팀에서 가벼운 사람들을 업거나, 안거나, 매달리게 한다.
　　　　③ 가장 많은 인원을 들고 있는 팀이 이긴다.

요　령: 제한 시간을 두고 진행한다.
도움말: 토너멘트나 기록 경기로 진행해도 좋다.

프로의 발전과정 :	1단계 – 진행자의 입장에서 모든 프로그램을 진행
	2단계 – 진행자와 대상의 중간 입장에서 프로그램을 진행
	3단계 – 대상의 입장에서 프로그램을 진행

041 가마 릴레이

진　행: ① 각 팀마다 3사람이 1조가 되어 갑과 을은 서로 마주 보고 두 손
을 엮어서 병이 올라탈 수 있도록 가마를 만든다.
② 시작 신호와 함께 병은 빨
리 가마에 올라타고 3명이
함께 반환점을 돌아온다.
③ 팀 대항 릴레이 경기이다.
도움말: 가족 동반 야유회나 운동회
때 부모님들이 가마를 만들
고 어린이가 그 가마에 올라
타고 경기를 하면 좋다.

042 오리발 릴레이

준　비: 오리발 ☞ www.selfevent.com
진　행: 각 팀별로 1사람씩 반환점을
돌아오는 릴레이 경기인데 바
통 대신 오리발을 신고 반환점
을 돌아와 다음 선수에게 오리
발을 벗어서 넘겨 준다.
도움말: 급한 마음에 무조건 앞으로만
뛰려 하면 넘어져 부상을 입을
수 있다. 리더는 무릎을 최대
한 올려 가며 앞으로 뛰라는
주의 사항을 준다.

유머마인드3

✏ 웃음보를 자극하려면?

인간의 감각기관인 5감 즉 시각, 청각, 촉각, 미각, 후각을 통해 생각을 자극하면 웃음보를 자극
할 수 있다. 이 웃음보가 자극을 받으면 미소도 짓고 폭소도 터져 나오는데 , 웃음보가 약하게 자극
받으면 미소가 나오고, 강하게 자극 받으면 폭소가 나온다.

043 거북이 레이스

준　비: 바통
진　행: 팀 대항 릴레이 경기이다.
　　　① 팀별 1줄로 줄을 선다.
　　　② 출발 신호와 함께 1번 선수
　　　　부터 반환점을 돌아와 2번에
　　　　게 바통을 넘겨 준다.
　　　③ 반환점을 돌아오는 방법은 왼발 앞에 오른발 뒤꿈치를 갖다 대고
　　　　교대로 오른발 앞에 왼발 뒤꿈치를 갖다 대는 방식으로 걸어간다.
요　령: 발뒤꿈치가 떨어지는 사람은 실격시키거나 감점 처리를 한다.
도움말: 반환점까지의 거리는 10m 이상을 넘으면 곤란하다. 반환점을 돌아
　　　출발선으로 올 때는 뒷걸음질로 들어오게 해도 좋다.

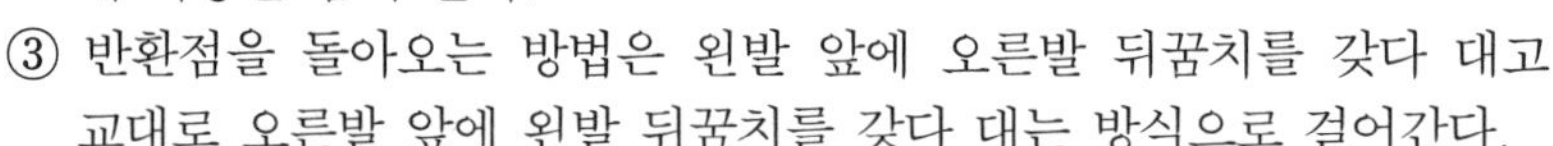

044 펭귄 레이스

준　비: 공, 튜브
진　행: ① 출발선에서 각 팀의 1번 선
　　　　수는 발목에 튜브를 낀다.
　　　② 출발 신호와 함께 공을 몰고 반
　　　　환점을 돌아와 다음 선수에게
　　　　공과 튜브를 넘겨 준다.
도움말: 튜브만을 이용해 반환점을 돌아오는 릴레이 경기도 재미있다.

045 엄마하고 나하고

준　비: 튜브, 줄
진　행: ① 튜브에 줄을 매단다.
　　　② 엄마는 튜브에 발을 끼고, 어
　　　　린이는 줄을 잡는다.
　　　③ 출발 신호와 함께 어린이가 엄마를 인도하여 반환점을 돌아오고,
　　　　다음 번으로 튜브를 넘겨 준다.
도움말: 유치원 어린이들의 야외 놀이로 좋다.

이벤트란 무엇인가?

단어 뜻 : 간단히 정리하긴 어렵지만 행사, 경기, 사건, 사고, 발생한 일… 등으로 해석된다. 그러나 사건이나 사고는 부정적인 '좋지 않은 일' 이나 '원하지 않은 일' 또는 '계획되지 않은 일' 인데 반해, 행사나 경기는 긍정적인 '좋은 일' 이나 '원했던 일' 또는 '계획된 일' 을 뜻한다.

느낌 : 이벤트 행사는 긍정적인 좋은 느낌을 주는 행사이다.

세계의 기자들이 선정한 20세기 10대 뉴스 중 1위는 일본의 히로시마에 떨어졌던 원자폭탄 투하 사건이고, 2위는 아폴로 11호를 타고 인간이 달을 밟은 것이다. 그러나 인류 최고의 이벤트는 아폴로 11호를 타고 인간이 달을 밟은 것이다. 왜냐하면, 부정적인 좋지 않은 일이나 원하지 않은 일은 이벤트가 아니기 때문이다.

문제를 하나 풀어보자. "체납된 세금내기 대행진!" 이란 플래카드를 만들어 부치고 세금수납을 위한 행사를 한다면 이벤트가 될 수 있을까 없을까?

물론 답은 '없다' 이다.

046 슬리퍼 릴레이

준　비: 슬리퍼

진　행: 이 게임은 직장에서 휴식시간이나 점심시간에 할 수도 있다.

① 같은 인원으로 팀을 나누고 1열로 앉는다.

② 각 팀마다 슬리퍼를 1개씩 준비하고 이것을 1번이 발에 신는다.

③ 시작 신호와 함께 1번은 2번에게, 2번은 3번에게, ……

④ 반드시 발로만 슬리퍼를 전달하여 끝번 사람에게 먼저 도착시키는 팀이 이긴다.

⑤ 슬리퍼가 바닥에 떨어지면 처음부터 다시 시작한다.

요　령: 슬리퍼를 여러 개로 진행하면 더 재미있다. - 퇴근 후에 저녁 내기를!

도움말: 앉아서만 하지 말고 서서 하거나 한 사람씩 등에 업고 해도 재미있다.

※ □ - 원형, ⬭ - 변형

말은 표현하기에 따라서 전혀 다른 맛을 주고 자신의 모든 면을 대변한다.

047 종이컵 탑 쌓기

준　비: 종이컵, 빨대
진　행: ① 팀별로 바닥에 종이컵을
　　　　10~20개 정도 늘어놓는다.
　　　② 시작 신호와 함께 각 팀의 대표
　　　　선수는 빨대를 입에 물고 이것
　　　　을 이용해 종이컵을 들어올려
　　　　다른 종이컵에 포개어 넣는다.
　　　③ 제한 시간이 되면 쌓아 올린 종이컵의 숫자로 승부를 가린다.
　　　④ 물론 양손은 뒷짐 진다.

048 종이컵 릴레이 (1)

준　비: 종이컵, 빨대
진　행: ① 각 팀별로 1줄로 줄을 서고,
　　　　모두가 빨대를 1개씩 입에 문다.
　　　② 1번 사람은 하늘을 쳐다보고 종이
　　　　컵 1개를 빨대에 꽂는다.
　　　③ 시작 신호와 함께 빨대에 꽂혀 있
　　　　는 종이컵을 옆사람에게 전달하여
　　　　끝까지 먼저 종이컵을 보내는 팀이 이긴다.
　　　④ 손은 쓸 수 없고, 반드시 빨대로만 전달해야 한다.
요　령: 종이컵을 여러 개 사용하면 더 재미있다.

049 종이컵 릴레이 (2)

준　비: 종이컵, 빨대
진　행: "종이컵 릴레이(1)" 방법으로 진행하
　　　　되, 종이컵을 갖고 반환점을 돌아와 다
　　　　음 선수에게 종이컵을 넘겨 준다. 릴레
　　　　이 게임으로 진행하고 컵이 떨어지면
　　　　출발선에서부터 다시 시작한다.

050 잃은 자식 찾기

준　비: 눈가리개, 슬리퍼, 의자, 손수건
진　행: ① 출발지점에서 슬리퍼를 신고 다섯 걸음 앞으로 나간다.
　② 그곳에 슬리퍼를 벗어 놓고 출발지점으로 돌아와 눈가리개를 한다.
　③ 제자리에서 "뒤로 돌아!"를 2번 한 다음 다섯 걸음 앞으로 걸어가서 벗어 놓은 슬리퍼를 한번에 찾아 신어야 한다.
　④ 슬리퍼를 모두 신으면 100점, 한쪽만 신으면 50점, 슬리퍼를 신지 못하고 건들기만 하면 10점을 준다. 발로 슬리퍼를 더듬는 것은 절대로 안된다.

요　령: 슬리퍼를 더듬을 수 있게 하여 진행을 하려면 슬리퍼 2개를 찾아 신는 데 걸리는 시간으로 승부를 낸다. 슬리퍼 대신 손수건으로 진행해도 된다. 개인전, 팀 대항전 모두 가능하다.

도움말: 슬리퍼 대신 의자를 사용해 한번에 의자에 앉기를 해도 재미있다. 이 때 2사람이 협력하여, 갑은 눈가리개를 하고 을은 갑을 조정하여 의자에 정확히 앉을 수 있도록 안내를 한다.

051 헛발질 조심

준　비: 눈가리개, 공
진　행: ① 출발선에서 5m 이상 떨어진 곳에 공을 놓는다.
　② 출발선에서 눈가리개를 하고 "뒤로 돌아!"를 2번 한다.
　③ 리더의 "시작!" 신호와 함께 앞으로 걸어나가 힘차게 공을 찬다.
　④ 공을 찰 때까지 계속한다.
　⑤ 헛발질을 하는 횟수만큼 감점한다

사람은 자신이 하는 말에 의해 자기의 초상을 내보이는 것이다. 〈에머슨〉

052 비밀문서 해독

준　비: 봉투, 메모지
진　행: ① 리더는 메모지에 물건의 이름을 적어
　　　　봉투에 넣고 이것을 반환점에 갖다
　　　　놓는다.
　　　② 각 팀에서 대표 선수 1사람씩
　　　　나와 출발선에 선다.
　　　③ 출발신호와 함께 반환점으로 뛰어
　　　　가 놓여 있는 봉투를 주워서 내용을 확인한다.
　　　④ 선수들은 적혀 있는 내용을 제스추어(몸동작)로 자기 팀에게 설명
　　　　하고 팀원들은 이것을 해독하여 해당되는 물건을 구해 갖다 준다.
　　　⑤ 구해 온 물건이 맞으면 대표 선수는 출발선으로 달려와 골인한다.
요　령: 릴레이 경기로 진행해도 된다. 물건의 내용이 현장에서 구하기 힘
　　　　든 것이나 너무 난해한 것은 피한다.
　　　예 냉장고, 무전기, 팬티, ……

053 청각 테스트

준　비: 메모지, 볼펜
진　행: ① 리더는 참가자 전원을 뒤로 돌아 앉히고 여러
　　　　가지 물건들을 이용해 소리를 낸다.
　　　예 망치 소리, 종이 찢는 소리, 성냥불 켜는
　　　　소리, ……
　　　② 참가자들은 리더가 내는 소리들을 주의
　　　　깊게 듣고 순서대로 메모지에 적는다.
　　　③ 가장 정확히 순서대로 적어 내는 사람이
　　　　챔피언!

유머마인드4

✏ 웃음보를 자극하는 방법

웃음보를 자극하는 방법은 크게 세 가지로 나눈다.
첫째, 갑작스런 영광의 기쁨을 맛보게 하는 것.
둘째, 빗나간 상식이나 이성을 전달하는 것.
셋째, 언어의 유희.

---

054 미각 테스트

준 비: 먹거리, 눈가리개
진 행: "청각 테스트" 방법으로, 여러 가
  지 먹거리들을 눈을 가리고 맛을
  보게 하여 맞추게 한다.
도움말: 여러 가지 액체 먹거리(음료수,
  쨈, 조미료 등)를 섞어서 맛을 보
  게 한 후 어떤 것들이 혼합되었는지를 맞추게 해도 재미있다.

055 후각 테스트

준 비: 먹거리, 눈가리개
진 행: "미각 테스트" 방법으로 진행하
  되, 입으로 맛을 보는 대신 코로
  냄새를 맞아 먹거리의 이름을 맞
  춘다.
도움말: 눈가리개를 하지 않고, 먹거리를
  그릇에 보이지 않게 담아 냄새를 맞게 해도 좋다.

056 지나간 물건은

준 비: 잡동사니, 메모지, 볼펜, 보자기
진 행: ① 리더는 여러 가지 물건들을 한 지점에서 다른 지점으로 던진다.
  ② 참가자들은 지나간 물건의 이름을 맞춘다.
요 령: 물건이 빠르게 지나가도록 힘껏 던
  지고, 던져진 물건은 보이지 않도록
  해야 한다. 물론 던지기 위해 손으
  로 잡을 때도 보여서는 안 된다.
도움말: 정답을 메모지에 순서대로 적어 점
  수를 갖고 우열을 가려도 좋다. 잡동사니를 한 곳에 모으고, 이것
  들을 5초 정도 보여준 후 보자기로 덮은 다음 물건의 이름을 기억
  나는 대로 메모지에 적는 게임도 재미있다.

이벤트는 왜 하는가?

새로운 감동과의 만남 : 이벤트의 1차적인 목적은 새로운 감동과의 만남을 위하여 치러지는 행사이다. 이 감동을 통해 궁극적인 어떤 목적을 달성하고자 이벤트를 하는데, 궁극적인 목적은 주관이나 주최자에 따라 결정된다.

Communication : 강아지가 앞발을 드는 것은 반가움의 표시이고, 고양이가 앞발을 드는 것은 공격자세이다. 이래서 개와 고양이는 사이가 좋을래야 좋을 수가 없다. 이벤트는 Communication 즉 어떤 개체와 개체 사이, 또는 조직간의 교류를 위해서 이뤄지는 것이다. 그것이 생산자와 소비자, 방송국과 시청자, 정치인과 유권자이든 간에…

057 줄넘기

준　비: 줄넘기 줄
진　행: 줄넘기는 어디서나 즐길 수 있는 건강 게임이다. 여기에 소개하는
　　　　게임들은 리더의 재량에 따라 여러 가지 방법으로 진행할 수 있다.
　　　① 30초 동안 몇 회를 넘을 수 있나.
　　　② 몸이 공중에 떴을 때 줄을 2번 돌리면서 몇 회를 넘나.
　　　③ 줄넘기 줄을 뒤로 돌려 넘기.
도움말: ①의 경우 제한 시간이 없이 줄넘기를 하면 게임이 지루해진다.

058 한마음 줄넘기

준　비: 줄넘기 줄
진　행: 2사람이 어깨동무를 하고, 줄넘기 줄
　　　　1개를 갖고 줄 양쪽 끝을 하나씩 잡은
　　　　다음 호흡을 같이하여 줄을 넘는다.
요　령: 줄넘기 기록 경기를 해도 되고, 2사람
　　　　이 1조가 되어 반환점을 돌아오는 릴
　　　　레이 경기를 해도 된다.

레크리에이션은 할만한 가치가 있어야 한다. (Worth-While)

059 줄넘기 릴레이

준　　비: 줄넘기 줄

진　　행: ① 팀별로 1줄로 줄을 서서 1
번부터 줄을 넘으며 반환점을
돌아와 2번에게 줄을 넘겨 준
다. 끝번까지 빨리 들어와야
하는 릴레이 경기이다.

② 3사람이 1조가 되어 2사람은
줄 양쪽 끝을 하나씩 잡고 돌
리고, 1사람은 줄을 뛰어넘으면서 반환점을 돌아와 다음 조에게 줄
을 넘겨 주는 릴레이 경기.

060 단체 줄넘기

준　　비: 줄넘기 줄 ☞ www.selfevent.com

진　　행: 〈협동심과 순발력을 요구하는 팀 게임으로 ……〉

① 5사람이 1조가 되어 2사람은 줄 양쪽을 잡고 돌리고 3사람은 앞사
람의 어깨를 잡고 같이 줄을 넘기

② ①번 방법으로 하되, 3사람이 5회를 넘으면 다음은 4사람이 5회
를, 다음은 5사람이 5회를 …… 몇 명까지 들어가나.

③ 2사람이 긴 줄을 돌리고, 줄이 돌아가는 동안 1사람씩 뛰어들어가
는 데, 줄이 멈추지 않고 몇 사람까지 들어가나.

④ 3사람이 1조가 되어 2사람은 줄을 계속 돌리고 1사람은 돌아가는
줄을 1번 넘고 빠
져나와 앞쪽에 있
는 반환점을 돌아
와 다시 돌아가는
줄을 1번 넘고 뒤
쪽에 있는 반환점
을 돌면 1점을 획
득한다.
몇 점까지 따내나!

061 모의 장례식

준　비: 촛불, 음악, 들것

진　행: 이 프로그램은 장례식 절차를 거치면서 인생을 음미해 보고 각자의 느낌을 갖는 심성 계발(공동체 훈련) 프로그램이다. 따라서 사전의 면밀한 검토와 완벽한 준비 그리고 세련된 진행이 요구된다.

① 들것(실제 관이면 더 좋다) 위에 한 사람이 눕는다.

② 장내가 정리되면 모두가 촛불에 점화를 한다.

③ 들것을 들고 입장한다.

④ 한 사람씩 차례로 들것 위에 누워 있는 사람 앞에 서서 지난날들을 생각하며 한 마디씩 이야기를 남긴다.

⑤ 이야기가 끝나면 들고 있던 촛불을 누워 있는 사람 앞에 꽂는다.

⑥ 마지막 사람까지 계속한다.

⑦ 여건이 허락되면 교대로 들것에 실려 본다.

요　령: ① 리더는 분위기에 어울리는 음악과 읽어 줄 글귀들을 확보하고 이것들을 적절히 사용해야 한다.

② 향불을 피우면 냄새 때문에 더 실감난다.

③ 서로가 느낀 소감들은 반드시 나누어야(Feed Back) 한다.

④ 묘비문을 쓰는 시간을 가지면 좋다. 이때는 묘비문과 함께 가족, 친지, 사회, 국가, 인류 등에게 남기는 유언을 함께 쓴다.

⑤ 일반적인 장례식 절차나 분위기 등에 대해 충분한 연구를 하고 순서순서마다 매끄럽게 물줄기가 흐르듯이 진행한다.

도움말: 다시 강조하는데 무엇보다 리더의 세련된 진행과 충분한 준비가 있어야 한다. 자신이 없는 리더는 안 하는 것이 현명하다.

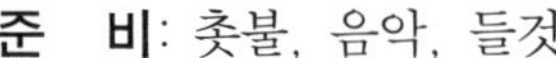

062 제한 술래잡기

진　행: ① 바닥에 지름이 5m 정도 되는 원을 그리고 원안에 "+" 모양으로
　　　　줄을 그어 4등분을 한다.
　　　② 4등분이 된 부채꼴의 중심에 지름이 30㎝ 정도 되는 원을 각각 그
　　　　린다.
　　　③ 술래 1사람을 정한다.
　　　④ 시작 신호와 함께 술래는 잡으러 다니고 다른 사람은 도망다닌다.
　　　⑤ 이때 반드시 선을 밟고 다녀야 한다.
　　　⑥ 지름이 30㎝인 작은 원은 안전 지대인데 도망 다니는 사람이 이곳
　　　　에 뛰어 들어가면 술래는 잡지 못하고 1~10까지 숫자를 센다.
　　　⑦ 안전 지대에 있는 사람은 술래가 10까지 세기 전에 그곳에서 빠져
　　　　나와야 한다. 10을 셀 때까지 못 나오면 술래에게 잡힌 것이 된다.
도움말: 제한 술래잡기의 모양은 반드시 원이 아니라도 무방하다.
　　　　참석 인원이 많을 경우 원을 더 크게 그리고 6등분이나 8등분을 한
　　　　다.

레크리에이션은 여가를 선용하는 것이다. (Leisure)

063 화장지 돌리기

준　비: 화장지

진　행: 이 게임은 버스 안에서 진행할 수 있는 차내 게임이다. 버스에 승차를 하면 자연스럽게 2팀(통로 좌측, 우측)으로 또는 4팀(4열 종대형)으로 나뉘어진다. 이 게임은 2팀으로 하는 것이 좋다.

① 화장지를 머리 위로 넘겨서 맨 뒷사람에게까지 갔다가 돌아오기를 하는데 : ㉠ 1회전은 통로 측끼리　　㉡ 2회전은 창가 측끼리

㉢ 3회전은 통로 측으로 가서 창가 측으로 돌아오기

㉣ 4회전은 창가 측으로 가서 통로 측으로 돌아오기

㉤ 5회전은 통로 측으로 갔다 와서 창가 측으로 갔다 오기

② 화장지를 풀어서 창가 측의 맨 앞사람이 목에 2번을 감고 옆사람에게 주면 통로쪽 맨 앞사람은 이것을 받아서 목에 2번을 감고 뒤로 넘긴다. 이와 같이 계속 반복하여 지그재그로 끝까지 먼저 보내는 팀이 이기는데 중간에 화장지가 끊어지면 감점 처리를 한다.

③ 목에 화장지를 감고 있는 상태에서 노래를 몇 곡 불러 본다. 이때도 화장지가 끊어지면 안되므로 전원이 꼼짝달싹 못하게 되어 진풍경이 벌어진다.

④ 목에 감겨 있는 화장지를 풀면서 원상태로 감아 놓기

요　령: 중간에 화장지가 끊어지면 안 된다고 강하게 강조한다.

도움말: 이 게임은 승차 후 서먹서먹한 분위기에서 도입부로 진행하면 분위기도 좋아지고 전원이 참여의식을 갖게 되어 좋다. ④번 게임은 반드시 하는 것이 좋다. 이것을 안 하면 차내가 지저분해질 뿐만 아니라 과소비를 하는 느낌이 든다. 차내에 어린이가 있다면 교육적으로도 좋지 않다.

레크리에이션은 만족을 느낄 수 있는 것이어야 한다. (Satisfaction)

오리 씨름

진 행: 각 팀별로 1사람씩 나와서 하거나, 팀 전원이 한꺼번에 참여한다.
  ① 각자 양손을 뒤로 하여 깍지를 낀다.
  ② 깍지를 낀 손을 오금(무릎 뒷부분)에 갖다 대고 쭈그리고 앉는다.
  ③ 시작 신호와 함께 꽥! 꽥! 거리며 상대방의 오리를 만나 몸싸움을 하여 넘어뜨리거나 깍지 낀 손을 풀어지게 하면 이긴다.
요 령: 팀 대항전으로 할 경우는 진 사람을 즉시 퇴장시켜야 한다.
도움말: 몸싸움이 격렬하면 상대방을 공격할 때 엉덩이로만 공격하게 한다.

유머마인드5

✏ 갑작스런 영광

사람은 자신보다 한 수 위인 사람에게는 긴장상태가 되고, 한 수 아래인 사람에게는 이완상태가 된다. 웃음은 이완상태에서 나노는 반응으로 자신보다 어리석거나 멍청한 상황을 만나면 웃게 되고 이것이 자신의 자긍심(自矜心)이나 중요감(重要感)으로 연결된다. 자긍심이나 중요감은 곧 갑작스런 영광의 기쁨으로 이어지고 웃음보를 자극한다.

레크리에이션은 자발적으로 행하여 져야 한다. (Voluntary)

065 나는 빈 의자

준　비: 의자

진　행: ① 전체 인원보다 1개가 부족하게 의자를 준비한다.

② 의자를 밖에서 앉을 수 있도록 원형으로 놓는다.

③ 전원이 의자 밖에서 시계 방향으로 돌면서 노래를 부른다.

④ 리더의 "스톱!" 소리와 함께 의자를 1개 골라 앉는다.

⑤ 의자가 1개 모자라기 때문에 자연히 1사람은 앉지 못하게 된다.

⑥ 의자에 앉지 못한 사람을 퇴장시키고 계속 반복하여 최후의 챔피언을 뽑는다.

요　령: 빠르게 진행시키려면 의자를 2개가 모자라게 해 놓고 한다.

도움말: 리더의 의지에 따라 챔피언을 만들 수 있다. 즉 챔피언으로 만들고 싶은 사람이 앉기 좋은 조건에 있을 때 "스톱!"을 하면 된다. – 보장은 없다!

레크리에이션은 각자의 흥미와 욕구에 의해 이루어 진다.

066 신발 찾아오기

준　비: 신발
진　행: ① 지름이 1m 정도의 원을 그린다.
　　　② 술래 1사람을 정하고 술래를 제외
　　　　한 전원이 신을 1개씩 벗어서 원 안에 넣는다.
　　　③ 시작 신호와 함께 술래에게 터치(손을 갖다 댐)를 당하지 않고 앞,
　　　　뒤, 좌, 우로 기회를 보아 각자가 자기 신발을 끄집어내어 신는다.
　　　④ 술래는 가능한 신발을 안 뺏기려 노력한다.
　　　⑤ 제일 마지막에 남아있는 신발 주인은 벌칙을 받거나 술래가 된다.
도움말: 신발로 하는 대신 모자나 다른 소지품 등으로 진행해도 좋다.

067 신발 뺏기

준　비: 신발
진　행: "나는 빈 의자" 방법으로 진행하되, 의자대
　　　신 각자 신을 1개씩 벗어서 진행한다.
요　령: 신발을 잡으려 할 때 머리끼리 서로 부딪혀
　　　다치지 않도록 신을 넓게 흩어 놓는다.

068 모셔 오기

진　행: ① 리더와 함께 모두 모여 둥글게 앉는다.
　　　② 음악이 시작되면 리더가 자리를 뜬다.
　　　③ 리더가 앉아 있던 자리의 좌우 사람은 즉
　　　　시 손을 잡고 맞은 편으로 뛰어가 1사람을
　　　　모셔와 빈자리를 채운다.
　　　④ 새로이 빈자리의 양 옆사람은 같은 방법으
　　　　로 1사람을 모셔와 빈자리를 채운다.
　　　⑤ 음악이 멈추면 그 당시 자리에서 떠나있는 3사람은 벌칙을 받는다.
요　령: 음악은 길지 않은 동요를 선택한다.
도움말: 음악이 준비되지 않으면 리더가 제한시간을 두고 진행한다. 이 때
　　　는 1분을 넘으면 안된다. 리더의 "스톱!" 소리와 함께 ……

069 실내 올림픽 경기

준 비: 나무젓가락, 풍선, 종이, 실, 탁구공, 종이접시, 은박접시, 공, 종이컵, 귤, 콩, 줄자, 시계, ……

진 행: 이 게임은 실내에서 올림픽 분위기를 느끼게 한다.

① 창던지기 - 나무젓가락이나 빨대를 던진다. 이때 방법은 2가지이다. 하나는 제자리에서 던지는 것이고 다른 하나는 달려오면서 던지는 선에서 던지는 것이다. - 던지는 폼이 멋지면 보너스 점수를!

② 투포환 - 풍선을 불어서 투포환 경기 방식을 흉내낸다.

③ 햄머던지기 - 16절 종이를 꾸겨서 뭉치를 만들고 실을 매단다.

④ 원반던지기 - 종이접시나 은박지접시를 던진다.

⑤ 탁구 - 손바닥 위에 탁구공을 올려놓고 입으로 불어 멀리 보낸다. 이때 탁구공이 처음 떨어진 곳이 성적이다.

⑥ 경보 - 실내에 트랙을 그려 놓고 무릎으로 기어서 2바퀴 돌기

⑦ 축구 - 고무공이나 테니스공으로 제자리에 서서 배와 허리힘으로 헤딩해서 멀리 보내기. 처음 떨어진 곳이 성적이다.

⑧ 수영 - 종이컵을 입김으로 빨아들여 입에 붙인 상태에서 반환점을 기어서 돌아오기. 종이컵이 입에서 떨어지면 실격!

⑨ 배구 - 풍선을 불어서 배구공으로 쓴다.

⑩ 100m 달리기 - 선수들을 집합시킨 후 리더의 하나, 둘, 셋! 소리와 함께 가랑이를 넓게 벌리기

⑪ 마라톤 - 선수들을 집합시킨후 신발 크기를 재어 큰 사이즈가 1등

⑫ 유도 - 2사람이 등을 맞대고 선 다음 발뒤꿈치 중앙에 조그만 물건을 놓고 리더의 "하나, 둘, 셋!" 소리에 먼저 집기 (서로가 엉덩이를 밀기 때문에 앞으로 퉁기어 나간다.)

발전을 하려는 마음이 발전을 유지한다.

⑬ 요트 – 머리 위에 종이 1장을 올려놓고 반환점을 돌아오기

⑭ 복싱 – 2사람이 마주앉아 주먹쥔 왼쪽 손등 위에 귤을 올려놓고 상대방의 귤을 떨어뜨리기

⑮ 사격 – 서있는 바닥에 종이컵을 놓고 콩이나 팥을 떨어뜨려 튀어나오지 않게 넣기

요　령: 리더는 줄자와 시계를 준비하여 정확성을 기해야 하고 개인전 팀 대항전 모두 가능하나 올림픽의 분위기(열기)를 연출해야 좋다.

도움말: 위의 것들 외에도 여러 가지 놀이들을 활용할 수 있다. 예를 들면, 제기 차기, 훌라후프, 볼링(빈 병을 세워 놓고), ……

070　지뢰 찾기

준　비: 풍선

진　행: 이 게임은 모래가 있는 곳에서만 가능하다.

① 청, 백 2팀으로 나눈다.

② 자기 팀 지역 안에서 풍선 10개를 분다.

③ 상대 팀이 모르게 모래 속에 감추고 표면을 위장한다.

④ 시작 신호와 함께 상대 팀 지역으로 가서 모래 속에 감추어진 지뢰(풍선) 10개를 찾아낸다. – 먼저 10개를 찾아내는 팀이 이긴다.

요　령: 풍선을 찾다가 풍선이 터지면 감점 처리를 한다. 물을 넣은 풍선을 섞어 넣고 이것을 찾아내는 사람에게는 행운상을!

도움말: 태양열에 의해 풍선이 터지는 수가 있으니 바람은 적당히 불도록 한다.

참다운 리더쉽은 모범(率先垂範)을 보이는 것이다.

071 천(天), 지(地), 수(水), 화(花)!

준　비: 수건, 종이방망이

① 모두 모여 둥글게 앉아 손뼉을 치면서 흥겨운 노래를 부른다.

② 리더는 수건을 갖고 원 밖으로 걸어다니다가 갑자기 어느 한사람의 목에 수건을 걸어 주고 '천', '지', '수', '화' 단어 중 하나를 외친 다음 "하나, 두울, 세엣, 네엣!"을 센다.

③ 목에 수건이 걸린 사람은 리더가 말한 단어에 해당하는 것의 이름 1개를 "네엣!"을 세기 전에 대답해야 한다. — "세엣!"까지 유효

예 천 = 하늘을 나르는 새의 이름들　　지 = 땅에 있는 동물의 이름들
　수 = 물 속에서 사는 고기의 이름들　　화 = 꽃의 이름들

④ "네엣!"을 셀 때까지 말을 못하거나 엉뚱한 대답을 말하면 벌칙을 주거나 실격 처리를 한다.

⑤ 한번 대답이 나온 이름은 중복해서 사용할 수 없다.

요　령: 리더는 원 밖에서 걸어다닐 때 긴장감이 돌도록 하고 수건이 어디로 갈 것인지를 예측하지 못하게 갑작스레 걸쳐 준다.

도움말: 리더는 종이 방망이나 튜브 몽둥이를 준비하여 틀리거나 엉뚱한 대답을 하는 사람을 한 방씩 때린다. 수를 세면서 때리려는 폼을 잡으면 겁을 먹고 당황하여 엉뚱한 상황이 벌어진다.

남을 따르는 것을 알지 못하면 좋은 리더가 못 된다.

072 어(魚), 조(鳥), 목(木), 광(鑛)!

준　비: 수건, 종이 방망이
진　행: "천, 지, 수, 화!" 방법으로 진행하되, 사용
　　　하는 단어가 '어', '조', '목', '광'이다.
　　　예 어 = 물고기의 이름들. 조 = 새의 이름들.
　　　목 = 나무의 이름들. 광 = 땅 속의 광물이나
　　　광물을 이용한 제품들(가위, 금반지, ……)
요　령: 여러 회가 진행된 후 단어 중 1개를 지정하
　　　여 그 단어에는 침묵을 하기로 한다. 예를 들어 '광'은 침묵을 하
　　　기로 한 다음 리더가 "광!"했을 때 대답하는 사람은 걸리게 된다.

073 천, 지, 수, 화, 어, 조, 목, 광!

준　비: 수건, 종이 방망이
진　행: "천, 지, 수, 화!"와 "어, 조, 목, 광!"
　　　게임이 익숙해지면 이 두 게임의 단어
　　　8자를 혼합해서 진행한다. 정신을 바싹
　　　차리지 않으면 수시로 걸린다.
도움말: 천, 지, 수, 화!, 어, 조, 목, 광! 대신 눈, 코, 입, 귀!로 할 수 있
　　　다. 이 때 눈은 눈과 관계가 있는 눈물, 눈동자, 안경, 수면대, 눈
　　　곱, …… 입은 입과 관계가 있는 노래, 피리, 뽀뽀, 마스크, ……
　　　코는 코와 관계가 있는 냄새, 콧물, 감기, ……

074 동물 이름 대기

진　행: ① 모두 모여 둥글게 앉아 3박자 박수(양손
　　　무릎, 손뼉, 오른손 엄지 앞으로)를 친다.
　　　② 리더는 "한 글자로 된 동물 이름 대기!"하고 외친다.
　　　③ 오른쪽에 앉아 있는 사람부터 돌아가면서 3박자에 동물의 이름을
　　　외친다. 닭! 개! 소! 말! 양! 뱀! 꿩! 쥐! ……
　　　④ 이름을 대지 못하고 막히는 사람은 벌칙을 주거나 실격시킨다.
　　　⑤ 동물 이름이 중복되면 안 된다.
요　령: 어느 정도 익숙해지면 '두글자' '세글자' 등으로 난이도를 높인다.

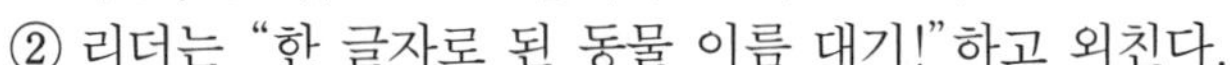

075 손수건 박수

준 비: 손수건

진 행: ① 리더는 손수건을 높이 던졌다가 받는다.

　② 참가자 전원은 손수건이 공중에 머무는 동안 크게 박수를 친다.

　③ 손수건을 리더가 받는 즉시 박수를 멈춰야 한다.

　④ 리더가 손수건을 받았는데도 박수를 치는 사람은 벌칙을 받는다.

　⑤ 손수건이 땅에 떨어지면 기립박수를 친다.

요 령: 리더는 의도적으로 실수를 유발시킨다. 즉 손수건을 던지지 않고 던지는 흉내만을 낸다. 박수를 치는 대신, 웃음을 웃거나 동물의 울음소리를 내게 해도 재미있다. 물론 손수건이 땅에 떨어지면 일어서서 더 큰소리를 내야 한다.

도움말: 이 게임은 도입부에 활용하면 좋다.

076 박수 만들기 (1)

진 행: 리더는 프로그램을 시작하면서 시선을 집중시켜야 한다.
  ① 리더는 2박자, 3박자, 4박자, 6박자 등 박자 지휘를 연습시킨다.
  ② 리더가 지휘하는 박자의 마지막 박자엔 박수를 치게 한다.
  ③ 2박자를 지휘하게 되면 박수가 자주 나온다.
  ④ 2박자를 더욱 빠르게 지휘하면 우뢰와 같은 박수가 만들어진다.
  ⑤ 리더는 이때 정중히 인사를 하면서 이러한 멘트는 어떨까요?
   "저를 열렬히 환영해 주셔서 대단히 감사합니다!"
도움말: 이 게임은 프로그램을 시작하면서 분위기 조성을 위한 도입 게임으로 활용하면 효과적이다. 엉뚱한 웃음과 화기애애한 분위기가 만들어진다. 이 게임은 같은 대상으로는 1번만 사용하는 것이 원칙이다.

077 박수 만들기 (2)

진 행: 리더는 대상에게 다음과 같은 주문을 한다.
  ① 오른손을 올리면 힘차게 박수를 치고,

  ② 왼손을 올리면 "와-"하며 우렁찬 함성을 지르고,
  ③ 양손을 올리면 함성과 함께 박수를 친다.
  ④ 리더는 자기 소개를 다음과 같이 하면 분위기가 좋아진다.
  예 오른손을 들며 - "여러분과 함께 즐거운 시간을 담당할 전영진입니다."

유머마인드6

✏️갑작스런 영광의 예

누구나 돌부리에 걸려 넘어지거나 얼음판 위에서 엉덩방아를 찌인 경험이 있을 것이다. 본인이 당하면 창피하고 몸둘 바를 모르겠지만, 남이 넘어지는 광경을 목격하면 폭소를 자아낸다. 이처럼 웃음은 '나는 최소한 너처럼 어리석거나 멍청하지는 않다' 라는 갑작스런 영광의 기쁨을 맛보았기 때문에 웃게 된다.

078 손가락 접기

진　행: ① 양손을 쫙 핀 다음 좌우 엄지를
　　　　같이 접으면서 1~10까지 센다.
　　　② 다시 펴서 10까지 수를 세는데 오른
　　　　손 엄지를 접어 놓고 센다. 즉 '하
　　　　나'에 왼손은 엄지만 접히고 오른손
　　　　은 검지까지 접힌다.
　　　③ 10까지 세면 왼손은 펴져 있고 오른
　　　　손은 엄지가 접혀져 있어야 한다.
　　　④ 2단계로 넘어간다. - 오른손을 검지
　　　　까지 접어 놓고 시작.
　　　⑤ 5단계까지 가면 왼손은 편 상태이고 오른손은 주먹을 쥔 상태이다.
요　령: 처음에는 천천히 하고 갈수록 빠르게 진행한다.
도움말: 도입부나 분위기 조성 게임으로 좋다.
　　　　리더는 동작이 서툴면 안된다. 충분히 연습을 한 후 사용한다.

079 모두 합죽이가 됩시다

진　행: ① 모두 모여 둥글게 앉는다.
　　　② 다같이 손을 잡고 아래위로 흔들면서 다음과 같이 큰소리로 외친
　　　　　　　　　　다. "웃음거리 합시다! 웃어도
　　　　　　　　　　안되고! 움직여도 안되고! 입벌
　　　　　　　　　　려도 안되고! 모두 합죽이가 됩
　　　　　　　　　　시다 합!"
　　　③ 이렇게 소리를 치고 나면 전원이
　　　　　움직이지 못한다.
　　　④ 리더는 웃거나 움직이는 사람을
　　　　　찾아내어 벌칙을 주거나 실격시
　　　　　킨다.
　　요　령: 리더는 참가자들을 웃기기 위해
　　　　　여러 가지 모션(쇼)을 쓴다.

이벤트는 어떤 행사인가?

차별화 된 행사 : 새로운 감동과 교류를 위한 이벤트를 위해선 지금까지 느낄 수 없었던 차별화 된 행사이어야 한다. 그러기 위해, 높은 기획성과 뛰어난 연출 그리고 뜻을 갖은 행사이어야 한다. 여기서 주의할 사항은 차별화 된 행사를 만들기 위해 '별난 짓' 을 하면 안 된다. 별난 짓은 이벤트가 아니라 결점이다.

특별한 목적 행사 : 어떤 조직이나 개체가 특별한 목적을 갖고 대중을 움직이고 감동을 주는 목적행사가 이벤트이다. 일상적으로 단순하게 반복되는 것들은 이벤트라 할 수 없다. 그러나 의외성을 만들기 위해 너무 화려하거나 깜짝 놀라게 차리라는 것이 아니다. 오히려 소박하면서도 사람의 심금을 울리는 것이어야 한다.

080 전서구(傳書鳩) 릴레이

진　행: 각 팀별 릴레이 경기이다.
　① 팀에서 가장 몸무게가 작은 1사람을 뽑는다.
　② 앞사람과의 간격을 5m로 하여 1줄로 줄을 선다.
　③ 앞의 1번은 몸무게가 가벼운 사람을 자신의 어깨에 목말을 태운다.
　④ 시작 신호와 함께 1번은 2번에게 달려가 전서구(가벼운 사람)를 어깨에서 어깨로 넘긴다.
　⑤ 2번은 3번에게 …… 마지막까지 전서구를 먼저 보내는 팀이 이긴다.

요　령: 전서구는 절대로 발을 땅에 디딜 수 없고 다음 사람의 어깨로 넘어갈 때는 혼자의 힘으로 넘어가야 한다.

도움말: 전서구를 넘길 때 어깨에서 어깨로 넘기기가 부담이 되는 대상일 경우 업어서 릴레이를 한다.　※전서구 : 통신에 이용하기 위해 훈련시킨 비둘기

081 모자 쓰고 벗기 (1)

준　비: 모자
진　행: ① 팀별로 반환점에 모자를 놓고 1줄로 줄을 선다.
　② 시작 신호와 함께 1번은 반환점으로 달려가 양손을 뒷짐 지고 머리를 숙여 모자를 쓴다.
　③ 1번이 출발선으로 달려와 모자를 벗어 2번에게 씌어 주면, 2번은 반환 점으로 달려가 손을 대지 않고 모자를 벗어 놓고 들어온다.
　④ 3번이 나가 모자를 쓰고 들어오면 4번이 나가 모자를 벗어 놓고 들어 오고 …… 끝번까지 먼저 쓰고 벗는 팀이 이긴다.

도움말: 모자를 사용할 때 힘(딱딱한 것이나 중절모)이 있는 모자로 한다.

082 모자 쓰고 벗기 (2)

준　비: 밀짚모자
진　행: ① 밀짚모자 모자 2개를 낙타의
　　　　 등(M)모양으로 나란히 붙인다.
　　　② 2사람이 1조가 되어 함께 모자
　　　　 를 쓰고 "모자 쓰고 벗기(1)"의
　　　　 방법으로 반환점을 돌아오는 릴
　　　　 레이 경기다.
도움말: 2개의 밀짚모자를 고정시킬 때
　　　　 단단히 고정시켜야 한다.

083 유 에프 오(U.F.O.) 날리기

준　비: 밀짚모자, 바가지
진　행: ① 팀별 1줄로 줄을 서고, 1번이 밀짚모자를 쓴다.
　　　② 시작 신호와 함께 1번은 2번에게 모자를 넘겨 주고, 2번은 3번에
　　　　 게 모자를 넘겨주고, ……
　　　③ 끝번까지 모자를 먼저 보내는 팀이 이긴다.
　　　④ 단, 모자를 넘겨줄 때는 양손은 뒷짐지고 머리에서 머리로만 전달
　　　　 해야 한다.
요　령: 여러 가지 형태로 바꾸어 진행한다.
　　　［예］ 왕복하기, 모자를 2개로 하기, ……
도움말: 모자 2개를 장구 모양으로 붙
　　　　 여서 진행해도 재미있다.
　　　　 모자가 없으면 플라스틱 바가
　　　　 지를 사용한다. (나름대로 분
　　　　 위기가 생긴다.)

※ U.F.O. → Unidentified Flying Object

084 바구니 농구

준　비: 공, 바구니, 의자
진　행: ① 청, 백 2개 팀으로 나눈다.
　② 양쪽 진영에 의자를 놓고 1사람이 바구니를 들고 의자 위로 올라간다.
　③ 시작 신호와 함께 농구 규칙에 준해서 경기를 한다.
　④ 득점 방법은 자기 팀의 바구니에 공을 넣으면 된다.
　⑤ 바구니를 들고 의자 위에 있는 사람은 의자 위에서만 움직일 수 있고 의자 밑으로 떨어지면 반칙이다.
요　령: 의자 밑으로 떨어지면 방금 받은 공의 점수는 무효이고, 1점을 감점 처리한다.
도움말: 인원이 많을 경우 공을 2개로 진행한다.

085 떼거리 축구

준　비: 공
진　행: 축구 경기를 하는데 공을 2개 이상으로 하여 경기를 한다. 공이 2개이면 심판도 2사람으로 하여 각기 공을 1개씩 맡아 따라다닌다. 이 때는 중간에 경기를 중단시킬 수가 없으므로 업사이드, 프리킥, 코너킥, …… 등이 없다.

행사를 시작하기 10분 전에 머리속으로 처음부터 끝까지 진행해 본다.

086 혼합 축구

준　비: 공
진　행: ① 남, 녀, 노, 소를 청, 백 2개 팀으로 나눈다.
　　　② "떼거리 축구" 방법으로 진행한다.
　　　③ 남자는 축구공을 차고,
　　　　 여자는 배구공을, 어린
　　　　 이들은 탱탱공을 찬다.
　　　④ 남자가 실수로 배구공
　　　　 이나 탱탱공을 차거나
　　　　 건드리면 페널티킥 1
　　　　 개, 여자가 실수로 탱탱
　　　　 공을 차거나 건드리면

페널티킥 1개이다. 즉 어린이들은 아무공이나 다 찰 수 있고, 여자
는 탱탱공만 못 차고, 남자들은 축구공만을 차야 한다.
요　령: 페널티킥은 전반전과 후반전 휴식시간에 일괄해서 찬다.
도움말: 조금 힘이 드는 경기이므로 경기 시간을 너무 길게 하지 않는다.

087 고무신 축구

준　비: 공, 고무신
진　행: "떼거리 축구" 방법으로 진행을 하되, 선수들은 운동화 대신 고무
　　　신을 신고 경기를 해야 한다. 발
　　　의 땀으로 인해 공이 날아가면
　　　서 고무신도 함께 날아간다. 고
　　　무신을 신고해야 하기 때문에
　　　실력과는 관계 없는 축구 시합
　　　이 된다.
도움말: 고무신은 선수의 발 크기보다
　　　큰 것을 지급한다. 고무신이 준
　　　비되지 않으면 "고무신 축구"는
　　　안하는 것이 좋다.

088 백미러(Back-mirror) 숫!

준 비: 거울, 상자, 공

진 행: ① 각 팀에게 거울 1개, 상자 1개, 작은 공 여러 개를 나누어준다.

② 그림과 같이 상자를 등지고 앉아 공을 던지는데 거울만 보면서 뒤로 던져 자기 팀의 상자에 공을 넣는 게임이다.

③ 좌우가 반대 현상이기 때문에 잘못 던지면 상대팀에게 공을 넣어주게 된다.

요 령: 개인전 팀 대항전 모두 재미있으나 팀 대항 릴레이 게임으로 진행한다. 이때의 승패는 이긴 사람수로 하지 말고 들어간 공의 수로 결정한다.

도움말: 공 대신 종이뭉치나 솜뭉치로, 상자 대신 양동이나 바닥에 원을 그려 놓고 해도 재미있다.

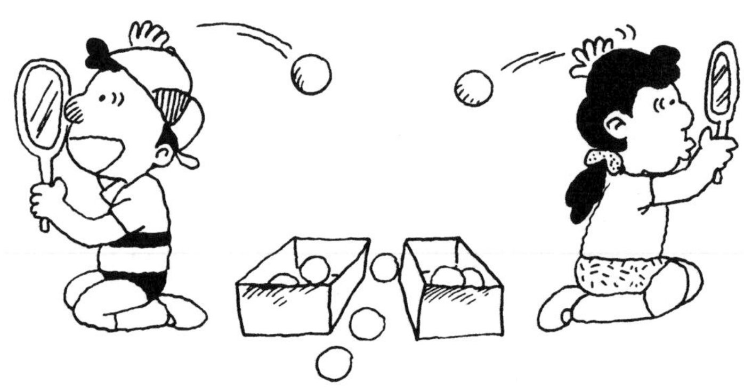

※ ☐ - 원형, ⬭ - 변형

프로는 멋진 출발점의 비약이 아니라 도착(골인)점에 이르기까지의 노력과 끈기이다.

089 다리 사이 슛!

준　비: 공, 상자
진　행: "백미러 슛!" 방법으로 점수를
　　　따내는 게임인데 거울을 사용하
　　　지 않고 양 다리를 벌려서 가랑
　　　이 사이로 슛을 하는 게임이다.

090 정면 충돌

준　비: 공
진　행: ① 2사람이 1조가 되어 10m 정도 떨어져서 마
　　　주보고 선다.
　　　② 각기 공을 1개씩 갖고 굴려서 공이 중앙지점
　　　에서 서로 부딪히게 해야 한다.
　　　③ 공이 부딪히지 않으면 부딪힐 때까지 계속
　　　한다.
　　　④ 1회에 부딪히면 100점, 2회에 부딪히면
　　　90점, 3회는 80점, ……
요　령: 대상의 능력에 따라 공의 크기와 거
　　　리에 변화를 준다. 커플 게임이나
　　　팀 대항전으로 진행한다.

091 공중 충돌

준　비: 공
진　행: "정면 충돌" 방법으로 진행
　　　하되, 땅에서 부딪히는 것이
　　　아니라 공중에서 부딪히게
　　　하는 게임이다. 이때 부딪히
　　　지 않고 빗나간 공은 땅에
떨어지기 전에 잡아야 계속 던질 수 있다. – 떨어뜨리면 실격!

092 기차놀이 (1)

준 비: 끈

진 행: 어릴 적 동네 꼬마 시절에 즐
기던 놀이이다.

① 각 팀별 5사람이 1조가 된다.

② 줄 양끝을 서로 묶고 그 안에
5사람이 들어간다.

③ 출발 신호와 함께 하나! 둘!
발을 맞추며 반환점을 돌아와 다음 조에게 줄을 넘겨 준다.

④ 팀 대항 릴레이 게임이다.

요 령: 2차전으로 맨 뒷사람을 제외하고 나머지는 뒤로 돌아 뛰게 한다.

도움말: 3사람이 1조로 또는 2사람이 1조로 하여 진행해도 재미있다. 10사
람이 1조로 해도 말리는 사람은 없다!

093 기차놀이 (2)

진 행: 끈이 없이 기차놀이 릴레이
를 할 수 있는 게임이다.

① 팀 별 1줄로 줄을 선다.

② 2번은 1번의 어깨 위에 양손을 올리고 준비한다.

③ 출발 신호와 함께 1번과 2번이 1조가 되어 반환점을 돌아온다.

④ 1번과 2번이 돌아오면 3번은 2번의 어깨 위에 양손을 올리고 3사
람(1번, 2번, 3번)이 1조가 되어 반환점을 돌아온다.

⑤ 횟수가 더할수록 1명씩 늘어난다.

요 령: 손이 어깨에서 떨어지면 안 된다. 맨 뒷사람을 제외하고 나머지 사
람들은 뒤로 돌아 뛰게 할 수도 있다.

도움말: 돌아오는 횟수는 리더의 판단에 따라 결정하되 10회 이상은 곤란하
다. 횟수가 10회일 경우 1번은 10바퀴를 돌고 2번은 9바퀴를 돌고
…… 따라서 앞쪽에 서는 사람은 체력이 좋은 사람이어야 한다.

프로가 되려거든 남을 밀어 젖히지 말고, 자기 힘을 측량해서 한눈 팔지 않고 묵묵히 목표를 향해 나아가야 한다.

094 게걸음 릴레이

진　행: ① 2사람이 1조가 되어 서로 등을 맞대고 양팔을 낀다.

② 출발 신호와 함께 양팔을 낀 상태(게걸음)로 반환점을 돌아와 다음 조에게 바통을 넘겨 준다.

③ 2~5사람이 1조가 되어 게걸음으로 반환점을 돌아오면 2사람이 1조가 되어 하는 것과는 전혀 다른 분위기가 연출된다.

095 경마 릴레이

진　행: ① 2사람이 1조가 되어 서로 등을 맞대고 양팔을 낀 다음 갑이 허리를 굽혀 을을 쳐든다.(을이 뒤로 업힌다.)

② 시작 신호와 함께 반환점으로 뛰어가 그곳에서 임무 교대(업은 사람이 업힘)를 하고 출발선으로 돌아온다.

③ 커플 게임이나 팀 대항 릴레이로 진행한다.

요　령: 뒤로 업히기가 곤란한 대상(노인, 어린이)이면 앞으로 업혀서 게임을 한다.

유머마인드7

✎ 빗나간 상식이나 이성

　웃음을 자극하는 또 하나의 방법으로, 빗나간 상식 또는 이성을 전달하는 것이 있다.

　긴장 상태에서 이완상태로 넘어갈 때, 사람은 심리적인 안정과 함께 마음의 여유를 찾고 동시에 웃음을 웃게 된다. 빗나간 상식 또는 이성이 긴장상태에서 이완상태로 이끌어 주는 역할을 한다.

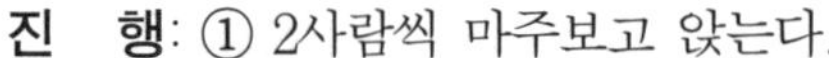

096 하나 빼기 가위 바위 보

진　행: ① 2사람씩 마주보고 앉는다.
　　　② "가위 바위 보!"라는 구령
　　　　에 두 손을 같이 내미는데
　　　　왼손과 오른손의 모양을
　　　　서로 다르게 내민다.
　　　③ 내민 후 "하나 둘 셋!"이
　　　　라는 구령에 한 손은 허리
　　　　뒤로 감춘다.
　　　④ 앞에 나와 있는 손의 모양
　　　　(가위 바위 보)으로 승패
　　　　를 가른다.

요　령: 커플게임으로 진행할 경우 진 사람에게 벌칙을 주고 전체게임으로
　　　할 경우는 토너먼트 식으로 진행하여 챔피언을 뽑는다.
도움말: 2사람 이상이 해도 된다. 또 여러 사람이 할 경우는 2인 1조가 되
　　　어 한 사람은 오른손만 쓰고 다른 한 사람은 왼손만 쓰면 된다.

097 입으로 가위 바위 보

진　행: 가위 바위 보를 입으로 한다.
　　　① 가위 - 혓바닥을 길게 내민다.
　　　② 바위 - 입을 다물고 양쪽 볼에
　　　　바람을 넣어 불쑥 튀어나오게
　　　　한다.

　　　③ 보 - 하품을 하듯이 입을 크게 벌린다.
요　령: 리더의 재치 있는 상황 멘트가 필요하다.
도움말: 발로 가위 바위 보를 해도 된다. 양발 모음(바위), 양발 벌림(보),
　　　양발을 앞뒤로 벌림(가위)

신용을 잃는 것은 프로가 아니다.

098 용트림 가위 바위 보

진　행: ① 2사람씩 만나서 가위 바위 보를 한다.
　② 진 사람들은 이긴 사람의 뒤로 가서 허리를 잡고 선다.(2명이 1줄)
　③ 이긴 사람들끼리 만나서 가위 바위 보를 한다.
　④ 진 사람들은 뒤에 붙어 있는 사람과 함께 이긴 사람 뒤로 가서 허리를 잡고 선다.(4명이 1줄)
　⑤ 계속 반복하여 챔피언을 뽑아 푸짐한 상품을 준다.

099 꼬리 잡기

진　행: "용트림 가위 바위 보"를 진행하여 2줄이나 3줄이 되었을 때 가위 바위 보를 중단하고, 각 줄의 맨 앞사람이 상대 팀의 맨 뒷사람을 잡으면 이긴다. 이 때 줄이 끊어지면 실격패!

요　령: 리더는 각 팀의 맨 뒷사람에게 꼬리를 달아 주어 꼬리를 밟게 해도 된다.

도움말: 팀 구성을 할 때 "용트림 가위 바위 보"를 하여 원하는 줄(2줄 - 청, 백팀, 4줄 - 청, 홍, 백, 황팀)이 되면 가위 바위 보를 중단하고 자연스럽게 팀 구성을 한다.

퀴즈 100선

진　　행: 프로그램 진행에 있어서 퀴즈 게임은 자동차의 윤활유 역할을 한다. 퀴즈의 내용은 리더 자신을 기준으로 삼지 말고 모임의 성격과 대상의 수준에 따라서 선택한다. 일반적으로 어린이들에게는 수수께끼를, 청소년들에게는 넌센스 퀴즈를, 성인층에는 약간 색깔이 있는 퀴즈를 활용하는 것이 효과적이다.

1. 병균들 중에서 가장 계급이 높은 병균은?　〈대장균〉
2. 흑인들은 검정색을 무슨 색이라고 하나?　〈살색〉
3. 길이가 2㎞나 되는 발은?　〈오리발〉
4. 대머리의 머리와 얼굴의 한계는?　〈세면할 때 비누칠하는 곳까지〉
5. 위에서 아래로 자라는 것은 고드름이다. 제멋대로 자라는 것은?　〈여드름〉
6. 립스틱을 가장 많이 먹는 사람은?　〈진한 화장을 하는 여자의 남편〉
7. 시어머니 생신날 손님 접대는 않고 낮잠만 자는 여인은?　〈잠년〉
8. 법이 없이도 살 수 있는 사람은 착한 사람이다. 그러면 법이 없어야 사는 사람은?　〈사형수〉
9. 커피에 빠진 파리가 죽으며 하는 말은?　〈세상 쓴맛 단맛 다봤다〉
10. 소변과 대변 중 어느 것이 먼저 나오나?　〈급한 것〉
11. 하루에 100원씩 1년을 내면 1억원을 탈 수 있는 계는?　〈황당무계〉
12. 문어의 손과 발을 구별하려면?　〈몽둥이로 머리를 때려서 올라오는 것이 손〉
13. "깡패"의 말뜻은?　〈깡다구 부리다가 패가망신한 놈〉
14. 가장 급하게 만들어 먹는 떡은?　〈헐레벌떡〉

프로의 세계에서는 두 종류의 화폐로 지불된다. 하나는 현금이고 다른 하나는 경험이다.

15. 이구동성이란? 〈코를 풀면서 방귀뀌기〉

16. 가장 달콤한 술은? 〈입술〉

17. "호프"로는 맥주를 만들고 "엿기름"으로는 감주를 만든다. 그러면 "돈"으로
는 무엇을 만드나? 〈물주〉

18. 다리가 굵은 여인이 물에 발을 담고 있으면? 〈동치미〉

19. 못생긴 여인의 계란 마사지 장면은? 〈호박전〉

20. 찝찝한 것과 황당한 것의 차이는?
〈·찝찝 - 똥 누려 하는 데 방귀만 나올 때
·황당 - 방귀 뀌려 하는 데 똥나올 때〉

21. 대령이 좋아하는 노래? 〈저 별은 나의 별〉

22. 음치의 7가지 조건? 〈음정 무시, 박자 무시, 가사 무시,
관중 무시, 자아도취, 오기로 2절까지, 부모가 음대와 치대를 나와야 한다〉

23. "독도는 우리땅"이라는 노래는 5절까지 있다. 더운 여름날 가수가 노래 한
절이 끝날 때마다 옷을 하나씩 벗었다. 5절까지 다 부른 후의 가수의 모습
은? 〈퇴장하여 무대 뒤에 있다〉

24. 안경이 들어가 있으면 안경집, 모래가 들어가 있으면? 〈닭똥집〉

25. 벼락부자가 되려면 무슨 장사를 해야 하나? 〈피뢰침 장사〉

26. 떼돈을 벌려면? 〈목욕탕을 한다〉

27. 눈 오는 날만 일하는 사람은? 〈안과 의사〉

28. 법적으로 바가지 요금을 받아도 되는 사람은? 〈바가지 장사〉

29. 돈을 벌려면 자주 망쳐야 되는 사람은? 〈어부-그물〉

30. 일요일을 거꾸로 하면 일요일이 되다. 쓰레기통을 거꾸로 하면? 〈쏟아진다〉

31. '당황', '황당', '오기'의 관계는?
〈·당황 : 트럭 뒷바퀴에 오줌을 누는데 갑자기 트럭이 떠날 때 ·황당 : 트
럭이 후진할 때 ·오기 : 트럭이 떠나면 좇아가면서 오줌을 눈다〉

32. 이 세상에서 가장 강한 것 두 가지는?
〈·수염 : 철판 같은 남자의 얼굴을 뚫고 나오니까, ·여자의 얼굴 : 철판을
뚫는 수염이 뚫지 못하니까〉

33. 돼지가 열 받으면 어떻게 되나? 〈바베큐〉

34. 장님도 볼 수 있는 것은? 〈꿈〉
35. 1 더하기 1(일 더하기 일)은? 〈중노동〉
36. 2 더하기 2(이 더하기 이)는? 〈덧니〉
37. 2 빼기 2(이 빼기 이)는? 〈틀니〉
38. "죽마고우" 란? 〈죽치고 마주앉아 고스톱 치는 친구〉
39. "오리지날" 이란? 〈오리도 지랄하면 날 수 있다〉
40. 돼지가 왜 꽁지를 흔드는가? 〈꽁지가 돼지를 못 흔드니까〉
41. 63빌딩 옥상에서 아버지와 두 아들이 떨어졌는데 3명 모두 살았다. 죽지 않고 살은 이유는?
   〈아버지 - 제비족, 큰아들 - 비행 청소년, 작은아들 - 덜 떨어진 놈〉
42. 세계에서 가장 빠른 차는? 〈빵소니차〉
43. 소변금지 구역에서 대변을 보면? 〈무죄〉
44. 처녀가 애를 배면 해당되는 죄목은? 〈범인 은닉죄〉
45. 공부해서 남 주는 사람은? 〈교사〉
46. 연탄가스 중독을 예방하는 가장 확실한 방법은? 〈자지 않는다〉
47. 죽었다 깨어나도 못하는 것은? 〈죽었다 깨어나는 것〉
48. 흑인과 백인 사이에 태어난 갓난아이의 이빨색은? 〈이빨이 없다〉
49. 훔친다의 과거형은 "훔쳤다" 이다. 미래형은? 〈형무소〉
50. 천재 남편과 백치 아내 사이에서 태어난 아이는? 〈갓난아이〉
51. 세계에서 굶는 사람이 가장 많은 나라는? 〈헝가리〉
52. 세계에서 옷을 가장 잘 해 입고 다니는 나라는? 〈가봉〉
53. 세계에서 기형아가 가장 많이 태어나는 나라는? 〈네팔〉
54. 물가 상승과 관계없이 깎아 주는 곳은? 〈이발소〉
55. 우리나라에서 가장 오래된 화장실은? 〈전봇대〉
56. 몸에서 돌보다 단단한 곳은? 〈머리카락 - 돌을 뚫고 나오니까〉
57. 몸에서 쇳덩어리보다 강한 것은? 〈수염 - 철면피를 뚫고 나오니까〉
58. "김일성 부자가 에이즈(AIDS)에 걸렸다." 를 6자로 줄이면? 〈장하다 에이즈〉

59. "김일성 부자가 에이즈로 인해 죽었다."를 7자로 줄이면?

〈해냈구나 에이즈〉

60. 나는 참새와 독수리의 정면 충돌은 무슨 현상?　〈보기 드문 현상〉

61. 승용차와 8톤 트럭이 정면 충돌하여 8톤 트럭이 뒤집혔다. 이런 것을 뭐라고 하나?　〈교통사고〉

62. 허수아비의 아들 이름은?　〈허수〉

63. 연인끼리 보트를 타다가 물에 빠졌다. 남자는 가라앉아 죽었고 여자는 위로 떠올라서 살았다. 이유는?　〈남 - 돌대가리, 여 - 골빈 여자〉

64. "고추잠자리"를 2자로 줄이면?　〈팬티〉

65. "떠나간 임"을 2자로 줄이면?　〈쌍놈〉

66. 발바닥 가운데가 움푹 패인 이유는?　〈지구가 둥그니까〉

67. 갈비씨의 변천사?

〈비사이로 막가 → 이쑤시개 뒤에 숨어 → 비좀 맞아 봤으면〉

68. 사업상 목욕을 할 수 없는 사람은?　〈거지〉

69. 숫처녀와 노(NO)처녀와의 차이는?　〈단 한 번의 차이〉

70. "방귀"를 정의하는 학자간의 견해 차이

〈· 음악가 - 큰창자 작사, 작은창자 작곡, 십이지장이 노래하는
"가죽피리는 왜 우는가?" · 심리학자 - 내적 갈등에 대한 외적 표현
· 씨름선수 - 밀어내기 한판〉

71. 펜 하나로 정복할 수 있는 고지는?　〈원고지〉

72. 순전히 재수로 한몫 보는 곳은?　〈재수생 학원〉

73. "TV" 글씨를 뒤집어 놓으면 "소"가 된다. "소"를 뒤집어 놓으면?

〈발버둥 친다〉

74. 코끼리 2마리가 서로 싸워 둘 다 코가 떨어져 나갔다면?　〈끼리끼리〉

75. 차마 눈뜨고는 볼 수 없는 여자는?　〈꿈 속의 여자〉

76. 노처녀와 결혼한 노총각의 취미는?　〈폐품수집〉

77. 여자가 실수를 하여 남탕에 들어갔을 때의 죄목은?　〈방화죄〉

78. 남자가 실수로 여탕에 들어갔을 때의 죄목은?　〈불법무기 소지죄〉

79. 아주 오래 전에 건설된 다리를 무어라 부르나?　〈구닥다리〉

80. 젖소에게는 4개가 있고 여자에게는 2개가 있다. 이것은? 〈다리〉

81. 재벌의 2세가 되는 방법은? 〈아버지를 재벌로 만든다〉

82. 사과 5개중 3개를 먹으면 몇 개가 남나? 〈3개(먹는 게 남는 거니까)〉

83. 도둑이 담을 넘어가 그 집에 있는 술을 마시고 곯아 떨어져 잡혔다. 이때의 죄목은? 〈절도미수와 직무유기죄〉

84. 도둑이 도둑질을 하다가 실수로 잠자는 사람의 목을 밟아 죽였다. 이 때의 죄목은? 〈업무상 과실치사〉

85. 현모양처란? 〈현저하게 히프 모양이 양쪽으로 처진 사람〉

86. 허무한 사람이란? 〈허리가 없는 사람〉

87. 프로 권투의 대전료 계산 방식은? 〈주먹구구식〉

88. 때리는 사람들만 사는 나라는? 〈칠레〉

89. 한심한 심판보다 5배나 더 한심한 심판은? 〈오심한 심판〉

90. 암캐와 수캐가 같이 놀다가 암캐는 미용실로 가고 수캐는 이발소로 들어갔다. 왜 그랬을까? 〈암캐 - 미용실집 개, 수캐 - 이발소집 개〉

91. 코끼리를 냉장고에 집어넣는 2단계 방법은? 〈·1단계 - 냉장고를 코끼리에게 먹인다, ·2단계 - 코끼리를 까뒤집는다〉

92. "할아버지 발은 큰 발이다"를 4자로 줄이면? 〈노발대발〉

93. 가슴이 아주 큰 여자가 널뛰기를 하고 나면 어떻게 될까? 〈눈탱이가 밤탱이가 된다〉

94. 북어와 여자를 한꺼번에 두들기려면? 〈북어로 여자를 두들긴다〉

95. 땅땅거리며 사는 사람은? 〈토지매매 업자〉

96. 사과를 따는 데 가장 적당한 시기는? 〈주인이 없을 때〉

97. "KISS"를 문법의 품사로 보면 어떤 품사? 〈접속사〉

98. 피임약이 부작용을 일으키면 어떻게 되나? 〈임신〉

99. "보통"의 반대말은? 〈곱빼기〉

100. 인도 땅덩어리보다 꼭 4배가 더 큰 나라는? 〈인도네시아〉

- 더 많은 정보는 www.powerhumor.com 참조-

101 휘파람 불기 (1)

준　비: 과자, 탁자
진　행: ① 2개 팀으로 나누어 정열한다.
　② 각 팀은 전원이 1번부터 시작하여 끝 사람까지 번호를 정한다.
　③ 양 팀의 중간 지점에 탁자를 놓고 그 위에 과자를 펴놓는다.
　④ 리더가 "7번!"하고 외치면 각 팀의 7번은 빨리 탁자로 뛰어간다.
　⑤ 뛰어간 사람은 탁자 위의 과자를 약속한 양(갯수)만큼 먹는다.
　⑥ 과자를 다 먹거나 입에 넣은 상태에서 휘파람을 먼저 불면 이긴다.
요　령: 과자를 먹을 때 양손은 뒷짐진다. 휘파람을 부는 대신에 지정곡 노래(동요, 유행가)를 부르게 한다.
도움말: 인원이 많을 경우 팀 나누기를 짝 배수(4팀, 8팀, ……)로 나누어 진행한다. 리더가 번호를 부르는 대신 팀 대항 릴레이 경기로 진행해도 재미있다.

나의 발전에 있어서 강적은 게으른 자기 자신이다.

102 휘파람 불기 (2)

준　비: 과자
진　행: 제자리에서 과자를 들고 5사
　　　람씩 나누어 진행하거나 또는
　　　전원이 동시에 실시한다.
도움말: 5사람씩 진행할 경우는 1등을
　　　한 사람들끼리 모여 챔피언 결정전을 벌이면 더 재미있다.

103 젓가락 끼우고 노래 부르기

준　비: 젓가락, 명함
진　행: ① 2사람씩 마주보고 앉는다.
　　　② 2사람 모두 코와 입 사이에 젓
　　　　가락을 끼우고 이것이 떨어지지
　　　　않게 윗 입술을 치켜 올린다.
　　　③ 시작 신호와 함께 젓가락을 떨
　　　　어뜨리지 않고 지정곡 노래를 부른다.
　　　④ 웃음을 참지 못하거나 젓가락을 떨어뜨리면 진다.
도움말: 젓가락 대신 명함으로 진행할 경우 윗입술에 명함을 끼우고 진행한
　　　다음 2회전으로 명함을 아랫입술에 끼우고 진행한다.

104 쌍둥이 컵

준　비: 컵, 테이프, 음료수
진　행: ① 같은 모양의 컵 2개를 테
　　　　이프로 단단히 감아 붙인다.
　　　② 양쪽 컵에 음료수나 물을 가
　　　　득히 채운다.
　　　③ 시작 신호와 함께 2사람이 하나가 되어 얼굴을 맞대고 음료수를 흘
　　　　리지 않고 마신다.
　　　④ 먼저 마시면 이기지만 음료수를 지나치게 흘리면 진다.
도움말: 부부 모임이나 연인들끼리 모여 있는 장소에서 진행하면 좋다.

105 초지일관

진　행: ① 모두 모여 둥글게 앉는다.

② 리더는 한 사람씩 돌아가며 여러 가지 질문을 한다. (너는 누구냐? 무엇을 제일 잘 먹느냐? 이상형의 배우자는? 애인에게 어떤 선물을 하고 싶으냐? 가장 아끼고 소중히 여기는 물건은? 장래의 희망은? 누구와 같이 잠을 자는가? ……)

③ 질문을 받은 사람은 질문 내용에 관계없이 "돼지 꼬리다!"라고 큰 소리로 대답을 해야 한다.

④ 대답을 할 때 다른 대답을 하거나 웃으면 실격이다.

요　령: 대답의 내용은 변화 있게 바꾼다. "바퀴벌레 발바닥이다!" "코딱지다!"

도움말: 2개 팀으로 나누어 진행해도 좋다. 이때는 각 팀에서 1명씩 나와서 교대로 질문을 해도 되고 공격과 수비를 정해서 진행해도 좋다.

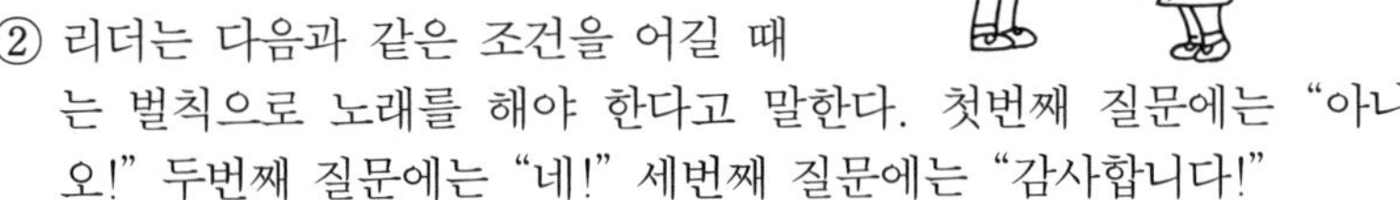

106 아니오! 네! 감사합니다!

진　행: ① 리더는 제일 처음으로 노래할 사람을 마음속에 정한다.

② 리더는 다음과 같은 조건을 어길 때는 벌칙으로 노래를 해야 한다고 말한다. 첫번째 질문에는 "아니오!" 두번째 질문에는 "네!" 세번째 질문에는 "감사합니다!"

③ 조건을 말해준 후에 마음 속에 정한 노래할 사람에게 세 가지 질문을 한다. 첫번째 질문 : 노래를 잘 못하시죠? (대답은 "아니오!") 두번째 질문 : 그럼 노래를 아주 잘 하시는군요? ("네!") 세번째 질문 : 노래 1곡 부탁드리면 불러 주시겠습니까? ("감사합니다!")

④ 이렇게 해서 웃으면서 노래를 부탁한다.

도움말: 노래 뿐만 아니라 여러 가지 부탁의 말을 할 수 있다.

안전사고에 있어서 강적은 "괜찮겠지"하는 생각이다. 철저한 대책이 없다면 프로가 아니다.

107 좋습니다!

진　행: 이 게임은 어떤 특정인을 자연스럽게
　　　　무대로 모시고자 할 때 사용한다.
　　　① 리더는 참가자 전원에게 엄지 손가락
　　　　만 펴고 주먹을 쥐게 한다.
　　　② 리더의 질문에 무조건 모두가 주먹을
　　　　번쩍들면서 "좋습니다!"라고 대답하
　　　　라고 한다.
　　　③ 다음과 같은 질문을 한다.
　　　　- 오늘 날씨는 어떻습니까? ("좋습니다!")
　　　　- 지금 기분은 어떻습니까? ("좋습니다!")
　　　　- 주위의 경치는 어떻습니까? ("좋습니다!")
　　　　- ○○○ 선생님을 앞으로 모셔서 노래를 듣는 것은 어떻습니까?
　　　　("좋습니다!")
　　　박수로 모셔서 노래를 들어 본다.

108 청개구리 심보

진　행: ① 모두 모여 둥글게 앉는다.
　　　② 리더는 한 사람을 지적하여 질
　　　　문을 한다. 예를 들면, "당신은
　　　　안경을 썼습니까?" "당신은 여
　　　　자입니까?" "당신의 이름은 이
　　　　상원입니까?" 등의 질문을 한다.
　　　③ 지적당한 사람은 큰 소리로 대
　　　　답하되 질문의 내용이 맞으면 고개를 좌우로 저으며 "예!"라고 대
　　　　답하고 질문의 내용이 틀리면 고개를 아래 위로 흔들며 "아니오!"
　　　　라고 대답한다. 대답과 고갯짓을 반대로 하는 게임이다.

요　령: 리더는 목소리가 작거나 대답이 늦게 나와도 틀리는 것으로 진행한
　　　다. 질문의 내용은 심한 변화를 준다.
　　예 3×8×2는 48입니까?
　　　우리 나라에서 두 번째로 높은 산은 한라산입니까?

109 교차 박수

진　행: ① 모두 모여 둘러앉거나 강의형으로 앉는다.
　　　 ② 리더는 손바닥을 마주보게 쫙 펴고 양팔을 앞으로 뻗는다.
　　　 ③ 리더는 양손을 아래 위로 오르락 내리락 서로 엇갈리게 흔든다.
　　　 ④ 참가자들은 리더의 손바닥이 마주쳐 만날 때마다 손뼉을 친다.
　　　 ⑤ 몇 번을 반복한 후에 리더는 손이 마주치는 시늉을 한다.
　　　 ⑥ 손이 마주치지 않고 마주치는 시늉에 손뼉을 치는 사람은 벌칙을!

요　령: 속도를 느리거나 빠르게
　　　하여 변화를 준다. 양손
　　　을 흔드는 대신 발걸음
　　　을 디딜 때마다 손뼉을
　　　치게 해도 재미있다.

110 교제 박수

진　행: ① 원형이나 강의형으로 앉되 옆사람
　　　과의 간격을 최대한 좁혀 앉는다.
　　　 ② 왼손바닥을 하늘로 향하게 하여 왼쪽
　　　무릎 위에 올려놓고 오른손으로 자기
　　　의 왼손바닥을 친다. 이것이 "하나!"이다.
　　　 ③ "둘!"은 오른손으로 오른쪽 사람의 왼손바닥을 친다.
　　　 ④ 하나! 둘! 하나! 둘! 박수를 치면서 노래를 부르면 즐겁고 옆사람
　　　과 친숙해지면서 훈훈한 분위기가 조성된다.

요　령: 노래는 2/4박자나 4/4박자의 노래를 선곡한다. 노래 시작 신호는
　　　"하나! 둘! 시! 작!"으로 붙인다.

도움말: 변화를 주기 위한 방법으로 움직이는 손을 바꾸어 손바닥을 친다.
　　　하나! 둘! 하나! 둘!하면서 박수를 치다가 리더의 "손 바꿔서!"라
　　　는 신호에 ②와 ③의 손 위치를 바꿔서 손뼉을 친다. 프로그램 도
　　　입부에서 쓸만하다.

어떤 점에 있어서 남보다 뛰어날찌라도 그것을 의지하는 것은 좋지 않다.

111 번데기 박수

진　행: ① "교제 박수"를 치면서 하나에
　　　　는 "뻔!" 둘에는 "데기!"라고 외
　　　　친다.

② 〈뻔!데기! 뻔!데기!〉를 기본 박수
로 친 다음 뻔!과 데기!를 계단식
으로 올려가며 더해 친다. 즉 〈뻔!데기! 뻔!데기!〉, 뻔!뻔! 데기!데
기! 〈뻔!데기! 뻔!데기!〉, 뻔!뻔!뻔! 데기!데기!데기! 〈뻔!데기!
뻔!데기〉, 뻔!뻔!뻔!뻔! 데기!데기!데기!데기! ……

③ 무조건 "뻔!"에는 자기 손을 치고 "데기!"에는 옆사람의 손을 친
　　　　다.

요　령: 박수를 치는 속도를 갈수록 빠르게 한다.

도움말: 10번 정도 뻔!과 데기!가 겹치면 여기저기서 틀리게 되고 부담 없
　　　　는 웃음이 사방에서 터져 나온다. 박수를 치는 숫자를 10번에서부
　　　　터 시작하여 거꾸로 내려와도 재미있다.

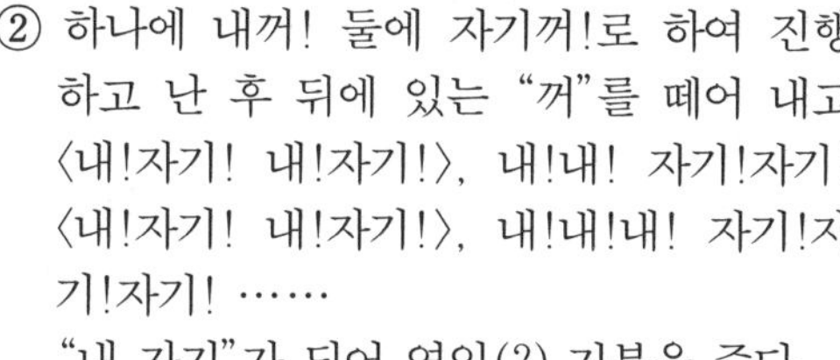

112 내꺼 자기꺼

진　행: ① "번데기 박수" 방법으로 진행한다.

② 하나에 내꺼! 둘에 자기꺼!로 하여 진행
하고 난 후 뒤에 있는 "꺼"를 떼어 내고
〈내!자기! 내!자기!〉, 내!내! 자기!자기!
〈내!자기! 내!자기!〉, 내!내!내! 자기!자
기!자기! ……
"내 자기"가 되어 연인(?) 기분을 준다.

도움말: 파트너 게임을 시작하기 전에 사용
　　　　하면 분위기가 좋아진다.

유머마인드8

✏ 빗나간 상식이나 이성의 예

　　누구나 한번쯤 학창시절에 고사성어나 속담을 엉뚱하게 해석하여 웃은 기억이 있을 것이다.
이러한 것들이 바로 빗나간 상식이나 이성이 되어 웃음보를 자극한다. 예를 들면 "백지장도 맞
들면 찢어진다." "가다가 중지하면 간만큼 이익이다." "삶이 너를 속인다면 112로 신고해라."
등 일 것이다.

113 더듬더듬 찾기 (1)

준　비: 잡동사니, 눈가리개
진　행: ① 2개 팀으로 나눈다.
　　② 각종 물건을 두 개씩 준비하여 양쪽으로 똑같이 나누어 놓는다.
　　③ 물건 앞에 각 팀의 대표를 뽑아 눈을 가리고 앉힌다.
　　④ 리더는 눈이 확실하게 가려진 것을 확인하고 물건 이름을 한번에 한가지씩 부른다.
　　⑤ 눈을 가린 사람은 리더가 말한 물건을 손으로 더듬어서 빨리 찾아내어 높이 든다.
　　⑥ 정확하게 찾아 빨리 손을 드는 사람이 이긴다.

요　령: 틀리게 찾아 들면 감점 처리를 하고 날카로운 물건들은 상처가 날 우려가 있으므로 물건을 선택할 때 신중을 기한다.

114 더듬더듬 찾기 (2)

준　비: 눈가리개
진　행: ① 물건이 없는 상태에서 "더듬더듬 찾기(1)"의 방법으로 준비한다.

　　② 눈을 가린 선수들은 시작 소리에 물건을 찾는 대신 리더가 호명한 사람을 찾는다.
　　③ 눈을 가린 채 얼굴, 체격 등을 손으로 더듬으면서 찾도록 한다.
요　령: 눈을 가린 사람이 남자이면 여자를 찾게 하고 눈을 가린 사람이 여자이면 남자를 찾게 한다.

어떤 점에 있어서 남보다 열등할지라도 그것을 과히 걱정할 필요가 없다.

115 앞을 못 보는 조각가

준　비: 눈가리개
진　행: ① 각 팀에서 3사람씩 선출한다.
　② 갑은 조각가 역할이고, 을은 조각품 역할이고, 병은 모조품 역할을 한다.
　③ 리더는 각 팀의 조각가에게 눈가리개를 해 준다.
　④ 각 팀의 조각품은 자신의 몸을 최대한 비틀어서 흉내내기 어려운 포즈를 취한다.
　⑤ 시작 신호와 함께 조각가는 상대방 팀의 조각품을 더듬고 나서 자기 팀의 모조품을 이용하여 똑같은 포즈를 만들어 낸다.
요　령: 제한 시간을 정하고 시작한다. 모조품이 상대 팀의 조각품을 보고 스스로 포즈를 취할 수 있으므로 못보게 하거나 조각가와 같이 눈가리개를 해 준다.
도움말: 조각품과 모조품 역할을 하는 사람이 2사람 이상이면 더 재미있다.

116 눈 가리고 아웅

준　비: 눈가리개, 딸랑이, 종이방망이
진　행: 관람 게임이나 팀 대항전으로 진행한다.
　① 2사람의 대표가 나와 마주보고 선다.
　② 리더는 2사람에게 각각 딸랑이와 종이방망이를 1개씩 주고 눈가리개를 해 준다.
　③ 시작 신호와 함께 서로가 딸랑이를 흔들어 자기의 위치를 알려 주면서 상대방의 방망이를 피하고 상대방을 먼저 때리는 사람이 이긴다.
　④ 딸랑이를 흔드는 간격은 3초 즉 3초에 한 번씩은 딸랑이를 흔들어 자기 위치를 알려줘야 한다.

　⑤ 3초 이상 지났는데도 딸랑이를 흔들지 않으면 실격패!

117 죽 마(竹馬)

준　비: 죽마 ☞ www.selfevent.com

진　행: 이 죽마 놀이는 예로부터 어린이들에게 인기가 있는 놀이이다. 유럽의 소년들은 막대기와 판자를 이용하여 만들고 아프리카의 소년들은 긴 깡통을 이용하여 만든다. 그러나 동양에서는 대나무를 사용하여 만들고 여기에 다양한 색칠을 하거나 조각을 하기도 한다. 그림과 같은 죽마를 만들어 여러 가지 방법으로 진행할 수 있다.

① 죽마에서 떨어지지 않고 멀리 가기.
② 10m의 거리를 빨리 가기.
③ 10m의 거리를 가장 적은 디딤으로 도착하기.
④ 죽마를 타고 상대방을 몸으로 밀어서 죽마에서 떨어뜨리기.
⑤ 출발선에서 죽마를 타고 반환점을 돌아오기.
⑥ 반환점을 돌아와 다음 번 선수에게 죽마를 넘겨주는 릴레이 경기.
⑦ 죽마 릴레이 경기장에 장애물을 놓고 그 장애물을 뛰어넘으면서 반환점을 돌아오기.

도움말: 이 죽마 게임은 여러 가지 형태로 변형시켜 사용할 수 있다. 그러나 죽마를 만들 때 안전사고 방지를 위해 발을 올려 놓는 발걸이를 가능한 아래로 만드는 것이 좋다.

나의 단점이 남의 장점이되고, 나의 장점이 남의 단점이 될 수 있다.

118 징검다리 릴레이 (1)

준 비: 벽돌, 깡통, 바통

진 행: ① 벽돌이나 깡통을 여러 개 준비하여 출발선에서부터 반환점까지 징검다리를 놓듯이 줄지어 깔아 놓는다.

② 참가자들을 2개의 팀이나 짝 배수의 팀으로 나눈다.

③ 각 팀은 출발선에서 1줄로 줄을 선다.

④ 시작 신호와 함께 1번 선수부터 벽돌을 밟으며 반환점을 돌아와 다음번 선수에게 바통을 넘겨 주는 릴레이 경기다.

요 령: 벽돌에서 떨어지면 출발선에서부터 다시 시작이다.

119 징검다리 릴레이 (2)

준 비: 벽돌, 깡통, 방석

진 행: ① 벽돌이나 깡통을 3개 준비한다.

② 2사람이 1조가 되어, 시작 신호와 함께 갑은 벽돌을 밟으며 앞으로 나아가고 을은 갑이 밟고 지나간 벽돌을 앞으로 옮겨 놓아 계속해서 전진할 수 있도록 징검다리를 만들어 준다.

③ 반환점을 돌아오는 릴레이 경기이다.

요 령: 벽돌에서 떨어지면 출발선에서부터 다시 시작해야 하고 팀별 릴레이 경기로 진행할 경우 바통 대신 벽돌로 선수 교대를 한다.

도움말: 실내에서 진행을 할 경우 방석을 이용하면 된다. 팀 대항으로 할 경우 밟고 지나가는 사람과 징검다리를 놓는 사람을 여러 명으로 하면 더 재미있다.

120 외나무다리 대결

준 비: 평균대, 쿠션
진 행: ① 2개 팀으로 나눈다.
   ② 평균대를 중앙으로 하여 양 팀은 정열한다.
   ③ 각 팀의 1번 선수들은 쿠션을 들고 평균대 위로 올라선다.
   ④ 시작 신호와 함께 각 팀의 선
      수들은 쿠션을 이용해 상대방
      을 공격하여 평균대에서 떨어
      뜨리면 이긴다. 아무리 맞아도
      아프지 않고 게임하는 사람과
      보는 사람 모두 재미있다.

요 령: 1번은 1번끼리, 2번은 2번끼리
      게임을 해도 되고 이기는 사람
      은 그냥 남아서 상대방 팀의
      다음 선수와 계속 게임을 해도
      된다. 끝번 선수를 먼저 떨어뜨리는 팀이 이긴다.

121 걸음마 릴레이

준 비: 깡통, 끈
진 행: 그림과 같이 깡통에 끈을 달아
      이것을 신고, 죽마 게임과 같
      은 방법으로 진행한다.

이벤트의 본질

이벤트의 태동과 성장 : 물질의 풍요가 정신의 풍요를 갈구하게 되고, 정신빈곤의 탈출을 위해 사람들은 이벤트에 몰입한다. 일반적으로 국민 개인소득이 미화 5,000 $이 되면 이벤트가 태동하고, 7,500 $이 되면 소비사회로 들어가며, 10,000 $이 되면 이벤트가 활성화되어 생활화된다.

왜 이벤트가 필요한가? : 사람과 사람사이에, 새로운 감동과 따뜻한 마음의 Communication이 있다면 우리 인간의 삶을 행복하게 해 준다.
인간의 행복! 이것이 이벤트가 추구하는 길이다.

누가 이벤트를 하나? : 이벤트 연출도 하나의 기능이다. 따라서 누구라도 개발하면 이벤트 연출자가 될 수 있다. 감동과 행복을 추구하는 이벤트 행사는 이벤트 전문가들의 전유물이 아니다. 자신을 갖고 도전해 보자! 누구나 이벤 트 전문가가 될 수 있다.

 화장지 오솔길

준　비: 화장지

진　행: ① 팀별 반환점을 향하여 1줄로 줄을 선다.

② 시작신호와 함께 각 팀의 1번은 출발선에서부터 화장지를 깔아 그 위를 밟아 가며 반환점을 돌아온다. 반환점을 돌아오면 화장지는 2겹으로 깔린다.

③ 화장지가 도중에 끊어지면 처음부터 다시 출발을 해야 한다.

④ 발이 화장지 밖으로 나가면 실격이다.

요　령: 반환점까지의 거리는 5m 정도가 적당하고 짝수 번호 선수들은 화장지를 다시 말아가면서 돌아오는 경기를 하면 좋다.

123 차선 작업

준　비: 종이, 매직펜, 테이프

진　행: ① 종이를 가늘고 길게 만들어 출발선에서부터 길게 깔아 놓는다.

② 짝 배수의 팀으로 나누어 출발선에 1줄로 줄을 선다.

③ 시작 신호와 함께 매직펜으로 종이 위에 선을 그으면서 반환점을 돌아와 다음번 선수에게 매직펜을 넘겨준다.

④ 도중에 선이 끊어지면 처음부터 다시 시작해야 한다.

도움말: 매직펜 색깔을 여러 가지 색으로 진행하면 식별도 용이하고 보기 좋다.

프로의 세계는 올림픽 운동경기와 같아서 2등에게는 금메달을 주지 않는다.

124 무사고 운전사

준　비: 엽서, 나무조각
진　행: ① 모두 모여 둥글게 앉는다.
　　　② 리더는 엽서 위에 나무 조각
　　　　을 세워놓고 한쪽 방향으로
　　　　돌아가게 한다.
　　　③ 돌아가는 도중에 나무 조각을
　　　　쓰러뜨리면 그 사람은 벌칙을
　　　　받는다.
　　　④ 팀별로 진행을 할 경우 1번부터 마지막 번까지 쓰러뜨리지 않고 먼
　　　　저 도착시키는 팀이 이긴다.
요　령: 나무 조각이 쓰러지면 처음부터 다시 시작한다.

125 유 에프 오(U.F.O.) 끌기

준　비: 튜브, 비치볼, 끈
진　행: ① 짝 배수의 팀으로 팀 구성을 한다.
　　　② 도너츠 모양의 튜브에 끈을 묶고 비치볼을 안에 넣는다.
　　　③ 시작 신호와 함께 끈을 잡고 튜브를 끌면서 반환점을 돌아온다.
　　　④ 비치볼이 가볍기 때문에 빨리 달려
　　　　가면 밖으로 튀어 나간다. 이때는
　　　　처음부터 다시 시작시킨다.
도움말: 야외에서 어린이와 부모들이 함께
　　　　어울릴 수 있는 릴레이 경기이다.

※ U.F.O. → Unidentified Flying Object

유머마인드9

✎ 때와 장소

유머를 구사할 때 주의할 점은 지금은 유머를 할 때인가? 여긴 유머가 필요한 장소인가를 판단해야 한다. 왜냐하면 때와 장소를 못 맞춘 유머는 천덕꾸러기가 되기 때문이다.

상갓집에 문상 가서 개그를 할 리는 없지만, 때와 장소를 못 가리는 유머도 이에 못지 않다.

126 황야의 무법자 (1)

준　비: 성냥

진　행: ① 2개 팀으로 팀을 나눈다.

　② 양 팀에서 대표를 1사람씩 선출하여 마주보고 서게 한다.

　③ 그림과 같이 성냥갑을 주머니나 벨트 사이에 끼우고 양손은 팔짱을 낀다.

　④ 리더의 하나! 둘! 셋!하는 신호에 성냥갑을 꺼내어 성냥개비에 불을 먼저 붙이는 사람이 이긴다.

　⑤ 진 팀에서는 다음 번 사람과 선수 교대를 하고 이긴 팀에서는 선수 교대를 하지 않고 계속해서 경기를 한다.

도움말: 개인전으로 할 경우에는 2사람씩 짝을 지어 토너먼트 식으로 진행한다. 불조심!

127 황야의 무법자 (2)

준　비: 물총, 먹물

진　행: 먹물을 넣은 물총으로 경기를 하는데 진행 방법과 요령은 "황야의 무법자(1)"과 같다. 승패의 기준은 먹물이 묻은 양으로 결정한다.

도움말: 이 게임은 수영장이나 해수욕장 등 물가에서 적합하다.

프로는 실패의 원인을 자신에게서 찾고 아마추어는 남에게서 찾는다.

128 빛 받으세요 (1)

준　비: 성냥, 양초
진　행: ① 팀별 1줄로 줄을 선다.
　② 리더는 각 팀의 1번 선수에게 성냥을 준다.
　③ 시작 신호와 함께 1번 선수들은 성냥에 불을 붙여서 옆(2번)사람에게 전달하되 불이 꺼지면 안된다.
　④ 2번은 3번에게, 3번은 4번에게, …… 끝번까지 불이 꺼지지 않고 먼저 도착하는 팀이 이긴다.
　⑤ 도중에 불이 꺼지면, 꺼진 데까지의 사람 수로 승패를 결정한다.
요　령: 1팀에 사람 수가 너무 많을 경우 1번부터 끝번까지 성냥불이 도착하는 데 성냥개비가 모두 몇 개가 쓰였는지로 승패를 결정한다. 또 촛불을 이용해도 좋다.

129 빛 받으세요 (2)

준　비: 성냥, 양초
진　행: ① 리더는 둥그렇게 모여 앉은 후 촛불 1개를 켠다.
　② 촛불을 쳐다보며 빛에 대한 인상 깊은 이야기나 덕담을 한 마디 한다.
　③ 이야기가 끝나면 다음 사람에게 촛불을 넘겨준다.
　④ 1사람씩 지날 때마다 훈훈한 마음들을 느낄 수 있다.

요　령: 리더는 적당한 시간에 피드백(Feed Back)을 해 주면 좋다. 인간 관계 훈련 프로그램으로 활용하면 좋다.

130 화살 던지기(投壺)

준 비: 화살, 항아리 ☞ www.selfevent.com

진 행: ① 2개의 팀으로 팀 구성을 한다.
　　　② 5m 전방에 원을 그리고 원안에 항아리를 놓아 둔다.
　　　③ 화살을 던지는 선에 양 팀 선수들은 1줄로 줄을 선다.
　　　④ 각 팀의 1번부터 화살을 던져서 항아리 안으로 넣는다.
　　　⑤ 승부는 팀원 전체가 넣은 화살 수로 한다.

도움말: 투호(投壺)는 우리나라의 전통 민속놀이 중 하나이다. 화살이나
　　　　항아리를 구하기 힘들면 나무젓가락과 빈 깡통을 활용한다. 화살을
　　　　항아리 속에 넣는 대신 멀리 던지기를 해도 재미있다.

프로는 자기 계발을 꾸준히 하는 자를 말한다.

131 고리 던지기

준　비: 고리, 막대기 ☞ www.selfevent.com
진　행: ① 2개의 팀으로 팀 구성을 한다.
　　② 3m 전방에 막대기를 쓰러지지 않게 꽂아 놓는다.
　　③ 고리를 던지는 선에서 고리를 던져 막대기에 들어가게 한다.
　　④ 팀 운영과 진행은 "화살 던지기"에 준해서 한다.

132 훌라후프 던지기

준　비: 훌라후프 ☞ www.selfevent.com
진　행: ① 훌라후프를 사용하여 "고리 던지기" 방법으로 진행을 한다.
　　② 막대기 대신에 3m 전방에 사람을 세워 놓고 한다.
요　령: 3m 앞에 사람을 세울 때는 상대 팀 사람을 뒤로 돌아서게 하여 세운다.

133 튜브 던지기

준　비: 튜브
진　행: 수영장이나 해수욕장 등에서 튜브를 사용하여 "고리 던지기" 방법으로 진행한다. 막대기를 꽂아 놓고 해도 되고 사람을 세워 놓고 해도 좋다.

진　행: ① 모두 모여 둥글게 앉는다.

② 먼저 리더는 마음속으로 어느 한 사람을 선정하고 그 사람의 특징이나 복장을 찾는다.

③ 예를 들어, "검정 안경테"인 경우 리더는 "나는 여행갈 때 검정 안경테를 끼고 가겠습니다."라고 하면 "검정 안경테"를 낀 사람은 3초 내에 일어나야 한다.

④ 일어난 사람은 "저는 ○○○입니다."하고 말한 뒤에 간단한 자기 소개를 하고 나서 또 다른 사람의 특징이나 복장을 말하고 자리에 앉는다.

요　령: 3초 내에 일어나지 못하거나 자신이 해당되는지 안 되는지를 모르는 사람은 벌칙을 준다.

도움말: 목적지는 대상에 따라 변형시켜 주는 것이 좋다. – "내가 학교 갈 때", "내가 관 속에 들어갈 때", "내가 야구장에 갈 때" …… 모인 사람들을 주의 깊게 관찰하고 관심을 갖게 하는 게임이다.

레크리에이션의 효과 (1) – 기분 전환으로 인한 심신의 피로 회복

135 옛날에 옛날에

진　행: ① 모두 모여 둥글게 앉는다.
　　　② 리더는 아무 이야기나 시작하여 30초 정도 엮어 나간다.
　　　③ 리더의 이야기가 끝나면 다음 번 사람이 계속해서 이야기를 연결하여 30초 정도 끌고 나간다.
　　　④ 순서대로 계속 진행하다가 이야기 줄거리가 중단되거나 주인공이 죽으면 실격이다. 각자의 상상력을 총동원해서 그럴듯하게 이어나가면 멋진 소설이나 드라마가 탄생된다.

도움말: 주위의 잘 알려진 인물이나 사건들을 소재로 삼는다. 칭찬하고 싶은 사람, 욕을 해 주고 싶은 사람, 같이 나누고 싶은 모든 이야깃거리 등을 모두 등장시킨다. 스트레스 해소와 함께 흥미 진진!

136 여행 준비

진　행: ① 모두 모여 둥글게 앉는다.
　　　② 리더는 마음속으로 어느 한 사람을 선정하고 그 사람의 특징이나 복장을 기억해 둔다.
　　　③ 그 사람이 반지를 꼈을 경우 "나는 여행갈 때 반지를 끼고 가겠습니다." 라고 리더가 말한 뒤에 한 사람씩 돌아가며 한마디씩 말하게 한다.
　　　④ 돌아가며 말을 할 때마다 리더는 "갈 수 있다." 또는 "갈 수 없다."라고 판정을 해 준다. 판정 기준은 리더가 마음속으로 생각한 사람에 대한 내용이면 갈 수 있고 그렇지 않으면 갈 수 없다.
　　　⑤ 반복되는 가운데 리더가 누구를 생각하고 있었는지를 찾아낸 사람은 손을 들고 이름을 말한다.
　　　⑥ 먼저 맞추는 순서대로 순위를 결정한다. 마지막까지 눈치를 못 챈 사람은 형광등! 벌칙을 준다.

요　령: 손을 들고 정답을 말할 수 있는 기회는 2번으로 제한한다.
도움말: "내가 갈 때는" 게임을 하고 나서 이 게임을 하면 친숙한 분위기 조성에 도움이 된다.

137 아! 생각난다

진　행: ① 모두 모여 둥글게 앉는다.
　② 리더는 1사람씩 돌아가며 잘 알려진 사람의 흉내나 동작을 취하게 한다.
　③ 누구인지를 눈치 챈 사람은 손을 들고 이름을 말한다. 기회는 2번!

요　령: 팀 대항일 경우 리더가 주는 메모지의 내용을 갖고 팀 대표가 동작을 취하고 빨리 맞추는 팀이 이긴다. 개인전일 경우 전원이 동작을 알아 맞추지 못하거나 맞추는 시간이 길게 걸린 사람이 챔피언이다.

도움말: 리더가 판단하기에 흉내나 동작이 부정확하거나 너무 난해하면 무효 시키고 흉내의 대상은 유명한 사람이나 특이한 직업을 갖은 사람도 좋다.

　예 교장 선생님, 김삿갓, 로댕, 찰리 체프린, 인기 연예인, 운동선수, 신문기자, ……

이벤트의 속성과 미디어

이벤트는 철저히 상업성을 띠고 있다. 동시에 인간의 감각기관을 통한 미디어적인 속성을 갖고 목적을 달성한다.

5감을 통한 6감을 자극한다 : 이벤트는 인간의 5감인 시각. 청각. 촉각. 미각. 후각을 자극해 6감인 생각을 자극해 목적을 달성한다.

이성이 아닌 감성에 호소한다 : 재미와 흥미 그리고 설렘은 이성이 아닌 감성 의 영역이다. 이벤트는 감성에 호소를 하여 목적을 달성한다.

오락성이 있다 : 인간은 본래적으로 '놀이하는 동물' 이다. 놀이는 오락성을 띠고 있고, 이 오락성을 통해 목적을 달성한다.

상업성이 있다 : 이벤트는 철저히 이익기능이 있어야 한다. 행사를 위한 비용은 그 이상의 효용을 얻기 위해 투자된다. 공공의 이익을 위한 순수행사와는 다른 목적 행사이다.

선진 인간관계를 가능케 한다. : 창의력과 상상력이 없으면 효율적인 인력관리 를 해내기 어려운 시대 가 되었다. 이제는 규율과 지시로만 사람을 움직이게 하는 것은 가장 비능률적인 방법이 되었다. 마치 관객을 대하듯 그들을 매료하고, 사로잡고, 감동시키고, 스스로 움직이게 하는 이벤트가 필요하게 된 것 이다.

138 고깔모자 결투 (1)

준　비: 고깔모자, 종이테이프

진　행: ① 2개의 팀으로 팀 구성을 한다.

　② 두꺼운 달력 종이나 도화지로 그림과 같이 고깔모자를 만들고 종이
　　테 이프를 붙여 턱에 걸쳐 쓴다.

　③ 시작 신호와 함께 각 팀의 1번 선수끼리 손을 쓰지 않고 자기 모자
　　를 상대방 모자에 부딪혀 상대방의 모자를 떨어뜨리는 경기이다.

　④ 1번 선수는 1번 선수끼리, 2번 선수는 2번 선수끼리, ……

요　령: 게임에 임한 선수의 양손을 뒷짐지우고 진행하고 턱에 걸친 종이테
　　이프가 끊어져도 진다.

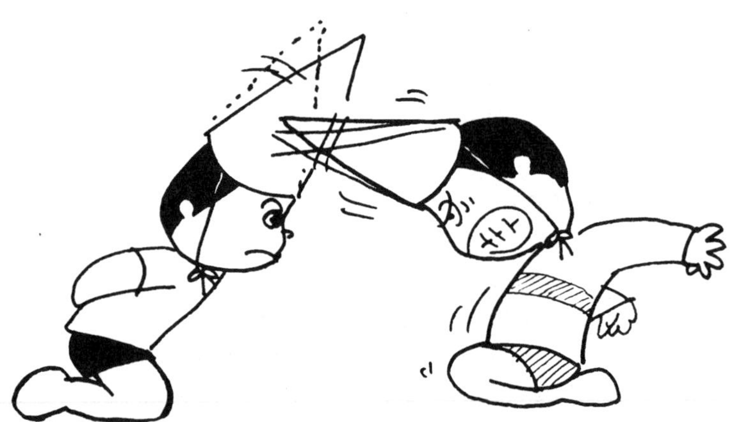

레크리에이션의 효과 (2) – 각종 공해로 인한 스트레스 해소

139 고깔모자 결투 (2)

준　　비: 고깔모자, 종이테이프, 외나무다리
진　　행: "고깔모자 결투(1)"과 같은 방법으로
　　　　진행하되 결투를 시킬 때 종이테이프
　　　　나 외나무다리(평균대)를 놓고 이것
　　　　들을 밟고 서서 결투를 시킨다. 이
　　　　때 발이 종이테이프를 벗어나거나 평균대 위에서 떨어져도 진다.

140 고깔모자 결투 (3)

준　　비: 고깔모자, 공
진　　행: ① 고깔모자 끝에 5cm 정도
　　　　의 구멍을 낸다.
　　　　② 양 팀 선수들은 고깔모자를 얼
　　　　굴에 대고 깊숙이 쓴 다음 하늘을 쳐다본다.
　　　　③ 리더는 공 1개를 바닥에 조용히 놓고 시작신호를 보낸다.
　　　　④ 시작 신호가 나면 양 팀 선수들은 고깔모자의 구멍을 통해 사방으
　　　　로 샅샅이 찾아 다닌다.
　　　　⑤ 공을 찾으면 그 공을 자기 팀 쪽으로 발로 차고 가면 이긴다.
　　　　⑥ 모자를 얼굴에서 떼면 실격패!
도움말: 공을 사용할 때는 되도록 작은 공이 좋다. 구슬이면 더 좋다.

141 고깔모자 릴레이

준　　비: 고깔모자, 공, 반환점
진　　행: "고깔모자 결투(3)"과 같은 방법으
　　　　로 진행하되, 구멍이 뚫린 고깔모
　　　　자를 안면에 쓰고 출발선에서부터
　　　　공을 차면서 반환점을 돌아온다.
　　　　바통 터치는 구멍 뚫린 모자를 사
　　　　용한다.
도움말: 럭비공을 사용하면 더욱 재미있다.

적진 돌파

준　비: 공

진　행: ① 2개의 팀으로 팀 구성을 한다.

② 운동장에 가로 10m 세로 20m의 직사각형 선을 긋는다.

③ 공격 팀과 수비 팀을 정한다.

④ 수비 팀은 20m 선 양쪽에 같은 인원으로 나누어 선다.

⑤ 공격 팀은 10사람이 1조가 되게 하여 10m 선 한쪽에 정열한다.

⑥ 공격 팀이 정렬한 10m 선은 출발선이고 반대쪽은 반환선이 된다.

⑦ 리더는 수비 팀에게 공을 나누어 준 후 시작 신호를 보낸다.

⑧ 시작 신호와 함께 공격 팀의 1조는 반대쪽에 있는 반환선까지 갔다
오는데 이때 수비 팀은 갖고 있는 공을 던져 공격 팀의 선수들을
맞힌다.

⑨ 공에 맞은 사람은 죽은 사람이 되고 2조, 3조, …… 끝 조까지 진
행한다.

⑩ 끝 조까지 진행한 후 공격과 수비를 바꾸고 무사히 반환선을 딛고
돌아오면 1점을 획득한다.

요　령: 공격을 할 때 2사람씩 짝을 지어 손을 잡고 공격하게 해도 좋다.
공격과 수비 지역을 엄격히 통제한다.

도움말: 공은 탱탱공이나 배구공이 적당하고 인원이 많으면 짝 배수의 팀으
로 팀구성을 하
여 토너먼트로
진행한다.

143 생쥐 잡기 (1)

준　　비: 줄, 과일
진　　행: ① 그림과 같이 줄의 중앙을
　　　　　둥글게 매듭을 1번 짓는다.
　　　　② 갑과 을 2사람이 양쪽에 줄을
　　　　　잡고 매듭 안에는 과일을 놓아둔다.
　　　　③ 생쥐 역할을 하는 병은 매듭 안에 있는 과일을 재빠르게 집어 내야
　　　　　하고, 줄을 잡고 있는 갑과 병은 을의 손이 빠져나가기 전에 줄을
　　　　　잡아 당겨 손목을 묶는다.

144 생쥐 잡기 (2)

준　　비: 손수건
진　　행: 2사람이 하는 게임이다.
　　　　① 갑은 손수건을 1번 매듭을 지어
　　　　　양손으로 잡고 을은 주먹을 쥔 손을 손수건 매듭 안에 넣는다.
　　　　② 리더의 "잡아!"라는 신호에 손수건을 잡고 있는 갑은 손수건을 잡
　　　　　아당겨 을의 손목을 묶어야 하고, 주먹을 넣은 을은 잡히지 말고
　　　　　빠져나와야 한다.
　　　　③ 이때 "잡아!"라는 신호가 없었는데 손수건을 잡아당기거나 주먹을
　　　　　빼내는 사람은 실격이다.
요　　령: "잡아!"라는 신호 대신 "놔!"라는 신호로 바꾼 후에 "잡아!"라는
　　　　소리를 내면 얼떨결에 실수를 유발할 수 있다.

145 생쥐 잡기 (3)

준　　비: 막대기, 눈가리개, 공, 줄
진　　행: ① 그림과 같이 갑과 을은 눈가
　　　　　리개를 하고 줄이나 막대기를 잡는다.
　　　　② 시작 신호와 함께 갑과 을은 줄이나
　　　　　막대기를 아래 위로 불규칙하게 흔든다.
　　　　③ 생쥐 역할을 하는 병은 쟁반에 담긴 물건을 갑과 을이 흔드는 줄이
　　　　　나 막대기에 '터치' 당하지 않고 꺼내와야 한다.

신문기자와 편집장

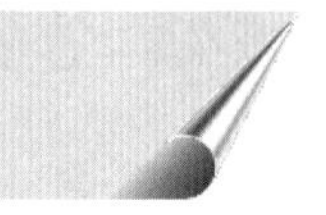

준　비: 메모지, 볼펜

진　행: ① 전원 2사람이 1조가 되어 짝을 짓는다.

② 짝 중 갑은 신문기자가 되고 을은 편집장이 된다.

③ 리더는 편집장들을 불러모으고 메모지와 볼펜을 나눠 준 후 여러 가지 과제를 준다.

④ 이때 편집장들은 리더에게서 받은 과제들을 메모지에 적어 신문기자에게 준다.

⑤ 메모지를 받은 신문기자들은 메모지에 적혀 있는 과제의 답을 알아내어 편집장에게 알려 준다.

⑥ 모든 방법을 동원하여 정확하고 빠르게 정답을 적어 리더에게 먼저 제출하는 조가 1등이다.

⑦ 과제의 예 · 이 집안의 유리창은 모두 몇 개인가? · 교실의 의자는 몇 개인가? · 현재의 실내 온도는? · 회장님의 사모님 몸무게는?

요　령: 리더는 과제의 정답을 엄격히 확인을 하고 틀린 답에 대해서는 감점을 한다.

도움말: 팀 게임으로 할 경우 팀장이 편집장이 되고 팀원 전체가 신문기자가 된다. 이때의 과제는 아주 어렵고 범위가 넓으며 가짓수가 많아야 한다.

레크리에이션의 효과 (4) - 자기자신의 재발견

147 실제 가격 입찰

준　비: 메모지, 볼펜, 잡동사니

진　행: ① 리더는 가격이 다양한 여러 종류
의 물건들을 준비하고 그것들의 실
제 가격(소비자 가격)을 알아둔다.

② 준비가 끝난 후 여러 가지 물건 중
에 1개를 꺼내어 보여준다.

③ 각 사람마다, 혹은 각 팀마다 리더
가 보여준 물건의 실제 가격을 메모지에 적어 리더에게 준다.

④ 써낸 가격이 정확히 맞았을 땐 100점을 주고 정확한 가격이 없을
땐 가장 가깝게 맞춘 사람이나 팀에게 60점을 준다.

⑤ 반복 진행한 후 최종적으로 득점이 많은 사람이나 팀이 이긴다.

요　령: 실제가격을 결정하거나 상의하는 시간은 1분 이내로 해야 좋다. 인
원이 많을 때는 물건의 가짓수도 많아야 하고 정확한 가격을 써낸
사람이나 팀에게는 점수와 함께 맞춘 물건을 상품으로 주면 좋다.

148 어림 짐작 (1)

준　비: 메모지, 볼펜

진　행: ① 두꺼운 종이를 오려서 정사각형,
직사각형 등으로 여러 개를 만든다.

② 각 종이마다 번호를 매기고 뒷면에
는 그 종이의 면적을 계산하여 정확
한 수치로 적어 놓는다.

③ 각 참가자들은 종이의 가로와 세로를 눈짐작으
로 측정하여 면적을 계산하고 메모지에 답을 적어 리더에게 준다.

요　령: 종이에 손을 대거나 다른 기구를 이용하지 못하게 하고 종이로부터
3m 이상 떨어져서 측정하게 한다.

도움말: 삼각형, 마름모, 원기둥 등 대상의 수준에 맞게 변화를 주고 측정
에 착각을 일으킬 만한 것 두 개를 동시에 보여 주고 어느 쪽이 더
큰가를 맞추게 해도 재미있다.

149 어림짐작 (2)

준 비: 눈가리개, 음료수, 빨대, 계량컵,
바둑알, 종이테이프
진 행: ① 음료수에 빨대를 꼽는다.
② 눈가리개를 한 후 다음의 방법으로
진행한다.
㈀ 정확히 절반을 마시기
㈁ 2사람이 1조가 되어, 갑이 마신
양만큼 을이 마시기
도움말: 사발에 물을 떠놓고 물의 양을 어
림짐작으로 맞추게 한 후 계량컵으
로 확인한다. 컵 속에 바둑알을 넣
고 보여 준 후 몇 알인지를 맞추게 한다. 바둑알 대신 종이테이프
나 끈을 잘라 몇 센티인지를 맞추게 한다.

이벤트의 분류와 형식

세대별 분류
1 세대 = 영구불변의 원초적인 인간 미디어 (직접상면)
2 세대 = 지면을 통한 시각 미디어 (활자인쇄, 일방통행)
3 세대 = 전파를 통한 청각 미디어 (라디오, 일방통행)
4 세대 = 공중파를 통한 시청각 미디어 (TV, 일방통행)
5 세대 = 멀티 미디어를 통한 종합 미디어 (총체적, 쌍방통행)
* 이벤트는 1 ~ 5 세대를 망라한다.

형태별 분류
유형 이벤트 ; HARD WARE적/ 전시, 구조물, 인테리어, 장비,
　　　　　신제품, 도구 등의 가시적인 이벤트.
무형 이벤트 ; SOFT WARE적/ 신기술(과학적),
　　　　　신기능(물리적), 아이디어…
복합형 이벤트 ; HARD WARE적 + SOFT WARE적인 것의
　　　　　혼합형.

내용별 분류
국제 이벤트 ; 올림픽, 박람회, 국제 기술교류 등.
국가 이벤트 ; 전국 체전, 인구 조사, 국책 사업 등.
사회 이벤트 ; 캠페인, 공익을 위한 각종 행사 등.
기업 이벤트 ; S.P이벤트, P.R이벤트, 고객을 위한 이벤트 등.
개인 이벤트 ; 창작 발표회, 출판 기념회, 소장품 전시회 등.

만물상 (1)

진　행: ① 적당한 인원수로 팀을 나눈다.
② 팀별로 팀장을 선출하고 각 팀마다 가게 이름을 하나씩 선택하여 정한다. (약국, 문방구, 양장점, ……)
③ 모두가 리더의 지시에 따라 4박자 박수를 친다. (1 - 양 손 무릎, 2 - 손뼉, 3 - 왼손 엄지 펴고 내밈, 4 - 오른손 엄지 펴고 내밈)
④ 먼저 리더가 2박자(무릎과 손뼉)를 친 후 3박자엔 상품 이름을 부르고 4박자엔 물건 갯수를 주문한다. (예 지우개! 4개!)
⑤ 문방구를 선택한 팀에서는 4박자 박수를 치면서 박자마다 상품의 이름을 외친다. (예 1- 지우개! 2- 지우개! 3- 지우개! 4- 지우개!)
⑥ 외침이 끝나면 팀장은 리더가 주문을 했던 방법으로 다른 팀을 공격한다. (예 소화제! 3개!)
⑦ 4박자 게임이기 때문에 상품 주문은 4개 이하이어야 한다.
　· 주문이 3개면 - 1박자는 소리를 내지 않고 무릎만 치고 2박자부터 상품 이름을 외침.
　· 주문이 1개면 - 3박자까지는 박수만 치고 4박자에만 상품 이름을 외침. (예 무릎, 손뼉, 오른손, 상품 이름!)

※ □ - 원형, ● - 변형

레크리에이션의 효과 (5) - 맑고 밝은 분위기의 조성

151 만물상 (2)

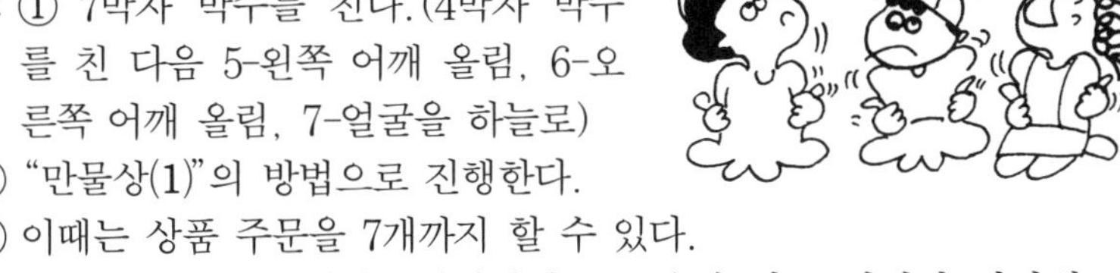

진　행: ① 7박자 박수를 친다.(4박자 박수
　　　　를 친 다음 5-왼쪽 어깨 올림, 6-오
　　　　른쪽 어깨 올림, 7-얼굴을 하늘로)
　　　② "만물상(1)"의 방법으로 진행한다.
　　　③ 이때는 상품 주문을 7개까지 할 수 있다.
　　　④ 상품 주문이 1개이면 6박자까지는 조용히 하고 마지막 박자에 하
　　　　늘을 보면서 상품 이름을 외친다.

152 끊이지 않는 합창

진　행: 각 팀마다 팀장을 중심으로 노래가
　　　　끊어지지 않게 이어나가는 게임.
　　　① 짝 배수의 팀으로 팀 구성을 한다.
　　　② 리더는 팀 순서대로 노래를 시킨
　　　　다.(1번 팀 시작! 그만! 2번 팀 시작!)
　　　③ 지적당한 팀은 팀장의 지휘 하에 3초 내에 노래를 시작한다.
　　　④ 3초 내에 시작하지 못한 팀은 탈락시킨다.
　　　⑤ 노래는 분위기에 맞는 노래로 한정시킨다.
　　　例 동요 부르기, 흘러간 옛노래 부르기, 계절별(봄, 여름, 가을, 겨울)로
　　　　부르기, CM송 부르기, X-Mas 캐롤송 부르기, ……

153 팔도강산 유람

진　행: ① "끊이지 않는 합창" 방법으로 진행하되 노래를 하는 대신 산 이
　　　　름을 2번씩 힘차게 외치고 다음 팀에게 넘어간다.
　　　② 다른 팀이 외친 산 이름을 외치거나
　　　　바로 시작하지 못하면 실격!

요　령: 산 이름을 외칠 때는 오른손 주먹을
　　　　위로 힘차게 올리면서 외친다.
도움말: 산 이름 대신 강 이름이나 기차역 또
　　　　는 꽃 이름 등으로 해도 재미있다.

 154 귓속말 전보

준 비: 메모지, 볼펜

진 행: ① 리더는 메모지에 30자 이내의 문장을 미리 적는다.

② 인원을 같게 하여 짝 배수의 팀으로 팀 구성을 한 후 1줄로 선다.

③ 메모지에 적힌 문장을 각 팀의 팀장들에게 동시에 보여 준다.

④ 시작 소리와 함께 팀장들은 각기 자기 팀으로 달려가 1번에게 메모지의 내용을 귓속말로 전달한다.

⑤ 1번은 2번에게, 2번은 3번에게, ……

⑥ 맨 끝 사람은 전달받은 내용을 메모지에 적어 리더에게 제출한다.

⑦ 빠르면서 문장의 내용이 정확한 팀이 이긴다.

도움말: 소문이 얼마나 헛되고, 믿을 것이 못됨을 느낄 수 있다.

레크리에이션의 효과 (6) - 사회의 적응성 발견 및 획득

155 그림 전보

준　비: 도화지, 크레파스
진　행: ① "귓속말 전보" 방법으로
　　　　진행하되 팀장들에게 문장
　　　　대신 그림을 보여준다.
　　　② 팀장은 1번에게 귓속말로
　　　　그림을 설명해 준다.
　　　③ 1번은 2번에게, 2번은 3번
　　　　에게, ……
　　　④ 맨 끝 사람은 귓속말로 전해들은 그림이야기를 도화지에 그린다.
　　　⑤ 원본과 비교하여 판정을 내린다.

156 단어 이어 쓰기

준　비: 메모지, 볼펜
진　행: ① 팀별로 반환점을 설치하고 그곳에 메모지와 볼펜을 놓아 둔다.
　　　② 시작하기 전에 각 팀의 팀장은 반환점으로 가서 메모지에 단어 1개
　　　　를 적어 놓고 볼펜을 들고 준비한다.
　　　③ 시작 신호와 함께 팀장들은 출발선으로 뛰어들어와 자기 팀의 1번
　　　　에게 볼펜을 넘겨 준다.

　　　④ 1번은 볼펜을 갖고 반환점으로
　　　　뛰어가 메모지에 적혀 있는 단
　　　　어의 끝자로 시작되는 단어 1
　　　　개를 적고 출발선으로 뛰어와
　　　　2번에게 볼펜을 넘겨준다.
　　　⑤ 2번은 3번에게 …… 틀리지 않
　　　　고 먼저 끝내는 팀이 이긴다.
　　　⑥ 중복된 단어가 있으면 실격패!

157 말이어 가기 (1)

진　행: ① 모두 모여 둥글게 앉은 후 3박자 박수(양손 무릎, 손뼉, 오른손 엄지 앞으로)를 계속해서 친다.
② 리더는 1, 2박자는 쉬고 3박자 때에 단어 1개를 외친다.
③ 리더의 다음 번 사람은 리더가 외친 단어의 끝자를 이용해 단어 1개를 만들어 3박자 때 외쳐야 한다.
④ 나왔던 단어를 외치거나 3박자 때에 외치지 못하는 사람은 탈락.
예 자동차 - 차도 - 도망자 - 자전거 - 거울 - 울보 ……

요　령: 진행 방향은 리더가 임의로 정하되 가끔은 반대 방향으로 진행하여 혼선을 빚으면 더 재미있다.

158 말이어 가기 (2)

진　행: "말이어 가기(1)"의 방법으로 진행하되 단어의 끝말을 이어가는 대신에 단어의 중간말(또는 끝에서 2번째 말)을 이어나간다.
예 자전거 - 전깃불 - 기기묘묘 - 묘수풀이 - 풀벌레 - 벌집 ……

159 말이어 가기 (3)

준　비: 메모지, 볼펜
진　행: "말이어 가기(1)"의 방법으로 진행하되 영어 단어를 이용해서 게임을 한다. 이 때는 3박자 박수를 치면서 해도 되고, 메모지와 볼펜을 준비해 10초 내에 영어 단어 끝자를 이어받아 다른 단어를 쓰는 단어 놀이도 재미있다.

160 시한 폭탄 풍선

준　비: 풍선
진　행: ① 리더는 풍선을 불어 준비한다.
　　② 처음 사람이 풍선을 위로 쳐올리면서 단어를 말하면 다음 사람은 풍선이 땅에 떨어지기 전에 끝자로 시작되는 단어를 말하고 그 풍선을 쳐올린다.
　　③ 풍선이 땅에 떨어질 때까지 다음 단어를 말하지 못하면 벌칙을 준다.

🖊 눈 높이 유머

　재미있고 웃기는 얘기라고 해서 남녀노소 모든 이에게 통하는 것이 아니다.
　남자끼리 또는 여자끼리 있을 때 적합한 것이 있고. 노인용, 성인용, 청소년용 그리고 유아용이 엄연히 따로 존재한다. 잘 분별해야 할 일이다.

 161 행운의 차량 번호

진　행: 버스 안에서 즐길 수 있는 게임이다.
　① 버스 앞쪽으로 빈자리가 없도록 당겨 앉는다.
　② 그림과 같이 1번부터 8번까지 개인별 번호를 갖는다. 이렇게 되면 1번부터 8번까지 1개조가 되어 차내는 5내지 6개조가 형성된다.
　③ 각 조의 7번은 자기가 속한 조원들에게서 동전을 1개씩 걷는다.
　④ 리더는 동전이 모두 모아진 것이 확인되면 반대 방향에서 오고 있는 차중에 어떤 차를 지목한다.
　⑤ 지목한 차량의 차량 번호 끝자리 수가 '4'로 끝나면 7번은 모아둔 동전을 4번에게 상금으로 준다.
　⑥ 차량 번호 끝자리 수가 '0'이나 '9'로 끝나면 조 전체가 동전을 1개씩 더 모아 동전 16개를 놓고 진행한다.

도움말: 합산 능력이 빠른 대상일 경우 차량 번호 중 큰 글씨 4개를 모두 더하고, 끝수(단단위)를 갖고 진행한다.

162 길이 노래

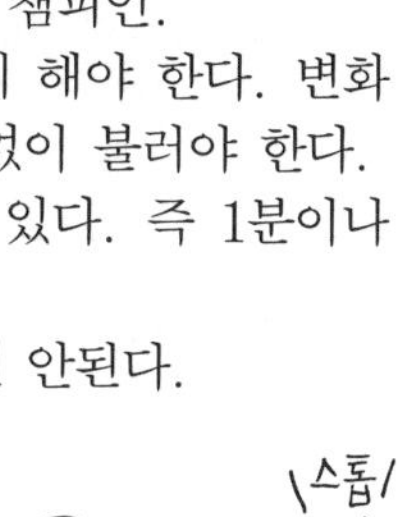

진　행: 이 게임은 차내 게임이다.
　　① 달리는 차내에서 노래 1곡을 정한다.
　　② 노래를 부르는 방법은 자동차가 1㎞를 달리는 동
　　　안 노래 1곡을 부르는 것이다.
　　③ 짧은 곡이면 길게 늘어지면서 불러야 하고 긴 곡이면 숨도 제대로
　　　못쉬고 불러야 한다.
　　④ 판정은 1㎞에 가장 가깝게 노래를 끝내는 사람이 챔피언.
요　령: 노래를 부르는 사람은 자동차의 계기판을 못 보게 해야 한다. 변화
　　　를 주어 500m나 200m로 정하고 진행하면 정신없이 불러야 한다.
도움말: 길이를 지정하는 대신 시간을 정하고 진행할 수 있다. 즉 1분이나
　　　30초에 시계를 보지 않고 노래를 끝내도록 한다.
　　　이때 노래를 하는 사람은 자동차의 계기판을 보면 안된다.

163 노래 손님 (1)

준　비: 손수건
진　행: 교실이나 차내에서 할 수 있는 게임이다.
　　① 리더는 준비한 손수건을 임의로 한 사람에게
　　　준 후 돌아선다.
　　② 리더가 '뒤로 3번!' 하고 외치면 손수건을 갖고 있던 사람은 손수건
　　　을 3칸 뒤로 보낸다.
　　③ 계속해서 리더는 "오른쪽으로 2번!" "앞으로 5번!" …… 하고 외
　　　치다가 "스톱!"을 하면 손수건을 갖고 있는 사람은 노래 손님이다.
　　④ 노래 손님의 노래를 듣고 나서 같은 방식으로 계속하되 리더 대신
　　　노래 손님이 명령을 내려도 좋다.
요　령: 손수건 2개로 진행하면 더 박진감이 있다. 이때 1번 손수건은 노래
　　　를, 2번 손수건은 노래에 어울리는 춤을 추게 하면 더욱 재미있다.

164 노래 손님 (2)

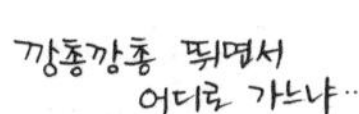

진　행: 노래를 부르며 박자에 맞춰서 손수건을 정한
　　　방향으로 돌리다가 노래가 끝났을 때 손수건을
　　　갖고 있는 사람이 노래 손님이다.

165 공격 명령

진　행: ① 2사람이 마주앉아 양손을 무릎 위에 올려놓는다.
　　　② 4개(2사람의 양손)의 손등에 1번부터 4번까지 번호를 매긴다.
　　　③ 리더가 "2번!"하고 번호를 부르면 지적당한 번호의 손등을 손바닥으로 힘차게 때린다. 이때 지적당한 손은 재빨리 피한다.

요　령: 3사람 이상이 해도 되며 5사람 이상일 경우 한 손만 중앙에 내밀어 진행 한다. 하나의 손에 두 개의 번호를 붙여 주면 헛갈리게 되어 더 재미있다.
　　　예 1과 6, 2와 7, …… 1과 A, 2와 B, ……

도움말: 양손에는 1번부터 4번까지를 매기고 양발에는 5번부터 8번까지 붙여서 해 보면 자기가 자기 몸을 때리는 진풍경이 벌어진다.

166 엄지 씨름

진　행: ① 2사람이 마주앉아 오른손을 그림과 같이 잡는다.
　　　② 엄지로 씨름을 하여 상대방의 엄지를 누른다.
　　　③ 상대방의 엄지를 누른 사람은 상대의 오른손 등을 왼손으로 때린다.
　　　④ 이때 눌린 사람은 다른 한 손으로 손등이 맞지 않게 방어를 한다.
　　　⑤ 때리는 사람은 상대방이 방어를 하기 전에 때려야 하며 방어를 한 후에는 때리면 안된다.

레크리에이션의 효과 (8) – 리더쉽의 획득

167 아담과 이브

진　　행: ① 2사람이 마주앉아 오른손으로 악수
　　　　　를 한다.
　　　　② 갑은 아담이라 하고 을은 이브라 한다.
　　　　③ 리더의 이야기 속에 아담이 나오면 아
　　　　　담이 이브의 손등을 때리고 이브가 나
　　　　　오면 이브가 아담의 손등을 때린다.
　　　　④ 상대방이 방어하기 전에 상대를 때려야 하고, 상대방이 때리기 전
　　　　　에 자신을 방어해야 한다.
　　　　⑤ 이때 갑과 을 모두 왼손을 허리에 갖다 댄다.
요　　령: 실수하여 잘못 때린 사람은 상대방에게 방어없이 2대를 맞게 한다.
도움말: 아담과 이브의 이름을 산 속의 메아리로 처리하면 재미있다. 또 산
　　　　과 들, 사자와 사슴, 토끼와 거북이 등으로 대신 진행해도 좋다.

168 전자박수

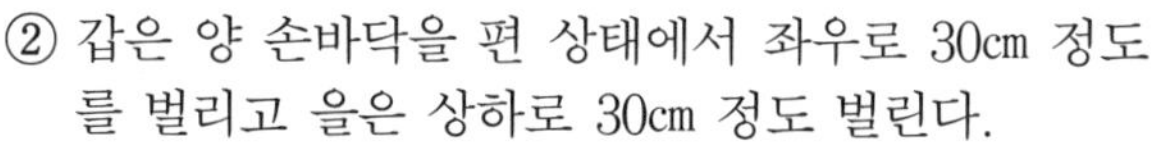

진　　행: ① 2사람이 마주보고 앉는다.
　　　　② 갑은 양 손바닥을 편 상태에서 좌우로 30㎝ 정도
　　　　　를 벌리고 을은 상하로 30㎝ 정도 벌린다.
　　　　③ 리더의 신호가 떨어지면 박수를 힘차게 치는데 먼저 박수를 치는
　　　　　사람이 이긴다. 박수 소리는 한 사람만 나게 된다.

169 집어! 놔!

진　　행: ① 2사람이 마주보고 앉는다.
　　　　② 갑과 을 중앙에 손수건이나 소지품 1
　　　　　개를 놓고 양손은 머리위로 올린다.
　　　　③ 리더의 이야기 속에 "집어!"라는 말
　　　　　이 나오면 재빨리 먼저 집는 사람이 이긴다.
요　　령: 몇 번을 해보면 "집어!"라는 말 대신 "놔!"에 집도록 하면 혼돈되
　　　　어 실수하는 사람이 속출한다. 이때 "집어!"에 집은 사람은 진다.
도움말: 신호를 외칠 때 작은 소리로 하거나 예상치 못했던 곳에서 신호를
　　　　보내면 재미있다.

170 앞을 못 보는 투수

준 비: 눈가리개, 야구공, 글러브 ☞ www.selfevent.com

진 행: ① 2사람이 1개조가 되어 10m 간격으로 벌린다.

② 갑은 서서 눈가리개로 눈을 가리고 야구공 10개를 갖고 투수가 되고, 을은 글러브를 갖고 앉아서 포수가 된다.

③ 시작 신호에 야구공 10개를 던져서 포수가 받아내는 공의 수효로 승부를 낸다.

④ 포수는 투수에게 좀더 왼쪽으로! 위로! 아래로!하면서 조정할 수 있다.

도움말: 장소나 대상에 따라서 조약돌과 모자를 이용해도 좋다.

171 앞을 못 보는 순경

준 비: 눈가리개

진 행: ① 2사람을 뽑아 갑은 눈가리개를 하고 앞을 못 보는 순경이 되고, 을은 앞을 못 보는 순경을 인도하는 안내원이 된다.

② 이 2사람을 제외한 모든 사람은 도둑의 신분이 되어 구역 안으로 들어간다.

③ 시작 신호와 함께 앞을 못 보는 순경은 안내원의 목소리 인도를 받아 가며 도둑을 잡으러 다닌다.

④ 이때 도둑들은 앙감질로 도망을 다녀야 한다. 앙감질로 다니지 않거나 구역 밖으로 나가면 실격이다.

※ 앙감질 - 무릎 뒤로 양손을 잡고서 오리걸음을 걷는 것

---

172 비무장 지대

준　비: 눈가리개, 장애물
진　행: ① 리더는 바닥(비무장 지대) 여기저기에
　　　　여러 가지 물건(장애물)을 늘어놓는다.
　　　　이때 깨지거나 위험한 물건은 피한다.
　　　　예 빈 깡통, 휴지통, 연필통, 책, 공, 가방, ……
　　　② 선수는 눈가리개를 하고, 출발 신호와 함께 비무장지대를 건너가되
　　　　장애물을 건드리면 안된다.
　　　③ 시간을 재어 빨리 도착하는 사람이 이긴다.
　　　④ 개인전이나 팀 대항 릴레이 경기로 진행한다.
요　령: 장애물에 번호를 쓰고 선수가 실수로 건드릴 경우 감점 처리를 한
　　　　다. 눈을 가린 경기자가 출발했을 때 장애물의 위치를 옮기면 우스
　　　　꽝스런 장면이 연출된다.
도움말: 곳곳에 줄을 걸어놓아 선수가 줄 밑으로 기어가거나 줄 위로 넘어
　　　　가는 코스를 만들면 더 재미있고 리더의 재치 있는 멘트가 첨가되
　　　　면 더욱 좋다.

173 앞을 못 보는 검객

준　비: 눈가리개, 종이 몽둥이
진　행: ① 2사람을 뽑아 눈가리개를 하고
　　　　종이 몽둥이를 각기 하나씩 준다.
　　　② 리더는 2사람 사이를 1m 정도 간
　　　　격을 두고 마주보고 서게 한다.
　　　③ 가위 바위 보를 시켜 이긴 사람에게 어깨를 건드려 사인을 보낸다.
　　　④ 이긴 사람은 종이 몽둥이를 상하나 좌우로 1번만 휘둘러서 상대방
　　　　을 때려야 하고 진 사람은 피하되 발은 움직일 수 없다.
요　령: 어느 정도 지난 후 리더는 한 사람의 눈가리개를 풀어서 자유롭게
　　　　때리고 피할 수 있게 해 주면 더 재미있다. 그 다음 눈가리개를 풀
　　　　은 사람 대신 리더가 가위 바위 보를 하여 마구 때리고 요리조리
　　　　피하면 폭소 폭발!
도움말: 관람 게임이므로 한 번만 실시하는 것이 좋다.

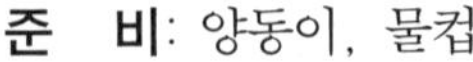 174 물나르기 릴레이

준 비: 양동이, 물컵

진 행: ① 적당한 인원으로 팀을 나누고 1줄로 줄을 선다.

② 한쪽 끝에 물을 가득 담은 양동이를 놓고 다른 한쪽 끝에는 비어 있는 양동이를 놓아둔다.

③ 시작 신호와 함께 물컵 1개를 이용해 물이 들어 있는 양동이의 물을 비어 있는 양동이로 옮기는 게임이다.

④ 옮기는 방법은 1번이 컵에 물을 담아 2번에게 주면 2번은 3번에게 …… 맨 마지막 사람은 물을 쏟고 1번에게 빈 컵을 갖다 준다.

⑤ 물컵을 여러 개 사용할 경우 마지막 사람이 물컵을 받아 쏟은 다음 빈 컵을 역순으로 전달하여 1번에게 가도록 한다.

요 령: 물컵 대신 대접이나 바가지를 사용하면 빠르게 진행할 수 있다.

도움말: 물을 나를 때 1줄로 서서 컵을 전달하는 대신 각자가 물컵을 들고 뛰어 빈 양동이에 직접 쏟으면서 반복하는 방법도 재미있다.

레크리에이션의 효과 (10) - 많은 사람과의 친교 (Friendship)

175 인간 양수기

준　비: 양동이
진　행: ① 수영장 밖에서 1사람이 양
　　　　동이를 머리에 이고 앉는다.
　　　　② 시작 신호와 함께 팀원들은
　　　　물 속으로 들어가 손으로 물
　　　　을 퍼올려 자기 팀의 양동이
　　　　에 채운다.
　　　　③ 제한 시간 내에 물을 더 많이
　　　　양동이에 넣는 팀이 이긴다.

176 빨대 양수기

준　비: 양동이, 빨대
진　행: “물나르기 릴레이” 방법으로 진행하되 물컵을 사용하는 대신 팀 전
　　　　원이 빨대를 입에 물고 양동이의 물을
　　　　빨아 입에 가득 담고 빈 양동이로 뛰
　　　　어가 빨대를 이용하여 쏟아 넣는다.

도움말: 이 방법은 생각하기에 따라서 비위생
　　　　적으로 느낄 수 있다. 이 때는 빈 양
　　　　동이를 채우는 대신 그냥 밖으로 뱉어
　　　　버리게 한다. 물이 들어있는 양동이를
　　　　빨리 비우는 팀이 이긴다. 개인 경기
　　　　로 할 경우 용기를 작은 것으로 사용
　　　　한다.

✏ 유머 퀴즈 활용법

　　대상에 어울리는 유머는 금상첨화(錦上添花), 일석이조(一石二鳥)이다.
　　유머퀴즈의 내용은 자기 자신을 기준으로 삼지 말고 모임의 성격과 대상의 수준에 따라서
선택한다. 일반적으로 어린이들에게는 수수께끼를, 청소년들에게는 난센스 퀴즈를, 성인층에
는 약간 색깔이 있는 유머 퀴즈를 활용하는 것이 효과적이다.

177 물 옮겨 담기 릴레이

준　비: 빈 병
진　행: 팀 대항 릴레이 경기이다.
　① 반환점에 물이 가득 들어 있는 병
　　1개와 빈 병 1개를 놓아 둔다.
　② 시작 신호와 함께 1번 선수는 반
　　환점으로 뛰어가 물이 들어 있는
　　병의 물을 빈 병에 흘리지 않고
　　쏟아 부은 다음 출발선으로 달려
　　와 2번 선수에게 바통터치를 한다.
　③ 끝번 선수까지 빨리 끝내는 팀이 이기나 물을 밖으로 흘려 보내어
　　물의 양이 적으면 진다. 물을 밖으로 적게 흘리면서 빨리 끝내는
　　팀이 이긴다.
도움말: 물을 쏟아도 부담이 없는 장소에서 진행한다. 빈 병 2개를 사용하
　　는 대신 빈 병 1개와 물컵 1개를 사용해도 좋다.

178 물풍선 터뜨리기

준　비: 풍선
진　행: 팀 대항 릴레이 경기이다.
　① 물을 넣은 물풍선을 사람
　　수 만큼 준비한다.
　② 각 팀은 덩치가 좋은 사람
　　을 1사람씩 뽑아 반환점에
　　서 엎드리고 있게 한다.
　③ 시작 신호와 함께 1번 선수
　　부터 물풍선을 들고 반환점
　　으로 달려가 자기 팀 사람 등에 물풍선을 올려 놓고 엉덩이로 눌러
　　터뜨린 다음 출발선으로 돌아와 2번 선수에게 바통터치를 한다.
도움말: 반환점에 엎드리는 사람이 여자이면 곤란하다. 더운 여름날에 진행
　　하면 게임하는 사람과 보는 사람 모두가 시원시원!

이벤트의 핵심

이벤트의 핵심은 다음의 3가지로 압축할 수 있다.

① **동원** : 이벤트에 있어서 인원동원이 안 되면 모두가 허사로 돌아갈 만큼 중요한 요소이다. 이를 위해 각종 홍보전략과 대상들로 하여금 참석동기를 강하게 자 극해야 한다. 볼거리가 있는 홍보전략, 공짜심리를 이용한 각종 경품, 참석해 야 되는 대외명분… 등을 제공해야 한다.

② **감동** : 인원동원에 성공을 했어도 실제 이벤트 행사에서 감동을 주지 못하면 반 쪽 짜리 행사가 된다. 이벤트의 본질인 새로운 감동과의 만남이 없다면 다음 을 약속할 수 없다. 이를 위해 예측불허의 상황을 전개해야 한다.

③ **효용과 비용** : 이벤트는 상업성을 띠고 있기 때문에 철저히 이익기능이 있어야 한다. 효용이 비용을 앞지를 때, 비로소 이벤트 행사라 할 수 있다.

 칸 메우기 주사위

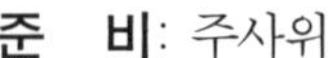

준 비: 주사위

진 행: ① 주사위 3개를 준비하고 그림과 같은 표를 만든다.

② 가위 바위 보로 순서를 정하고 각자의 이름을 이름 칸에 써넣는다.

③ 차례로 주사위 3개를 던져 1~15까지의 칸에 "○"표를 먼저 채우는 사람이 1등이다.

④ 주사위를 쓰는 방법은 3개의 주사위를 동시에 던져서 나온 숫자(눈)를 서로 더하거나 무시하여 계산하되 뺄셈은 할 수 없다.

⑤ 계산을 하여 나온 숫자 칸에 "○"을 표시한다.

예 1, 3, 3이 나왔을 경우 - 1, 3, 4, 6, 7 중 어느 한 칸만 선택하여 "○"표를 할 수 있고 2, 5, 6 이 나왔을 경우 - 2, 7, 8, 11, 13 중 어느 한 칸에만 "○"표를 한다.

⑥ 이렇게 해서 모든 칸에 "○"표를 먼저 하는 사람이 1등이다.

180 아파트 엘리베이터 주사위

준 비: 주사위

진 행: ① 1층~15층까지 차례로 올라갔다가 내려오는 게임이다.

② 주사위를 던져서 계산을 하는 방법은 "칸 메우기 주사위"와 같다.

③ 다른 점은 1층에서부터 시작하여 건너뛰지 않고 순서대로 올라갔다가 순서대로 내려와야 한다.

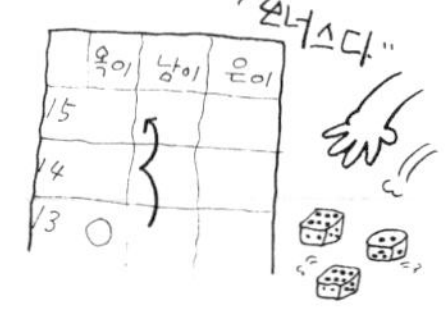

④ 3개의 주사위를 전부 더하여 다음 층으로 갔을 경우 보너스로 1층을 더 간다.

예 5층에서 던져 1, 2, 3이나 2, 2, 2 또는 1, 1, 4 등이 나왔을 때

도움말: 보너스로 1층을 더 가는 대신 한 번 더 던지는 기회를 줘도 좋고 보너스 로 1층을 가고 또 한 번 더 던지는 기회를 줘도 좋다.

레크리에이션의 효과 (11) – 목적을 위한 동료의식 (Team-Work)

181 주사위 여행

준 비: 주사위, 게임판
진 행: ① 리더는 그림과 같은 게임 판이나 대상
　　　　 에 맞는 주사위 판을 만든다.
　　　　② 주사위를 던져서 나온 수만큼 진출한다.
　　　　③ 먼저 도착하는 사람이 1등이다.
도움말: 주사위를 사용하는 대신 윷을 사용하여
　　　　 진행할 수 있다.
　　　　도 = 1칸, 개 = 2칸, 걸 = 3칸, 윷 = 4칸, 모 = 5칸, 빽도 = 6칸

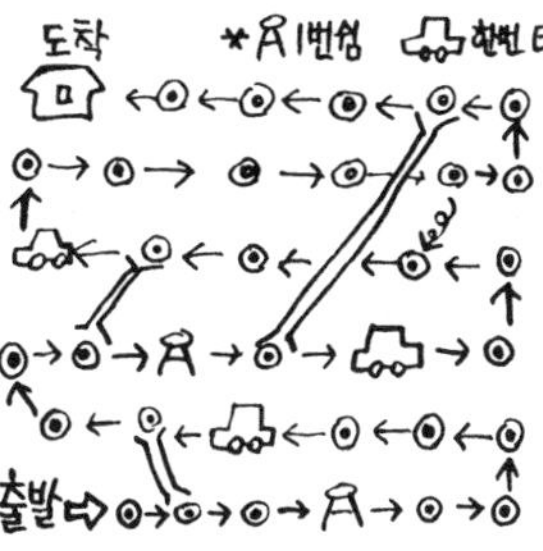

182 세 개의 주사위

준 비: 주사위, 컵
진 행: ① 3개의 주사위를 컵으로 덮어서
　　　　 흔든다.
　　　　② 주사위 3개 중 가장 큰 수 1개를 빼
　　　　 낸 다음 다시 2개를 컵으로 덮어서
　　　　 흔든다.

　　　　③ 2개 중 큰 수 1개를 빼내고 나머지 1개를 또 컵으로 덮어서 흔든다.
　　　　④ 이렇게 해서 나온 3개의 주사위를 갖고 계산을 하여 승부를 낸다.
　　　　⑤ 계산 방법:
　　　　　　(ㄱ) (첫 번째 주사위) + (두 번째 주사위) × (세 번째 주사위)
　　　　　　(ㄴ) 세 번째 주사위가 앞의 첫 번째, 두 번째 주사위 숫자와 같을
　　　　　　　　 경우 세 번째 주사위 숫자를 한 번 더 더한다.
　　　　例 5, 3, 5이면 (5 + 3) × (5) + (5) = 45
도움말: 컵이 없을 경우는 그냥 바닥으로 던져서 해도 좋으나 흥미가 반감된다.

유머마인드12

✏ 유머와 다이어트

　한 번의 폭소는 5 분 동안의 에어로빅 효과를 준다. 짧은 순간이지만 대단한 유산소 운동의 결과를 얻을 수 있다. 따로 돈들이지 않고, 에어로빅 복장도 갖추지 않고, 장소에 구애됨이 없이 간편하게 다이어트 효과를 볼 수 있다. 참으로 놀랍지 않은가?

진　행: 이 게임은 20사람이 넘으면 곤란하다.

① 원형으로 둘러앉아 4~5개 팀으로 팀 구성을 한다.

② 팀장을 선출하고 각 팀마다 1글자로 된 동물 이름을 갖는다.

③ 동물 이름을 복창할 때는 동물 이름 뒤에 "발바닥"을 첨가한다.

　　예 "곰발바닥" "말발바닥" "소발바닥" ……

④ 전원이 같은 박자로 양손바닥을 하늘로 향해 내밀었다가 당기고(1번 동작) 다시 손등을 하늘로 향해 내밀었다가 당긴다. (2번 동작)

⑤ 리더가 박자에 맞춰 어느 한 팀을 공격하면 그 팀은 1번 동작에 복창하고 2번 동작에는 팀장이 다른 팀을 공격한다.

　　예 리더가 말 팀을 불렀을 경우 "말발바닥"(1번 동작) + "소발바닥"(2번 동작), 소 팀 - "소발바닥" + "곰발바닥" ……

⑥ 발음과 동작이 틀리는 팀은 탈락시키지 말고 틀린 횟수를 기록하여 등수를 정한다. 발음과 동작이 어렵기 때문에 그리 쉽지만은 않다.

레크리에이션의 효과 (12) - 봉사의 기회

184 주거니 받거니

준 비: 공
진 행: ① 팀 구성을 하고 1렬 종
대로 줄을 선다.
② 맨 앞의 1번은 5m 앞으로
나와 뒤로 돌아선다.
③ 리더는 1번에게 공 1개씩을
주고 시작 신호를 보낸다.
④ 시작 신호와 함께 1번은 갖고 있던 공을 2번에게 던지고 2번은 받
은 공을 다시 1번에게 던져 주고 빨리 주저앉는다.
⑤ 1번은 받은 공을 3번과 주고받고 3번이 앉으면 4번과 주고 받고
……
⑥ 끝번까지 먼저 주고받는 팀이 이긴다.
도움말: 끝번까지 갔다가 다시 역순으로 돌아오는 왕복 경기를 해도 재미있
다.

185 멀수록 좋다

준 비: 플라스틱 병, 공
진 행: ① 플라스틱 병을 그림과 같이
잘라서 글러브를 만든다.
② 각 팀에서 대표 2사람씩 나와
서 5m 정도 떨어져 마주보고
선다.
③ 갑이 공을 글로브에 넣고 마주
보고 있는 을에게 던지면 마주
보고 있는 을은 글로브를 이용하여 공을 받는다.
④ 공받기가 성공하면 갑과 을의 사이를 6m로 벌리어 공을 주고 받는
다.
⑤ 성공할 때마다 1m씩 간격을 넓히어 나간다.
⑥ 벌어진 간격이 그 팀의 성적이다.

186 폭탄 주고 받기

준　비: 풍선, 달걀
진　행: ① 풍선에 물을 넣고 "멀수록
　　　좋다"의 방법으로 진행한다.
　　　② 풍선이 땅에 떨어져 터지면
　　　그곳까지가 팀 성적이다.
　　　③ 풍선이 땅에 떨어져도 풍선이
　　　터지지 않으면 계속할 수 있
　　　다.
도움말: 풍선 대신 달걀을 사용해도 된다.

187 발이 손이다

준　비: 공
진　행: ① 팀별 1줄로 줄을 서고, 3m 정도 떨어진 곳에 1사람이 눕는다.
　　　② 1번부터 끝번까지 누워
　　　있는 사람에게 공을 던지
　　　고, 누워 있는 사람은 발
　　　로 공을 받는다.
　　　③ 발로 공을 받은 수만큼
　　　성적이 된다.
도움말: 난이도를 높이려면 작은
　　　공을 사용한다.

훌륭한 이벤트 기획서

누가 보아도 일반적이고 보편적인 훌륭한 이벤트 기획서는 존재하지 않는다. 그러나 다음 사항은 필수적으로 들어있어야 한다.

① **기획서의 비중** : 이벤트의 준비는 기획이고, 기획에 의해 시작하고, 기획에 의해 흐르고, 기획에 의해 끝난다. 기획에서 성공해야 이벤트가 성공한다.

② **기획서 꾸미기** : 보통은 5W 1H(6하 원칙)에 의하나 이벤트는 6W 3H에 입각해 기획서를 꾸민다.

6W : When (실시 날짜와 시간)
Where (계절별, 요일별, 날짜별 장소 선정)
Who (주최측을 명확히)
What (구체적인 내용)
Whom (대상을 분명하게)
Why (대외명분 확보)
3H : How (실시 가부의 결정사항)
How Long (실기 기간)
How Much (비용산출)

③ **기획서의 형식** : 기획서는 소설이나 논문이라기보다는 좀 더 개인적인 편지나 일기에 가까운 것이라 생각하면 된다. 중요한 것은 읽는 사람이 충분히 이해 를 하느냐의 여부에 달려 있는 것이지 형식이 아니다. 일기장(나)이 아닌 편지(너)형식을 취한다.

④ **기획서 끝내기** : 프리젠테이션을 통해 수정과 피드백을 만족할 때까지 한다. 모든 내용을 문서화하고, 가능하면 화면화(畵面化)한다.

188 부부 싸움

진　행: 이 게임은 관람적 게임이다. 같은 대상으로는 한 번만 진행한다.
　① 남녀 각 1사람씩 2명을 뽑는다.
　② 시작 신호와 함께 교대로 물건의 이름을 한 가지씩 말하는데 남자
　　는 부부 싸움을 할 때 집어 던지는 물건의 이름을, 여자는 친정으
　　로 갈 때 싸가지고 갈 물건의 이름을 말한다.
　③ 3초 내로 물건의 이름을 말하지 못하면 진다.

요　령: 대상이 물건의 이름을 말하면 리더가 한번 복창을 해 주고 다음 사
　　람에게 말할 기회를 준다. 산이나 강, 또는 꽃 이름 등을 교대로
　　말하게 해도 재미있다.

도움말: 집어 던지는 물건이 큰 것일 경우 "누구 죽일려 그래?", 싸가지고
　　가는 물건이 값비싼 것일 경우 "드디어 본색이 드러나는군!"하면서
　　위트가 있는 멘트를 넣어 준다. 신체 중에서 "지"가 들어가 있는
　　이름을 교대로 말하게 하면 어떻게 될까???

189 입씨름

진　행: "부부 싸움" 방법으로 진행하되, 다음과 같은 유형들이 있다.
　① 갑이 가수 이름을 말하면 을은 곡명을 말하기
　② 평상시 즐겨 먹는 반찬이름을 교대로 말하기
　③ 나라 이름을 말하면 그 나라의 수도 이름을 말하기
　④ 영화배우 이름을 말하면 그 배우가 출연한 영화 제목을 말하기 ……

도움말: ①, ③, ④번은 리더가 누구에게 유리하게 진행하려는 의도를 달성할 수 있다. 즉 가수 이름, 나라 이름, 영화배우 이름을 말하는 사람이 이기게 된다. 동점을 만들어 결승전을 벌이고 싶을 때와 어떤 사람의 노래를 벌칙으로 듣고자 할 때 목적을 달성할 수 있다. 갑이 가수 이름을 말하면 을은 그 사람이 남자인지 여자인지를 맞추게 하면 어떻게 될까???

190 관심도 측정 (1)

진　행: 서먹서먹한 분위기의 초면 인사 게임으로 적합하다.
　① 2사람씩 짝지어 1분 동안 서로 인사와 자기 소개를 나누게 한다.
　② 1분이 지난 다음 서로가 돌아서서 상대방 몰래 자신의 복장이나 악세사리의 위치를 5점 정도 바꾼다.
　③ 다시 돌아서서 마주보고 상대에게서 바뀐 점을 서로 지적하게 한다.
　④ 정확히 많이 지적한 사람이 이긴다.
　⑤ 진 사람에게 벌칙이나 간단한 심부름을 ……

191 관심도 측정 (2)

진　행: "관심도 측정(1)"의 결과를 갖고 이긴 사람은 이긴 사람끼리 진 사람은 진 사람끼리 반복하여 진행한다. 부드러운 분위기에서 웃음 섞인 자기 소개가 되며 일분간의 자기 소개는 짧은 것 같으나 넉넉한 시간이다.

도움말: 이긴 사람끼리, 진 사람끼리 나누기 전에 진 사람은 이긴 사람에게 동전을 한 닢씩 벌금으로!

192 하늘 높이 날아라

준　비: 깃발, 헬륨 풍선 ☞ www.selfevent.com

진　행: 이 게임은 대형 체육 대회나 명랑 운동회에 적합한 내용이다.
　① 각 팀은 구호나 희망 사항 또는 그해의 운영 방침 등을 적은 깃발을 준비한다.
　② 시작 신호와 함께 그림과 같이 헬륨 풍선을 매달아 하늘로 먼저 띄우는 팀이 이긴다.

요　령: 이 게임은 사전에 헬륨 풍선을 충분히 준비하고, 깃발이 아주 날아가는 것을 막기 위해 20m 정도의 낚싯줄을 이용하여 지면에 고정시켜 깃발이 하늘의 미아가 되는 것을 방지한다.

레크리에이션의 효과 (14) – 성격의 변화와 개조

준 비: 애드바룬, 큰 공 ☞ www.selfevent.com

진 행: ① 청, 백 2팀으로 나누어 진행하거나 팀이 많을 경우 토너먼트로 한다.

② 애드바룬이나 큰 공을 갖고 축구 경기를 하는데 축구 골대가 없고, 축구 골대 대신 상대팀의 지역(골라인 바깥 쪽)을 공격한다.

③ 몸 전체를 이용하여(핸들링, 업사이드 없음) 상대편의 골라인 밖으로 공을 내보내면 1점을 득점한다. (미식 축구의 터치다운)

④ 인원은 1팀에 10사람 정도가 적당하고 공은 동시에 3개 이상 사용한다.

요 령: 각 공마다 부심을 두고 공이 사람에 쌓여서 움직이지 못할 때는 호각을 불어 경기를 중단시키고 점프볼을 한다. 체력과 단결력이 필요한 대형 게임이다.

레크리에이션의 효과 (15) – 생산성의 향상

101 ~ 200

194 미이라 만들기

준 비: 화장지

진 행: ① 팀 대항 게임이다.

② 각 팀에서 3명의 대표를 뽑고 화장지 1개씩 지급한다.

③ 그중 1사람은 모델이 되어 차려 자세를 취한다.

④ 시작 신호와 함께 나머지 2사람은 화장지를 이용해 모델을 머리끝에서 발끝까지 칭칭 감는다.

⑤ 빨리 감으면서 화장지가 끊어지지 않게 감아야 한다.

요 령: 화장지 감기가 끝나면 2회전으로 화장지를 빨리 풀러가면서 원상태로 감아 놓기를 진행하면 재미도 있고 화장지를 다시 활용할 수 있어서 좋다.

도움말: 모델의 포즈를 차려 자세 대신 유명한 포즈를 취하는 것도 재미있다. 예를 들면, 로댕의 생각하는 사람이나 야구선수 폼 등 여러 가지 형태로 바꾸어 진행할 수 있다.

행사 후의 평가와 기록 유지는 다음 행사의 성공을 약속한다.

195 윤전기

준　비: 화장지
진　행: ① 2사람이 1조가 되어 화장지 1개를
　　　　　갖고 준비한다.
　　　　② 시작 신호와 함께 갑은 서서 양팔을 벌
　　　　　리고, 을은 화장지를 풀어서 양 팔을
　　　　　벌리고 있는 갑의 배에 칭칭 감는다.
　　　　③ 배에 감는 방법은, 을이 빙빙 돌아가면
　　　　　서 화장지를 감아도 되고 갑이 제자리에서 뱅글뱅글 돌아도 된다.
　　　　④ 먼저 끝까지 빨리 감는 팀이 이긴다.
요　령: 2회전으로 화장지를 원상태로 되감기를 해도 좋고 또는 화장지를
　　　　감아준 을의 배에 그림과 같은 방법으로 되감기를 해도 재미있다.
　　　　서로 반대 방향으로 돌아야 하기 때문에 조심해야 한다. 옮겨 감는
　　　　중간에 화장지가 끊어지면 감점 처리를 한다.
도움말: 화장지를 사용하는 대신 천을 이용해서 진행하면 나름대로 특색을
　　　　살릴 수 있다. 천으로 할 경우 천을 크게 하여 3사람을 동시에 묶
　　　　고 풀어내는 게임을 진행하면 진풍경이 벌어진다.

196 신문지 패션쇼 (1)

준　비: 신문지, 잡지, 테이프, 가위
진　행: 주변에서 흔히 구할 수 있는 신문지를 이용해 즐기는 게임이다.
　　　　① 리더는 각 팀별로 준비물을 충분히 나누어준다.
　　　　② 시작 신호와 함께 각 팀에서는 모델
　　　　　을 1사람 뽑고 전원이 디자이너가 되
　　　　　어 멋진 신문지 옷을 만들어 낸다.
　　　　③ 옷이 완성된 후 모델들은 음악에 맞
　　　　　추어 패션쇼를 연출한다.
도움말: 신문지 옷을 만드는 동안 음악을 넣
　　　　어 주면 좋다. 심사는 일정한 기준은
　　　　없지만 특색이 있고 그럴 듯한 해석
　　　　을 갖다 붙이는 팀에게 1등을 준다.

197 신문지 패션쇼 (2)

준 비: 신문지, 테이프, 가위

진 행: ① 리더는 각 팀에게 나라를 지정해 주고 준비물을 나누어준다.

② 시작 신호와 함께 각 팀은 지정 받은 나라의 의상 분위기를 연출한다.

③ 각 팀에서 모델을 1사람 뽑아서 해도 좋으나 팀원 전체가 모델이 되어 진행하면 더 좋다.

예 멕시코, 일본, 아프리카, …… 등으로 해도 좋고, 바보 나라, 거지 나라, 애꾸 나라, 산적 나라, …… 등으로 해도 좋다.

④ 의상 꾸미기가 끝난 후 단체 패션쇼(가장행렬) 경진 대회를 진행한다.

도움말: 그 나라의 의상에 맞는 음악을 준비하면 분위기가 훨씬 좋아진다. 성적 순위를 따지기보다는 팀원끼리 협력하여 공동 작품을 만들어 나가는 과정에서의 팀 분위기(어울림)에 중점을 둔다.

니즈(NEEDS) 분석

그 어떤 사람이 뭐라 해도 클라이언트(소비자, 발주자)가 좋다고 인정하면 좋은 것이다. 클라이언트가 내 이벤트 상품을 사 준다면 다른 얼간이가 뭐라고 지껄여도 신경쓸 것 없다.

① 기획에 앞서, 클라이언트의 니즈를 철저히 분석하고 => 계획을 수립한 다음 => 실시(프리젠테이션)하고 => 평가하여 => 수정을 한다. 이와 같은 과정을 클라이언트가 'OK!' 할 때까지 반복한다.

② 현재 레크리에이션 지도자 중 행사가 큰 것은 이벤트이고 작은 것은 레크리에이션 라고 생각하는 어리석은 지도자들이 많다.

③ 세대별 특성을 알고 있어야 한다.
 * 기성세대 => 신세대 => X 세대 => Y 세대 => n 세대 =>
            E 세대

30대 이상이 되면 자기 나름대로의 생활에 익숙해져 도저히 그 방법의 올가미로부터 벗어나지 않으려 한다.
콘서트 흐름에 있어, 신세대의 콘서트는 히트곡부터 시작하고, 쉰세대 콘서트는 히트곡으로 마무리해야 한다. 특히 마무리 히트곡으로 합창을 한다면 큰 감동을 받는다.
시간과 분위기에 맞는 음악 선별은 상품매출의 30% 까지 작용한다. 일반적으로 오전에는 조용한 음악으로, 오후에는 강한 비트의 음악을 사용한다.

일당백 가위 바위 보

진　행: 리더 혼자서 전체 인원을 상대로 하여 가위 바위 보를 하는 게임이다.

①　"다같이 가위 바위 보!"라는 리더의 구령과 함께 전원이 가위 바위 보를 한다. - 앉거나 서거나 대형은 관계없음.

②　리더가 내는 것에 지는 사람들은 탈락되고 이기거나 비기는 사람들은 2회전에 진출한다. - 1/3 탈락

③　계속 반복하여 최후의 가위 바위 보 챔피언을 뽑는다. 이때 상품을 마련하면 좋다.

요　령: 전원이 자리에서 일어난 후 지는 사람들은 그 자리에 앉게 하면 구별하기 쉽다.

도움말: 조금 더 빠르게 진행하려면 지는 사람과 비기는 사람들을 같이 탈락시키면 된다. 즉 2/3씩 탈락시키고 상품은 10사람 정도 남았을 때부터 주면 좋다.

말을 잘하는 첫번째 요소는 진실, 두번째는 양식, 세번째는 기분, 네번째는 기지이다. 〈몽테뉴〉

199 주사위 숫자 맞추기

준　비: 주사위　☞ www.selfevent.com

진　행: 전원이 즐길 수 있는 게임이다.

① 모든 사람은 리더가 주사위를 던지기 전에 주사위가 던져진 후 나올 숫자를 예상하여 메모지에 이름과 숫자를 적어낸다. - 메모지가 준비되지 않으면 숫자별로 무리를 지어 앉는다.

② 리더가 주사위를 던진다.

③ 예상한 것이 맞은 사람들(1/6)은 2회전에 진출하고 맞추지 못한 사람들(5/6)은 탈락된다. - 확률은 16.6%

④ 계속 반복하여 최고의 행운아를 뽑아 상품을 준다.

200 홀짝 맞추기

준　비: 주사위

진　행: "주사위 숫자 맞추기" 방법으로 진행하되, 주사위 숫자를 맞추는 대신 홀수와 짝수를 맞추는 게임이다. - 확률은 50%

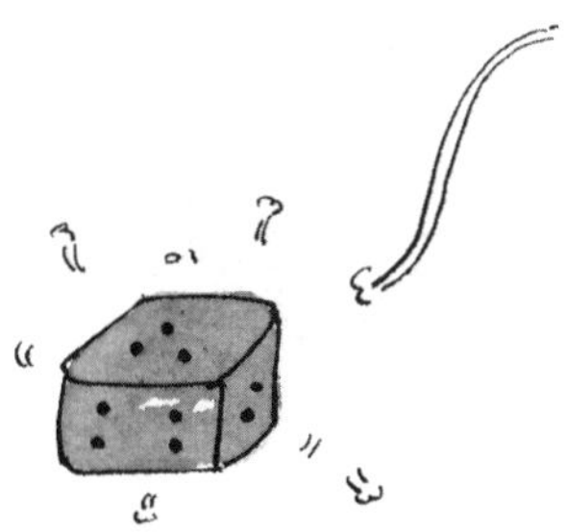

201 ○×퀴즈 게임

준　비: 퀴즈 문제 ☞ www.powerhumor.com

진　행: ① 리더가 먼저 아리송한 퀴즈 문제를 낸다.

　② 퀴즈 문제가 맞는다고 생각하는 사람들은 ○표가 있는 곳에 모이고, 틀린다고 생각하는 사람들은 ×표가 있는 곳에 모인다.

　③ 정답을 발표하고, 맞추지 못한 사람들은 탈락시킨다.

　④ 같은 방법으로 2회전, 3회전, …… 을 진행한다.

　⑤ 계속 반복하면 퀴즈 챔피언이 탄생!

요　령: 퀴즈 문제는 일반적이고 흥미로운 것으로 선택한다.

　예 돼지 저금통은 우리 나라에서 먼저 만들었다. ……… ×

　　얼룩말의 줄무늬는 하얀색이다. ……………… ○

　　고래도 생선이다. ……………………… ×

　　원숭이도 지문이 있다. …………………… ○

　　뱀은 뒷걸음을 칠 수 있다. ………………… ×

　　바나나의 씨는 없다. …………………… ○

　　물고기 혀는 있다. ……………………… ×

　　오징어의 피는 푸르다. …………………… ○

　　뱀의 혀는 두 개다. ……………………… ×

　　고양이도 잠을 잘 때 꿈을 꾼다. ……………… ○

도움말: 그림과 같이 ○, × 표지판을 만들면 좋다.

202 금싸라기 땅

준　비: 주사위 ☞ www.selfevent.com

진　행: ① 그림과 같은 빨강, 파란색의 2색 주사위를 갖고 "홀짝 맞추기"
　　　　(200번) 방법으로,
　　　　② 홀수와 짝수를 맞추는 대신 색깔을 맞추는 게임이다.

요　령: 이 게임은 대형 게임이기 때문에 주사위를 던지기 전에 색깔별로
　　　　무리를 지어 모여 있게 한 다음, 중앙에 경계선을 설치한 후 진행
　　　　한다.

도움말: 2색 주사위는 특별히 제작을 해야 한다. 이것이 어려우면 플라스틱
　　　　쟁반을 이용해 한쪽 면에 색을 칠하여(락카를 사용하면 손쉽다) 사
　　　　용한다. 퀴즈 문제 선택의 고민 없이 남녀노소가 함께 참여할 수
　　　　있는 게임이다.

유머마인드13

✏ 울음과 웃음

　평균적으로 여자가 남자보다 7년 정도 더 수명이 길다. 이것은 여자들은 슬플 때 울고 기쁠
때 웃는 기능이 남자보다 뛰어나기 때문이다. 하품을 할 때 나온 눈물과 울었을 때 나온 눈물의
성분은 서로 다르다. 후자는 체내 독성물질을 정화하고 제거하는 기능이 있다. 그러나 웃음은
울음보다 훨씬 더 고급 기능을 갖고 있다.

무지개 따오기

준　비: 줄다리기 줄 ☞ www.selfevent.com
진　행: 무지개 따오기는 대형 게임이다. 2개 팀이 팀 대항 경기를 한다.
　① 줄다리기 줄 7개(각기 색칠한 줄)를 중앙에 그림과 같이 놓는다.
　② 리더는 양 팀의 인원수를 똑같게 하여 각 팀 정열선에 정열시킨다.
　③ 출발 신호와 함께 선수들은 중앙으로 달려가 줄다리기 줄을 자기 팀의 정열 선까지 끌고 들어온다.
　④ 줄의 숫자가 홀수이므로 1개라도 더 많이 갖고 온 팀이 이긴다.
요　령: 줄을 끌고 들어온 선수는 다시 또 뛰어들어가 다른 줄을 끌어 올 수 있다.
도움말: 줄다리기 줄에 색을 넣어 주면 줄다리기 방법에 작전을 첨가할 수 있다.

204 공 먼저 집기

준　비: 공
진　행: ① 각 팀 선수들을 정열 선에 세우고 각 팀마다 오른쪽에서부터 왼쪽으로 일련 번호를 정한다.
　② 리더는 중앙에 공을 1개 놓고 시작 신호 대신 어떤 번호를 부른다.
　③ 각 팀의 해당 번호 사람들은 빨리 중앙으로 뛰어가 공을 잡는다.
　④ 여러 회 실시하여 먼저 공을 잡은 수가 많은 팀이 이긴다. 전원이 긴장하고 있어야 한다.

말을 잘 하는 것 못지 않게 중요한 것은 말을 잘 듣는(傾聽) 것이다.

205 영차 동서남북

준　　비: 줄다리기 줄
진　　행: ① 줄의 양쪽 끝을 서로
　　　　　묶어 원형 줄을 만든다.
　　　　② 4사람이 줄 안으로 들어가
　　　　　줄을 배에다 걸치고 줄이
　　　　　팽팽해지도록 사방으로 나
　　　　　간다. - 정 4각형이 된다.
　　　　③ 시작 신호와 함께 줄 안의 선수들은 앞으로 전진한다.
　　　　④ 2m 이상 앞으로 전진하는 사람이 이긴다.
요　　령: 1등을 제외하고 2회전으로 3사람이 줄 안에 들어가 줄을 정삼각형
　　　　으로 만들어 2등을 뽑고 3회전으로 3, 4등을 뽑는다. 줄 밖에서 양
　　　　손으로 줄을 잡아 당겨도 재미있다.
도움말: 2m 앞으로 전진하는 대신 2m 앞에 공을 하나씩 놓고 공을 먼저
　　　　잡는 사람이 이기는 것으로 하면 판정하기도 좋고 시각적으로도 효
　　　　과적이다.

206 타이어 줄다리기

준　　비: 타이어, 줄다리기 줄
진　　행: ① 그림과 같이 타이어
　　　　　에 줄다리기 줄을 묶어
　　　　　놓고 줄다리기를 할 수
　　　　　있다.
　　　　② 2팀일 경우에는 줄을 동서로 묶어서 진행하고, 4팀일 경우에는 줄
　　　　　을 동서남북으로 묶어서 진행하면 동시에 4팀이 줄다리기를 할 수
　　　　　있다.
도움말: 못쓰는 타이어는 주변(카-센터)에서 쉽게 구할 수 있는데 줄을 당
　　　　기는 사람이 많을 경우 안전 사고 방지를 위해 크고 튼튼한 타이어
　　　　를 선택해야 한다. 줄다리기 줄이 없이 타이어를 중앙지점에 놓고
　　　　타이어를 갖고 오는 게임을 해도 된다. 이때는 타이어 1개를 놓고
　　　　하기보다는 여러 개를 놓고 하는 것이 좋다.

207 사과 깎기 릴레이

준　비: 사과, 과도

진　행: ① 각 팀별 1줄로 줄을 선다.

　② 리더는 앞에 있는 1번 사람에게 사과 1개와 과도를 준다.

　③ 시작신호와 함께 1번은 과도로 사과를 1바퀴 깎고 나서 2번에게 과도와 1바퀴 깎은 사과를 넘겨준다.

　④ 2번도 같은 방법으로 깎고 나서 3번에게 넘겨준다.

　⑤ 끝번까지 먼저 깎은 팀이 이긴다.

요　령: 자기 팀의 인원을 생각하여 사과를 적당한 넓이로 1바퀴 깎는다. 앞에 있는 사람들이 사과를 너무 넓게 깎아서 뒷사람들이 깎을 부분이 없으면 실격패!

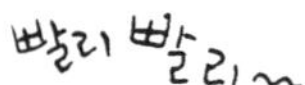

　※ ◻ - 원형, ⬭ - 변형

208 사과 껍질 길게 깎기

준　비: 사과, 과도
진　행: 팀 대표가 나와서 사과를 깎는데 사과 껍질이 끊어지지 않게 하여 가장 길게 깎아 내는 팀이 이긴다. 물론 사과의 크기는 비슷해야 하고 사과를 깎는 도중에 사과 껍질이 끊어지면 그곳까지가 깎은 성적이다.

209 둘이서 한마음 (1)

준　비: 사과, 과도

진　행: 사과껍질을 끊어지지 않게 하여 길게 깎는 게임인데 2사람이 1조가 되어 갑은 사과를 들고 있고 을은 과도로 사과를 깎는다.
도움말: 남녀 혼성으로 조 편성을 하면 좋다. 또 이게임을 2사람이 1조가 되어 릴레이 게임으로 진행해도 재미있다. – "사과 깎기 릴레이" 게임방법.

210 둘이서 한마음 (2)

준　비: 사과, 과도
진　행: "둘이서 한마음(1)"을 진행한 다음 사과를 들고 있는 사람이 과도를 들고 있는 사람에게 사과를 먹여 주는 게임이다. 이때는 제한 시간을 두어 진행하고 승부는 제한 시간 내에 많이 먹어 치운 팀이 이긴다.

211 끼리끼리 짝짓기

진　행: ① 리더는 전원에게 30초의 시간을 준다.
　　　② 참가자들은 30초 동안 자기와 같은 모습이나 특징을 가진 사람과 짝을 지어 앉는다.
　　　③ 30초 후 1쌍씩 공통점에 대해 발표를 한다.
　　　④ 공통점 중에 확인이 안 되는 것(둘이 같이 저녁을 먹었다. 성격이 내성적이다 ……)은 피한다.

도움말: 가장 멋지게 발표를 한 쌍에게는 상품을 준비하여 준다.

212 헤쳐 모여!

진　행: ① 전원이 1개의 원을 만들어 빙글빙글 돌면서 노래를 부른다.
　　　② 노래 도중에 리더는 "5사람!"하고 외친다.

　　　③ 이때 모든 사람들은 5사람씩 짝을 지어 그 자리에 털썩 주저앉는다.
　　　④ 짝을 짓지 못하고 방황하는 사람에게는 벌칙을 주거나 탈락시키고 계속 진행한다. 탈락시킬 경우 최후의 1사람에게는 상품을 준다.

요　령: 짝짓는 인원이 많을수록 재미있다.
　　　다음과 같은 내용을 첨가하면 더욱 재미있다.
　　　① 5사람이 짝을 지어 머리를 맞대고 있기
　　　② 7사람이 짝을 지어 엉덩이를 대고 서 있기
　　　③ 안경 쓴 사람 2사람과 안 쓴 사람 3사람
　　　④ 여자 3사람에 남자 4사람 ……

도움말: 팀 구성을 할 때 활용하면 자연스럽게 팀 구성을 할 수 있다.

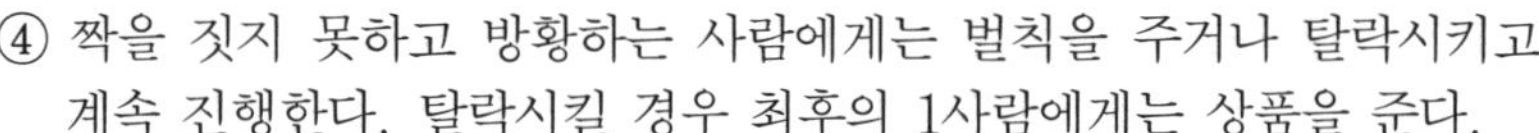

213 인간 계산기

준 비: 메모지, 볼펜
진 행: ① 각 팀별로 메모지에
      숫자를 적어(숫자 카드)
      가슴에 1장씩 붙인다.
    ② 리더가 요구하는 숫자를
      팀 전원이 협력하여 빠르
      게 계산을 해낸다.
    ③ "3사람이 합하여 13을 만드세요!"라고 하면 1, 5, 7의 숫자를 가
      진 사람끼리 모이거나 2, 3, 8을 가진 사람끼리 모이면 된다.
요 령: 숫자를 완성한 사람끼리 손잡고 반환점을 돌아오게 해도 재미있다.
도움말: 아라비아 숫자만 갖고 하지 말고 +, −, ×, ÷, √, = 등을 섞어서
      하면 더 재미있다.
    예 "8사람이 10을 만드세요!"하면 : (5, ×, 4, ÷, 2, =, 1, 0)

214 콩나무 시루

준 비: 신문지
진 행: ① 각 팀에게 신문지를 1장씩 나누어 준다.
    ② 시작 신호와 함께 수단과 방법을 가리지 않고 1분 이내에 신문지
      위로 많은 사람이 올라서는 팀이 이긴다.
    ③ 신문지 밖으로 조금이라도 발이 나와있는 사람은 수에서 제외된다.

도움말: 신문지가 없을 경우 땅 위에
      지름이 1m 정도 되는 원을
      그리고 진행한다. 승부는 양
      팔을 벌려 팀 전원을 한 다발
      로 묶는데 몇 사람이 동원되
      었는 지를 계산해도 좋고, 줄
      자를 이용해 둘레가 몇 cm인
      지를 확인해도 좋다.

215 훈장 달기

준　비: 빨래 집게
진　행: ① 참가자 전원에게 예쁜 빨래 집게를 1개씩 나누어준다.
　② 전원 빨래 집게를 가슴에 단다.
　③ 음악에 맞추어 개성 있게 행진을 하거나 춤을 추다가 음악이 멈추면 가까운 곳에 있는 사람과 가위 바위 보를 한다.
　④ 진 사람은 이긴 사람에게 자신의 빨래 집게를 떼어서 이긴 사람의 가슴에 달아준 후 퇴장한다.
　⑤ 같은 방법으로 계속 반복하여 최후의 1사람이 남을 때까지 진행한다.
　⑥ 최후의 1사람은 챔피언이 되고 이 챔피언에게는 상품을 준다.
요　령: 챔피언의 가슴에 달린 예쁜 빨래 집게를 상품으로 ……
도움말: 빨래 집게가 아니더라도 여러 가지 소재로 다양하게 진행할 수 있다.
　例 어린이 – 과자나 학용품.
　성　인 – 껌, 주택복권, 쿠폰, ……

100% 모방 후 나의 것을 개발하자! 프로는 모방이 끝나는 곳에서 시작된다.

216 가슴에 꽃 달기

준　비: 색종이, 테이프
진　행: 이 게임은 어린이들에게 적합하다.
　　　　빨래 집게 대신 색종이로 예쁜 꽃
　　　　을 만들어 테이프로 가슴에 붙이고
　　　　"빨래 집게" 방법으로 진행한다.
도움말: 어린이들이기 때문에 게임이 끝나면 꽃을 반드시 돌려 준다.

217 끝까지 버티기

진　행: 준비물이 없는 상태에서 대상이 청소년
　　　　이나 성인일 경우 전원이 음악에 맞춰
　　　　흥겹게 춤을 추다가 음악이 멈추면 가까
　　　　운 곳에 있는 사람과 가위 바위 보를 하
　　　　고 진 사람들은 자기 자리로 돌아가고 이긴 사람들끼리 계속한다.
요　령: 최후의 1사람에게 상품을 주는 것은 물론이고 중간에 탈락되어도
　　　　춤을 가장 잘 추는 사람에게는 더 큰 상품이 준비되었다고 알린 후
　　　　진행한다.

218 촛불 가위 바위 보

준　비: 양초
진　행: ① 전원이 촛불을 들고 "빨래 집게" 방
　　　　법으로 사람을 만나고 이긴 사람은 진
　　　　사람의 촛불을 입으로 불어서 끈다.
　　　　② 이긴 사람들은 안으로 모이고 진 사람
　　　　들은 밖에서 원을 만들며 둥글게 선다.
　　　　③ 촛불이 1개가 남을 때까지 진행한다.
요　령: 조명을 어둡게 하거나 저녁 밤하늘 아래서 진행한다.
도움말: 촛불 1개가 남았을 때 전원이 1개의 원으로 둥글게 선 다음 리더의
　　　　리드에 따라 최후까지 남은 촛불을 이용해 촛불 의식을 진행하면
　　　　효과적이다.

219 가위 바위 보 챔피언

진　행: ① 2사람씩 짝이 되어 가위 바위 보를 한다.
　　　② 진 사람은 탈락, 이긴 사람끼리 짝을 만들어 가위 바위 보를 한다.
　　　③ 계속 반복하여 최후의 1사람이 남으면 가위 바위 보 챔피언!
요　령: 토너먼트 식의 진행이므로 패자 부활전은 없다.
도움말: 가위 바위 보를 하기 전에 서로 가벼운 인사를 나누게 한 후 진행한다.

220 그림 가위 바위 보

준　비: 가위 바위 보 카드, 도화지, 크레파스
진　행: ① 전원이 가위 바위 보 그림을 1장씩 갖는다.
　　　② 흥겨운 노래를 함께 부르며 다닌다.
　　　③ 리더의 "스톱!" 소리와 함께 2사람씩 짝을 지어 카드를 내민다.
　　　④ 카드의 그림으로 승패를 가리고, 짝이 없는 사람은 실격이다.
　　　⑤ 이긴 사람은 진 사람의 카드를 뺏어 온다.
　　　⑥ 계속 반복하여, 카드를 모두 뺏어 갖는 사람이 챔피언!
요　령: 짝을 못 지어 실격되는 사람의 카드는 리더가 보관하고, 진 사람과 실격한 사람들은 장외로 퇴장시킨다. 카드가 여러 장이라도 내미는 카드는 1장이다. 2팀으로 나누어 팀 대항으로 진행해도 재미있다.
도움말: 미술 시간을 이용해 가위 바위 보 카드를 엽서 크기만한 도화지에 각자 그려서 진행해도 좋다. 카드를 내밀기 전에 서로 가벼운 인사를 나눈다.

221 이색 가위 바위 보

진　　행: ① 2사람씩 짝을 지어, 보통과 같이 가위 바위 보를 한다.
　　　　② 이긴 사람은 "졌다!"라고 말하고, 진 사람은 "이겼다!"라고 말한다.
　　　　③ 가위 바위 보의 승패와 관계없이 상대방보다 먼저 외치는 사람이 이긴다.
　　　　④ 비겼을 때는 말을 하지 않고 다시 가위 바위 보를 하고, 이 때 말소리가 새어 나오면 진다.
요　　령: 진 사람에게는 가벼운 벌칙을 준다.

222 희망사항 돌리기

준　비: 메모지, 볼펜

진　행: ① 모두 모여 둥글게 앉는다.

② 메모지에 각자가 먹고 싶은 것을 1가지씩 적는다.

③ 리더의 신호에 따라 오른쪽으로 돌린다.

④ "스톱!"을 하면 자기 앞에 있는 메모지의 것을 구해 오거나 가게에 가서 사와야 한다.

요　령: 메모지 몇 장은 백지 상태로 돌린다. 백지를 만난 사람은 행운의 메뉴판으로 수고하지 않고 공짜로 먹는다. 메모지에 적은 희망 사항이 너무 어려운 것이나 비싼 것이면 무효이다.

도움말: 메모지를 돌릴 때 박자에 맞추어 돌리거나 노래를 부르며 돌린다.

예 아버지는 나귀 타고 장에 가시고 ……

"고"에서 1칸씩 건너가게 한다.

또 준비한 선물을 교환할 때 위의 방법으로 선물을 돌려서 자기 앞에 놓인 선물을 갖는 것은 새로운 선물 교환 방법이고 시간을 절약할 수 있다.

남의 프로그램에 참여하는데 시간을 보내라. 남이 고생한 것에 의해 쉽게 자기를 개선할 수가 있다.

223 모자 돌리기

준　비: 모자
진　행: ① 모두 모여 둥글게 앉
　　　　아 여러 사람이 잘 알고
　　　　있는 노래를 합창한다.
　　　② 리더는 박자에 맞춰 쓰고
　　　　있던 모자를 옆사람에게
　　　　씌운다.
　　　③ 박자에 맞춰 계속 옆으로, 옆으로 ……
　　　④ 노래가 끝났을 때 모자를 쓰고 있거나 들고 있는 사람은 술래가 된
　　　　다.
　　　⑤ 술래는 벌칙을 받거나 요구 사항을 들어줘야 한다.
도움말: 벌칙이 너무 가혹하거나 요구 사항이 엄청나게 황당하면 안 된다.
　　　　벌칙으로 할 수 있는 것은 찾아보기에서 "벌칙 게임"을 참조하면
　　　　좋다.

224 손수건 돌리기 (1)

준　비: 손수건
진　행: 손수건을 사용해 "모자 돌리기" 방법으로 한다.
요　령: 횟수를 더해갈수록 손수건을 2~3장으로 늘이면 더 재미있다.

225 손수건 돌리기 (2)

준 비: 손수건

진 행: 이 놀이는 야외에서 손쉽게 할 수 있는 잘 알려진 게임이다.

① 모두 모여 둥글게 둘러앉는다.

② 술래를 1사람 정하고 술래는 손수건을 들고 원 밖으로 나가서 빙글빙글 돌아다닌다.

③ 술래는 앉아있는 사람이 모르게 손수건을 뒤에다 살짝 떨어뜨린다.

④ 술래가 1바퀴를 돌아와 손수건을 놓아둔 사람을 손으로 치면 그 사람은 벌칙을 받고.

⑤ 술래가 1바퀴를 돌아오기 전에 앉아 있는 사람이 뒤에 있는 손수건을 손으로 더듬어서 찾게 되면 주워들고 술래를 쫓아 뛴다.

⑥ 술래는 앉아 있던 사람이 쫓아와 손으로 치기 전에 앉았던 사람의 자리에 뛰어가 앉아야 하고 그렇지 못하면 벌칙을 받는다.

⑦ 앉아 있다가 손수건을 주워들은 사람이 술래가 되어 계속 진행한다.

요 령: 앉아 있는 사람들은 절대로 뒤를 돌아볼 수가 없고 손으로만 더듬어 수건을 찾을 수 있다.

도움말: 손수건을 2개로 하여 술래를 2명으로 늘이면 더 긴장되고 재미있다.

성공 이벤트를 만들려면

성공 이벤트를 만들기 위해 다음 사항을 명확히 한다.

① 언   제 : 이벤트 시기의 결정은 쉬우면서도 의외
성이 있어 신중을 기해야 한다.

② 어디서 : 장소의 선택은 이벤트 기획의 성공여부
의 큰 영향을 준다.

③ 누   가 : 주최, 주관자가 누구인지를 명확히 한다.

④ 무엇을 : 이는 이벤트의 기획으로 가장 중요하다.
무엇을 개최하고 무엇을 진행할 것인지를
명확히 한다.

⑤ 어떻게 : 이벤트를 진행하는 방법은 초기 단계부터
확실하고 정확히 해 두어야 한다.

⑥ 왜 :   왜 이런 이벤트를 해야 하는지를 설명하여
대외명분(對外名分)을 확보 한다.

진　행: ① 모두 모여 둥글게 앉는다.
　　　② 먼저 리더가 단어 1개를 말한다.
　　　③ 리더가 말한 단어의 뜻을 생각하여 다음 번 사람이 다른 단어를 말한다.
　　　예 길다 – 기차 – 빠르다 – 비행기 – 난다 – 제비 – 카바레 – 조명 – 불빛 – 밤 – 어두움 – ……
　　　④ 모두가 한 단어씩 말을 하고 왜 그런 단어가 생각났는지를 돌아가면서 이야기를 해본다.
요　령: 인물, 동물, 식물, 그림, …… 등으로 구분해서 진행해도 좋다.
도움말: 이 게임은 승부와 관계없이 오붓한 분위기에서 서로 대화를 나누는 시간에 어울린다.

227 역할 찾아내기

진　행: ① 모두 모여 둥글게 앉는다.
　　　② 먼저 리더가 "○○○이 하는 일은?"하고 질문을 한다.
　　　③ 순번대로 돌아가면서 그것의 역할을 찾아내어 큰소리로 대답한다.
　　　예 자동차가 하는 일은?　　　㉠ 교통을 편리하게 한다.
　　　　ㄴ 운전기사를 먹여 살린다.　㉢ 매연을 만들어 낸다. ……
　　　④ 제한시간을 5초 정도 하고 시간 내에 대답을 못하면 벌칙을 준다.

좋은 책을 읽는 것은 뛰어난 리더와 대화를 나누는 것과 같다.

228 질문 공세 (1)

준   비: 메모지, 볼펜
진   행: ① 참가자들이 잘 알고 있는 추억
　　　　　이나 에피소드를 메모지에 큰 글씨
　　　　　로 여러 장 적는다.
　　　　　예 망년회, 첫사랑의 실패, 설사, 중
　　　　　　간고사, 첫 키스, 엉덩방아 ……
　　　　② 1사람을 나오게 하여 메모지 1장을
　　　　　등뒤에 붙여 주고 제자리에서 1바
　　　　　퀴를 돌아 모든 사람이 메모지의 내용을 알도록 한다.
　　　　③ 참가자들이 돌아가면서 질문을 1가지씩 한다.
　　　　　예 즐거웠습니까? 언제였습니까? 누구와 함께 했습니까? ……
　　　　④ 1사람씩 돌아가면서 나오게 하여 진행하고 가장 우스운 대답을 한
　　　　　사람에게는 작은 선물이라도 ……
요   령: 질문의 내용은 엉뚱한 대답이 되도록 만든다.
도움말: 돌아가면서 질문을 하기가 곤란한 대상이나 장소이면 리더가 전부
　　　　한다.

229 질문 공세 (2)

준   비: 메모지, 볼펜

진   행: "질문 공세(1)" 방법으로 진행하
　　　　되, 추억이나 에피소드 대신 물건
　　　　의 이름으로 진행한다.

　　　　예 수류탄, 냉장고, 염소똥, 바퀴벌
　　　　　레, ……
　　질문의 예 어디서 구했습니까? 드셔본 경험
　　　　　이 있습니까? 맛이 어땠어요? 누
　　　　　구에게 선물을 하실래요?

230 오자미 던지기 (1)

준　비: 오자미, 우산, 상자, 양동이 ☞ www.selfevent.com
진　행: ① 청, 백 2팀으로 나눈다.
　　　② 양 팀은 서로 10m 정도의 간격을 두어 마주보고 1줄로 선다.
　　　③ 양 팀의 중간 지점에 우산, 상자, 양동이 등을 놓아 둔다.
　　　④ 시작 신호와 함께 자기 팀 색의 오자미를 던져 골인시킨다.
　　　⑤ 제한 시간이 되면 멈추고 골인된 오자미 수로 승패를 가른다.
요　령: 중간 지점에 놓는 물건들 중에 난이도가 높은 것을 놓아 이곳에 들어가는 오자미는 2개가 들어간 것으로 계산하면 더 재미있다.

231 오자미 던지기 (2)

준　비: 오자미, 바구니
진　행: ① 리더는 보조 진행자의 등에 플라스틱 바구니를 메어 양 팀 사이로 걸어가게 한다.
　　　② 이때 양 팀 선수들은 자기 팀 색의 오자미를 던져 골인시킨다.
요　령: 보조 진행자가 양 팀 사이를 여러 회에 걸쳐 오가게 하고 오가는 횟수가 더할수록 빠른 속도로 지나가게 한다.

232 천칭(天秤) 저울 슛!

준 비: 오자미, 천칭 저울 ☞ www.selfevent.com

진 행: ① 나무막대기나 철제 앵글을 이용해 높이가 3~4m 정도의 그림과 같은 천칭 저울을 만든다.

② 전원이 시작 신호와 함께 운동장에 널려 있는 오자미를 주워서 자기 팀의 바구니 속으로 골인을 시킨다.

③ 제한 시간이 되면 멈추고 오자미 수를 세어서 승패를 결정한다.

요 령: 오자미 수를 셀 때 한 팀 한 팀 세지 말고 각 팀의 대표가 나와 오자미를 한 개씩 꺼내어 동시에 밖으로 던지게 한다.

도움말: 오자미 대신 작고 예쁜 공으로 진행하면 더 시각적이 되고 나중에 공의 수를 셀 때 공을 참가자들에게 선물로 던져 주면 축제 분위기가 연출된다. 여러 팀이 토너먼트로 경기를 진행할 때는 오자미를 하나하나 세지 말고 천칭 저울의 원리를 이용해 저울의 기울기로 승패를 결정한다.

233 상종가(上終價)

준 비: 달걀, 숟가락, 테이프, 실

진 행: ① 달걀 양끝에 작은 구멍을 뚫어 속의 것을 먹는다.

② 빈 달걀 껍질에 테이프를 이용해 실을 부착하고 숟가락에 매단다.

③ 숟가락의 반동을 이용해 달걀 껍질을 숟가락 위로 올리는 게임이다.

④ 1사람이 10회를 실시하여 점수를 낸다.

요 령: 게임이 진행될수록 숟가락의 크기를 작은 것으로 바꾸면 더 재미있다.

234 장애물 통과 릴레이

준　비: 바통, 각종 장애물 ☞ www.selfevent.com

진　행: 장애물 통과 릴레이는 남녀노소 모두 참여할 수 있는 경기이다.
　① 운동장에서 장애물 경기를 할 경우는 트랙이나 반환점을 만들고 적당한 간격으로 여러 개의 장애물들을 설치한다.
　② 장애물을 통과하는 선수는 1사람이 끝까지 뛰어도 되고 여러 명이 1개 조가 되어 장애물마다 선수를 배치해 릴레이식으로 통과해도 된다.
　③ 다음 물건들은 장애물로서 훌륭한 역할을 해 낸다. 못쓰게된 타이어, 도넛형의 튜브, 사다리, 평균대, 천이나 비닐로 만든 터널, 그물, 푸대자루, 세발 자전거, ……

요　령: 반환점을 설치할 경우는 왕복게임이고, 트랙을 설치할 경우는 계주 형식으로 진행한다.

도움말: 가정에서도 이 게임을 할 수 있다.
　⑩ 걸상 밑을 통과하여 펴놓은 이부자리를 지나 컵을 들고 수돗가로 가서 물을 받아 콜라병에 물을 쏟아 붓고 …… 빨리 돌아오기!

레크리에이션은 적당한 때에 끝내고 일은 적당한 때에 시작하라.

235 튜브 장애물

준　비: 튜브
진　행: 수영장에서 적합한 게임이다.
　　① 여러 개의 튜브에 번호를 정하
　　고 물위에 띄어 놓는다.
　　② 시작 신호와 함께 튜브를 통과
　　하는데 반드시 번호 순서대로 통과해야 한다.
　　③ 통과 방법은 튜브를 머리 위로 써서 몸통을 거처 다리 밑으로 빼낸
　　다. 물 속에서 통과를 해야 하기 때문에 좀처럼 쉽게 되지 않는다.
요　령: 튜브에 번호를 정해 물 위에 띄울 때 일직선으로 띄우지 말고 지그
　　재그로 띄운다.

236 우리는 하나

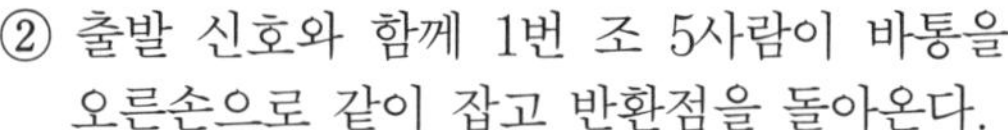

준　비: 바통
진　행: ① 팀별로 5사람이 1조가 되어 줄을 선다.
　　② 출발 신호와 함께 1번 조 5사람이 바통을
　　오른손으로 같이 잡고 반환점을 돌아온다.
　　③ 1번 조가 돌아오면 2번 조는 1번 조와 합세를 하여 1번 조가 잡고
　　있는 바통을 왼손으로 잡고 10사람이 함께 반환점을 돌아온다.
　　④ 돌아온 1, 2조는 바통을 3번 조에게 넘겨 준다.
　　⑤ 3, 4조가 합세하여 돌아온 후 5번 조에게 바통을 넘겨 준다.
요　령: 리더의 재량에 따라 짝수 조는 뒤로 뛰게하면 재미있다.
도움말: 바통을 길게 만들어야 한다. 바통이 없을 경우 어깨동무를 하여 진
　　행해도 된다.

237 일치 단결 장애물 통과

준　비: 바통
진　행: 팀마다 5사람이 1조가 되어 바통(긴
　　막대기)을 잡고 장애물을 통과하는 경기다.
　　즉 5사람이 장애물에 도착하면 차례로 장애물을 통과
　　한 후 다시 5사람이 바통을 잡고 다음 장애물로 뛰어간다.

238

성냥개비 모으기

준　비: 성냥, 벙어리 장갑

진　행: ① 같은 크기의 성냥을 팀 수대로 준비하여 탁자 위에 쏟아 놓는다.

② 각 팀에서 대표 1사람씩 나와서 벙어리 장갑을 낀다.

③ 시작 신호와 함께 벙어리 장갑을 낀 손으로 성냥개비를 주워서 성냥갑에 넣는다.

④ 제한 시간 내에 많이 주워서 넣은 팀이 이긴다.

도움말: 개인전으로 진행할 경우는 성냥 1갑을 탁자 위에 쏟아 놓고 성냥개비 전부를 집어 넣는 데 걸리는 시간으로 승부를 가린다.

레크리에이션 리더(이하 리더)는 유머(humor)가 풍부해야 한다.

239 성냥개비 몰기

준　비: 성냥, 빨대
진　행: ① 출발선과 반환점을 만들고 성
　　　　　 냥개비 1개를 출발선에 놓는다.
　　　　② 출발 신호와 함께 빨대를 이용하
　　　　　 여 바람을 일으켜 성냥개비를 몰
　　　　　 고 반환점을 돌아오는 게임이다.
　　　　③ 팀 별로 진행할 때는 릴레이로, 개인전으로 할 때는 시간을 잰다.

240 뱀장어 몰기

준　비: 종이, 빨대, 상자
진　행: ① 출발선에는 뱀장어가 그려진 얇은 종이를 놓고 반환점에는 빈
　　　　　 상자를 그림과 같이 놓는다.

　　　　② 시작 신호와 함께 각 팀의 선수들은
　　　　　 빨대를 이용해 바람을 일으켜 종이
　　　　　 뱀장어를 몰고 가 빈 상자 안에 넣
　　　　　 는 게임이다.
　　　　③ 팀 대항일 경우는 릴레이로, 개인전
　　　　　 일 경우는 기록 경기로 진행한다.

241 색종이 몰기

준　비: 색종이, 부채
진　행: "뱀장어 몰기" 방법으로 진행하
　　　　 되, 종이 뱀장어 대신 색종이를,
　　　　 빨대 대신 부채로 바람을 일으켜
　　　　 반환점을 돌아오는 게임이다.
도움말: 색종이 대신 솜뭉치를 이용해도 된다.

242 탱크 레일 릴레이

준 비: 비닐 장판 ☞ www.selfevent.com

진 행: ① 비닐 장판을 가로 1m, 세로 4m 정도의 것을 준비하여 양 끝 가로를 모아 접착시킨다.

② 이렇게 하면 2m 정도의 비닐로 된 탱크 레일이 만들어진다.

③ 이 레일 안으로 사람이 들어가 다람쥐가 쳇바퀴를 돌듯이 레일을 굴리면서 앞으로 전진한다.

④ 반환점을 설치하거나 골인 지점을 정하여 진행하고 개인전은 시간 기록을, 팀 대항 단체전은 릴레이 경기로 진행한다.

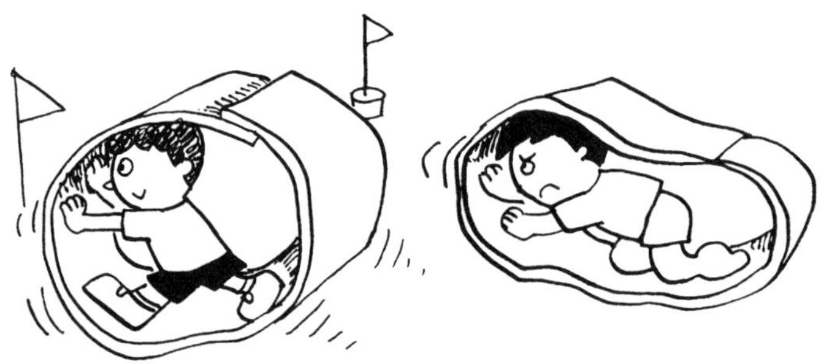

243 타이어 굴리기

준 비: 타이어, 튜브

진 행: 자동차가 많아졌으므로 주변에서 손쉽게 폐타이어를 구할 수 있다.

① 팀 수만큼 타이어를 준비한다.

② 시작 신호와 함께 각 팀의 1번 선수부터 타이어를 굴리며 반환점을 돌아와 2번 선수에게 타이어를 넘겨 준다.

③ 최종선수까지 먼저 반환점을 돌아오는 팀이 이긴다. 둥그런 물건이기 때문에 쉽게 굴러갈 것 같지만 해보면 그렇지 않음을 실감한다.

도움말: 수영장이나 해변에서 튜브를 이용해 진행해도 재미있다.

244 애드바룬 굴리기

준　　비: 애드바룬 ☞ www.selfevent.com
진　　행: 애드바룬을 갖고 "타이어 굴리기" 방
　　　　 법으로 진행한다. 단, 애드바룬은
　　　　 2~3사람이 1조가 되어 굴린다.
도움말: 이 게임은 대형 게임으로, 체육대회
　　　　 나 어린이 집단 놀이에 좋다. 애드바
　　　　 룬은 비닐 공이기 때문에 가끔씩 굴
　　　　 리다가 펑크가 난다. 이 때는 넓은 테이프로 구멍난 곳을 붙인다.

245 롤러 스케이트 스키

준　　비: 롤러 스케이트, 막대기
진　　행: ① 각 팀은 출발선에서 반환점을 향하여
　　　　 1줄로 줄을 선다.
　　　　 ② 맨 앞의 1번 선수들은 롤러 스케이트를
　　　　 신고 막대기를 양손에 1개씩 잡은 상태에서 출발 신호를 기다린다.
　　　　 ③ 출발 신호와 함께 각 팀의 1번 선수들은 스키를 타듯이 막대기로
　　　　 밀면서 롤러 스케이트를 타고 반환점을 돌아와 2번 선수에게 롤러
　　　　 스케이트와 막대기를 넘겨 준다.
　　　　 ④ 최종 선수까지 먼저 반환점을 돌아오는 팀이 이긴다.
요　　령: 선수들은 반드시 막대기의 추진력으로만 전진해야 한다.
도움말: 무릎 보호대와 헬멧을 사용하면 더 좋다.

246 스케이트 보드 썰매

준　　비: 스케이트 보드, 줄 ☞ www.selfevent.com
진　　행: ① 스케이트 보드에 끌어당길 수 있는 줄을 매단다.
　　　　 ② 2사람이 1조가 되어 갑은 스케이트 보드 위에 올라앉고 을은 줄을
　　　　 잡아당기며 반환점을 돌아온다.
　　　　 ③ 팀 대항으로 진행한다.
도움말: 스케이트 보드 위에 2~3사람이 함께 올라타게 해도 좋다.

준　비: 도화지, 크레파스
진　행: ① 리더는 도화지를 5등분이 되도록 접어서 각 팀의 1번 사람에게 도화지와 크레파스를 나누어 준다.
② 1번은 도화지의 맨 윗부분에 사람의 머리 부분을 그리고 2번은 목 부분을, 3번은 양팔과 가슴 부분을, 4번은 허리 부분을, 5번은 다리 끝까지 그리게 한다.
③ 그림이 전달되는 동안 절대로 앞사람이 그려놓은 그림은 볼 수 없다.
④ 도화지를 펴서 전체 그림을 보고 결과를 평가한다.
요　령: 도화지를 사람의 수만큼 준비하여 동시에 각자가 맡은 부분을 그린 후 한 곳에 모아 대형 그림을 완성해도 좋다.
도움말: 이러한 게임은 게임의 승패보다는 작업을 하는 과정에서 서로가 친숙해지는 것에 목적을 두어야 한다.

리더는 사람들의 흥미나 요구에 대해 이해해야 한다.

248 몽타주 그리기 (1)

준 비: 도화지, 매직펜
진 행: ① 2사람이 그림과 같이 얼굴에 도
화지를 붙이고 마주앉는다.
② 매직펜을 갖고 상대의 얼굴 위에 자
신이 그리고 싶은 얼굴을 그린다.
③ 완성된 그림을 비교해서 우열을 가린다.
요 령: 리더는 "오른쪽 눈을 그려 주세요!", "그 다음은 왼쪽 눈과 코를
그려 주세요!" …… 하는 식으로 전체 인원이 보조를 맞추게 한다.
도움말: 남녀 커플로 마주앉아 남자는 여자를, 여자는 남자를 그리면 좋다.
코믹한 멘트가 있다면!!!

249 몽타주 그리기 (2)

준 비: 봉투, 매직펜
진 행: 머리에 쓸 수 있는 큰 봉투를 머리에 뒤집
어쓰고 자신의 얼굴에 자신이 직접 그림을
그린 후 평가를 한다. 진풍경이 벌어진다.
요 령: 팀 대항 릴레이로 진행을 할 경우 1번은 왼쪽 귀를 그린 후 봉투를
벗어 2번에게 씌워 주고 2번은 입을 그리고 봉투를 3번에게 ……
도움말: 봉투 대신 상자를 뒤집어쓰고 해도 좋다.

250 몽타주 원격 조정

준 비: 도화지, 매직펜, 눈가리개
진 행: 팀 대항 릴레이경기이다.
① 2~3m 떨어진 곳에 도화지를 붙여 놓는다.
② 1번 선수부터 눈가리개를 하고 도화지가 있
는 곳으로 가서 리더가 그리라는 부분을 그린 후 돌아와 2번 선수
에게 눈가리개를 해 주고 매직 펜을 쥐어 준다.
③ 이때 팀장은 그림을 그리려고 하는 선수들에게 "왼쪽으로!" "조금
위로!" "아래로!"하면서 원격 조정을 한다.

준　비: 도화지, 매직펜
진　행: ① 각 팀별로 앞사람의 뒷모습을 보며 1열 종대로 앉는다.
　② 리더는 앞에 있는 1번들에게만 만화(그림)를 보여 주고 접는다.
　③ 시작 신호와 함께 1번은 조금 전에 보았던 만화를 자신의 도화지에 기억을 더듬어서 그린다.
　④ 그림이 완성되면 뒤에 있는 2번에게 만화를 보여 주고 접는다.
　⑤ 이것을 맨 뒤에 앉아 있는 끝번까지 반복을 하고 난 후 리더가 갖고 있는 원본과 비교하여 승부를 낸다.
도움말: 1번이 본 그림을 귓속말로 전달하고 끝번은 전해들은 이야기를 상상하여 도화지에 그린다. 이것을 원본과 비교해 승부를 낼 수도 있다.

※ ■ - 원형, ◗ - 변형

리더는 생활의 기쁨이나 사는 수단에 대해 이해하고 그것을 실현하려는 열의가 있어야 한다.

252 등 칠판

준　비: 메모지, 볼펜
진　행: ① 각 팀별로 앞사람의 등을 보
　며 1열 종대로 앉거나 선다.
② 리더는 맨 뒤에 있는 끝번 사람
　들에게만 간단한 내용이 적혀
　있는 쪽지를 보여 준다.
③ 맨 뒷사람은 쪽지에 적혀 있는 내용을 앞사람의 등에 손가락으로
　전달 문을 쓴다. - 절대 말은 할 수 없다.
④ 계속 같은 방법으로 맨 앞사람에게까지 전달하고 앞사람은 전달받
　은 내용을 메모지에 적어 리더에게 준다.
⑤ 정확하게 빨리 적어내는 팀이 이긴다.
도움말: 전달 문이 등 한 곳에 겹쳐지기 때문에 간단 명료해야 한다. 속담
이나 격언을 사용할 경우 그대로 사용하지 말고 몇 글자를 비슷한
말로 바꾸어 헷갈리게 한다.

253 등 전보

진　행: "등 칠판" 대형으로 앉아 등에 글씨를 쓰는
대신 어떤 기호를 연속해서 전달하고 이것
으로 승부를 낸다. 예를 들면, 손가락으로
3번 찌르고, 주먹으로 2번 누르고, 손바닥
으로 1번 밀고, 손아귀로 4번 잡아당긴다.

254 턱으로 만든 붓

진　행: "등 칠판" 방법으로 진행하되, 글씨를
손으로 쓰지 않고 턱을 사용해 글씨를
쓴다. 손가락으로 쓰는 것처럼 섬세하
지는 못하지만 등이 간지럽기도 하면서
독특한 분위기와 색다른 느낌을 준다.

255 고층 건물 건축

준　비: 잡동사니
진　행: ① 같은 종류의 물건(필림통, 종이컵, ……)을 충분히 준비한다.
　　　② 제한 시간 내에 가장 높이 세우는 사람이 이긴다.
　　　③ 중간에 쓰러지면 쓰러지기 직전까지가 성적이다.
요　령: 팀 대항전으로 진행할 경우는 1사람이 계속 쌓지 말고 순번대로 돌
　　　아가며 쌓아 올린다.

256 정상에 먼저 오르기

준　비: 잡동사니
진　행: ① 세우는 물건에 일련 번호를 정한다.
　　　② 가위 바위 보를 하여 이길 때마다 자기
　　　　것을 번호 순서대로 1개씩 쌓아 올린다.
　　　③ 마지막 번호(옥상)를 먼저 쌓아 올리는
　　　　사람이 이긴다.
요　령: 팀 대항전으로 진행할 경우, 가위 바위 보는 각 팀의 같은 번호를
　　　갖은 사람끼리 한다.
도움말: 여건이 허락하면 실제로 높은 빌딩의 옥상까지 빠른 시간에 오르는
　　　기록 경기를 해보면 어떨까요?

257 쓰러지면 안돼

준　비: 잡동사니
진　행: ① 번호를 정해 놓은 물건들을
　　　　가운데에 모아 놓는다.
　　　 ② 가위 바위 보를 하여 지는 사람은 물건
　　　　을 1개씩 번호순에 따라 쌓아 올린다.
　　　 ③ 계속되는 과정에서 쌓아 올리지 못하거나 쓰러뜨리면 진다.

258 다리 공사

준　비: 잡동사니
진　행: ① 각 팀에서 2사람씩 나와 마주
　　　　보고 선다.
　　　 ② 세울 수 있는 물건들을 갑과 을의
　　　　이마 사이에 하나씩 끼워나간다.
　　　 ③ 이때 갑만이 물건을 만질 수 있고
　　　　을은 뒷짐을 진다.
　　　 ④ 외나무다리를 길게 놓는 팀이 이긴다.
도움말: 이마 사이에 끼우는 물건의 크기와 모양에 따라 점수의 차이를 두
　　　　어 높은 점수를 따내는 팀에게 승리를 안겨줘도 좋다.
　　　 예 나무토막 = 1점, 사과 = 2점, 음료수 병 = 3점, 공 = 5점, ……

259 외나무 다리 놓기

준　비: 잡동사니
진　행: 1사람이 나와서 여러 가지 물건들
　　　　을 이용해 자신의 이마와 벽 사이
　　　　에 외나무 다리를 놓는 게임이다.
도움말: 팀 대항일 경우 현장(팀 내에서)
　　　　에서 소지품을 이용해 탑 쌓기를
　　　　하거나 외나무 다리 놓기를 해도 재미있다.

260 움직이는 탑 쌓기

준　비: 잡동사니
진　행: ① 팀 중에 1사람이 편안한
　　　　자세로 바닥에 눕는다.
　　　② 누운 사람의 배 위에 세울 수
　　　　있는 물건들을 쌓아 올린다.
　　　③ 누운 사람은 숨을 쉴 때마다
　　　　탑이 흔들리게 되므로 조심조
　　　　심 숨을 쉬어야 한다.
　　　④ 물건의 크기와 모양에 따라 점수의 차이를 두고 진행한다.

261 동전 탑 쌓기

진　행: ① 각 팀에서 2사람씩 대표를 뽑는다.
　　　② 시작 신호와 함께 팀원 전체가 협력하여 자신이 갖고 있는 동전을
　　　　모아서 팀 대표에게 준다.
　　　③ 팀 대표는 이것들을 모아 다른 팀보다 높이 쌓아 올려야 한다.
요　령: 동전을 10원짜리로만 제한할 수도 있다.
도움말: 게임이 끝난 후 동전 탑을 그대로 두었다가 다음 게임이나 넌센스
　　　　퀴즈 시간에 상금으로 쓰면 어떨까요?

일본의 이벤트

일본은 '이벤트 천국'이라 할 수 있다.

일본은 1970년 오사카 만국 박람회를 성공적으로 치른 후 이벤트가 본격적으로 발전을 했고 정부에서는 이것이 지역사회와 국가 발전에 큰 도움이 된다는 판단 하에 정책적으로 육성했다.

1964년의 동경 올림픽 이후 지금까지 많은 행정 주도형 이벤트를 치렀고, 현재는 7,000여 개를 넘는 관련 회사들이 있을 만큼 거대한 이벤트 시장으로 성장했다. 1년간 개최되는 정부 주도형의 이벤트는 약 2,000여 회, 민간 주도형은 10 ~ 20만회에 이른다. 놀라울 정도의 '이벤트 천국'이다.

또 일본은 박람회, 올림픽 등을 제일 크게 생각하고 있고, 국책사업에 이벤트를 활용한다. 예를 들어, 간척사업을 하면서도 그곳에 박람회를 유치하여 민간자본을 영입하여 간척사업을 완수하는 적극성을 보인다.

262 칠면조

진　행: 이 게임은 "누가 가장 멋지고 근사하게 얼굴상을 만드는가!" 게임
이다. 리더는 다음과 같은 주문을 한다.

① 망치질을 하다가 실수로 손가락을 때렸을 때의 동작과 표정
② 만원 버스 안에서 미녀(미남)에게 발을 밟혔을 때
③ 양 손에 무거운 것을 들었는데 등이 몹시 가려울 때
④ 배탈이 나서 화장실 문을 노크했는데 안에서도 노크 소리가 날 때
⑤ 재채기 2번을 하고 3번째 하려는데 재채기가 나올동 말동!
⑥ 낭떠러지에서 떨어질 때의 몸동작과 비명 소리
⑦ 내가 운전하던 자동차가 상대방의 실수로 접촉 사고가 났을 때
⑧ "여! 오랜만이군!"하고 친구줄 알고 어깨를 쳤는데 친구가 아니다.
⑨ 버스에서 참다 못해 방귀를 뀌었는데 소리도 크고 냄새도 심하다.
⑩ 화장실이 급해서 갔는데 기다리는 줄이 길게 늘어져 있다. 맨 뒷자
리에서 쩔쩔매며 기다리는 모습

요　령: 이 이외에도 다급하거나 어찌할 바를 몰라 곤경에 처해 있는 여러
가지 재미있는 상황들을 만들어 진행한다.

도움말: 이 게임들은 벌칙 게임으로 활용하면 좋다.

리더는 창조적 표현을 통해서 개인의 성장과 발달에 관심이 있어야 한다.

책갈피 수색

준　비: 책, 신문지

진　행: ① 리더는 신문지를 지폐 크기로 10장을 자른다.

② 이것을 전화번호부 책이나 백과사전 등 두꺼운 책 사이사이에 깊숙이 꽂아 놓는다.

③ 시작 신호와 함께 누가 더 빨리 10장의 신문지 조각을 찾아내는가를 겨루는 게임이다.

요　령: 개인전보다는 팀 대항전으로 진행하는 것이 좋다. 이때는 각 팀의 인원 수 대로 신문지를 숨기고 1사람이 1장의 신문지를 찾아내고 다음 사람에게 책을 넘겨주도록 한다.

도움말: 신문지보다 더 얇은 종이(습자지, 화선지)를 잘라서 하면 더 재미있다. 지폐를 끼워놓고 하면 박진감이 생긴다. 이때는 제한 시간을 두어 시간 내에 지폐를 찾지 못하면 잃어버린 돈으로 간주하여 상대팀에게 헌납하거나 공동 회비로 쓴다. 리더가 감춘 것을 팀 대표가 나와 빠른 시간 내에 찾기를 해도 재미있다. 이 때 책갈피에 아무것도 감추지 않고 찾게 하면 어떻게 될까???

리더는 다른 사람의 의견과 개성에 대하여 호의적인 태도를 가져야 한다.

진 행: 박자 율동은 노래를 부르면서 같이 즐길 수 있는 게임이다. 원형으로 앉거나 강의형으로 앉거나 하는 것은 리더가 분위기를 파악해서 적절히 운영한다.

① 2박자 :
ㄱ) 왼손을 왼쪽 무릎에 놓되 손바닥이 하늘을 향하게 한다.
ㄴ) 오른손으로 왼손을 덮으면 이것이 하나!
ㄷ) 오른손으로 오른쪽에 있는 사람의 왼손을 치면 둘!
ㄹ) 하나! 둘! 하나! 둘! 하면서 노래를 부른다.
ㅁ) 중간에 리더는 "손 바꿔서!"라는 구령을 넣어 왼손이 왔다 갔다 하면서 손뼉을 치게 하면 변화도 있고 더 재미있다.
ㅂ) "손 바꿔서!"라는 구령은 1박자에 "손 바꿔" 2박자에 "서!"를 붙인다.

리더는 예리한 통찰력을 지녀야 한다.

② 3박자 :

㈀ 하나에 양손 무릎치고, 둘에 손뼉, 셋에도 손뼉을 친다.

㈁ 2번째로, 셋에 만세를 부른다.

㈂ 3번째로, 셋에 양팔을 벌려 좌, 우에 있는 사람과 서로 손을 마주친다.

㈃ 4번째로, 셋에 왼손은 왼쪽 사람이 칠 수 있게 내밀어 주고 오른손은 오른쪽 사람이 받혀 주는 손바닥을 친다.

③ 4박자 : 무릎 두 번, 손뼉 두 번을 반복해서 친다.

④ 6박자 :

1박자 - 가슴에서 손뼉을 치고.
2박자 - 왼손을 오른쪽 팔꿈치에 갖다 대고.
3박자 - 왼손으로 오른쪽 가슴을 가볍게 치고.
4박자 - 오른손으로 왼쪽 가슴을 가볍게 치고.
5박자 - 오른손을 왼쪽 팔꿈치에 갖다 대고.
6박자 - 얼굴 앞에서 두 손을 동그랗게 모은다.
이것을 반복한다.

⑤ 8박자 : 4박자를 2번 반복하거나 다음과 같이 한다.
1, 2박자 - 양손으로 무릎 2번
3박자 - 가슴에서 손뼉
4박자 - 상대방과 오른손끼리 마주치기
5박자 - 가슴에서 손뼉
6박자 - 상대방과 왼손끼리 마주치기
7박자 - 가슴에서 손뼉
8박자 - 상대방과 양손 모두 마주친다.

⑥ 16박자 : 4박자나 8박자를 이용하여 반복하면 된다.

※ 그 외에 각 박자마다 여러 가지 다양한 모양이 있으나 지면과 성격상 생략한다. 노래에 맞는 재미있는 율동과 자세한 박자 율동은 "프로 레크리에이션"의 "노래와 율동" 편을 참조.

265 순발력 사냥

진　행: ① 청, 백 2개 팀으로 팀 구성을 한다.
　② 5m 정도 간격을 유지하여 평행선을 긋고 나서 이것을 중앙선으로 10m 정도의 간격을 유지하여 또 하나의 평행선을 긋는다.
　③ 5m 평행선 양쪽에 팀별로 나란히 줄을 선다. ‑ 커플일 경우 남자는 오른쪽 줄에, 여자는 왼쪽 줄에 줄을 선다.
　④ 한쪽은 "사자"라 칭하고 다른 한쪽은 "사슴"이라 칭한다.
　⑤ 리더의 이야기 속에 "사자"가 나오면 사자 팀들은 사슴 팀 중 1명을 잡되 10m 평행선 밖으로 도망가기 전에 잡아야 한다.
　⑥ "사슴"이 나오면 ⑤의 반대 현상이 일어나고 사냥거리는 5m가 된다.

요　령: 팀 대항전일 경우 사냥에 성공한 수효로 승부를 내고, 커플 게임일 경우 잡힌 사람과 못 잡은 사람들을 탈락시키고 계속 진행하면 챔피언 탄생!

도움말: 가끔씩 "사람" 또는 "사장" 등으로 실수를 유발시킨다. 사슴과 사자 대신 "까마귀"와 "까치" 등으로 바꿔도 좋다.

> 리더는 민주적으로 사물을 보고 운영해 나가는 능력이 있어야 한다.

266 순발력 테스트

진　행: ① 2사람이 마주앉아 그림과 같이 손바닥을 펴고 준비한다.

② "순발력 사냥"과 같은 방법으로 리더의 이야기 속에 "사자"라는 말이 나오면 사자는 재빨리 손바닥을 앞으로 내밀어 사슴의 손바닥을 쳐야 하고 사슴은 사자의 손바닥을 피해야 한다.

267 수갑 채우기

준　비: 줄, 손수건

진　행: ① 줄 가운데를 고리로 만들고, 건너편에 손수건을 놓고 갑과 을이 양쪽 끝을 잡는다.

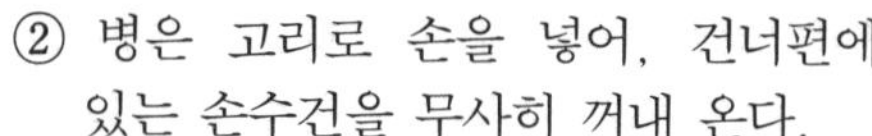

② 병은 고리로 손을 넣어, 건너편에 있는 손수건을 무사히 꺼내 온다.

③ 이 때 갑과 을은 병의 손이 빠져나가기 전에 줄을 잡아당겨 병의 손목을 줄로 묶는다.

④ 병의 속임수(꺼내려는 시늉)에 줄을 잡아당기면 병이 이긴다.

도움말: 2사람이 게임을 할 경우 손수건으로 고리를 만들어서 하면 된다.

유머마인드15

✎선전 포고를 하지 마라

　유머를 구사할 때 이런 선전포고는 하지 마라. "야! 너희들 이리 모여봐 내가 웃기는 얘기해 줄께!"

　이 말을 먼저 하고 나면 얘기를 들으려 모인 사람들은 심리적으로 "그래 니가 나를 한 번 웃겨 봐라!" 하고 유머 감각에 굳은살이 올라 유머의 강도는 떨어지게 된다. 느닷없이 유머가 나와야 강도가 세 진다.

268 위로! 아래로!

진 행: ① 2사람이 마주앉아 그림과 같
이 주먹을 쥐고 준비한다.
② 리더가 "위로!"하면 맨 밑에 있
던 주먹이 맨 위로 올라가 얹고
"아래로!"하면 맨 위에 있던 주
먹이 맨 아래로 내려가 붙는다.
③ 위로! 아래로!를 반복하다가 리
더가 "덮어!"라고 하게 되면 2
명 모두 아래쪽에 있던 자신의 주먹을 펴서 맨 위에 있는 주먹을
빨리 덮어야 한다. 못 덮는 사람은 벌칙을 받는다.

요 령: 위로! 아래로!를 천천히 했다 빨리 했다 하여 변화를 준다.

269 꿈속의 제식훈련

준 비: 눈가리개 ☞ www.selfevent.com

진 행: ① 전원이 1줄로 늘어서거나 줄을 지어 같은 방향으로 선다.
② 눈가리개를 한 후 리더는 '우향우!' '좌향좌!' '뒤로 돌아!' ……
구령을 여러 차례 붙인다. (눈가리개가 없으면 양심적으로 감는다.)
③ 그 자리에서 틀리지 않고 정확히 한 사람은 2회전에 진출하고 틀린
사람은 탈락시킨다. - 반복하면 챔피언 탄생!

요 령: 눈을 가리기 전에 눈을 뜨고 연습을 한 후 진행한다.

도움말: 마지막 구령으로 "앞으로 3보 갓!"하고 붙이면 각기 여러 방향으로
걸어나가게 되어 폭소가 터진다.

한국의 이벤트

서구 유럽은 인간관계의 이벤트가 많고, 미국은 대통령 취임식이 제일 크다.

한국의 이벤트는 2 ~ 30년간 해 왔던 활동들이 '86 아시안 게임' 과 '88 올림픽' 을 치른 후, 본격적으로 이벤트 시장이 활성화되었다.

초기의 이벤트는 백화점 행사가 주종을 이룬 판촉 이벤트, 그리고 치어리더 지원과 레크리에이션 지도자 제공 등의 체육대회 이벤트였다. 점차 대규모의 라이브 공연(Live Concert). 박람회의 전시관 기획, 운영, 광고. 관련업종의 연결된 프로모션 이벤트. 그룹차원의 체육대회. 한마음 대행진. 보람의 일터와 살맛 나는 세상 만들기 등 기업 문화운동 차원으로 점차 변모해 가고 있다. 고무적이다.

생활의 여유는 사람들을 다양한 이벤트로 눈길을 돌리게 한다.

준 비: 줄다리기 줄

진 행: 이 게임은 수영장에서 적합하다.

① 청, 백 2팀으로 나누고 수영장 양쪽에서 1줄로 줄을 선다.

② 수영장을 가로질러 줄다리기 줄을 놓고 선수들은 줄을 잡는다.

③ 시작 신호와 함께 줄을 잡아당겨 상대 팀 전원을 물 속으로 빠뜨린 팀이 이긴다.

④ 물 속에 빠진 사람도 물 속에서 계속 줄을 잡아당길 수 있다.

271 함정에 빠뜨리기

준 비: 줄, 신문지

진 행: ① 길다란 줄 양끝을 연결하여 둥근 줄을 만든다.

② 줄 안으로 5명 정도 들어가 줄을 허리에 올리고 양손으로 잡는다.

③ 중앙에 신문지를 놓아둔다.

④ 리더의 시작 신호와 함께 줄을 잡아당겨 앞쪽에 있는 사람을 함정 (신문지)에 빠뜨린다.

⑤ 함정에 빠진 사람은 탈락되고, 계속한다.

요 령: 팀 대항이나 개인전 모두 재미있다.

도움말: 줄이 없으면 서로 팔을 벌려 손을 잡고 진행해도 된다. 단, 잡은 손을 놓치면 좌우 2사람이 동시에 탈락된다.

리더는 프로그램 진행에 있어서 민주적이어야 한다.

272 수중 줄다리기

준　비: 줄다리기 줄
진　행: 양 팀이 모두 수영장 안으로 들
　　　어가서 줄을 잡고, 지상에서 줄
　　　다리기를 하는 방법으로 진행한
　　　다. 이 때는 줄의 중앙에 풍선을 매달아 놓아 경계점을 표시한다.
도움말: 풍선은 헬륨 풍선이 좋다.

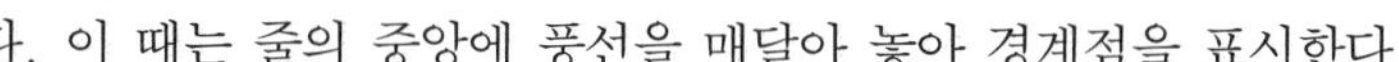

273 허리줄 당기기

준　비: 막대기
진　행: ① 각 팀은 물 속으로 들어가
　　　1줄로 줄을 선다.
　　　② 앞사람의 허리를 잡는다.
　　　③ 양 팀 맨 앞사람들은 50㎝ 정도의 막대기를 가로로 놓고 잡는다.
　　　④ 시작 신호와 함께 앞사람의 허리를 잡고 줄다리기를 한다. 물 속이
　　　　기 때문에 힘을 제대로 쓸 수 없고, 바닥이 미끄럽기 때문에 진풍
　　　　경이 속출한다.
도움말: 인원이 20명 이상일 경우 여러 팀으로 나누어서 토너먼트로 진행해
　　　야 한다. 왜냐하면 맨 앞사람의 어깨에 무리가 가기 때문이다.

274 물 속 보물찾기

준　비: 잡동사니
진　행: ① 수영장 물 밖에서 각 팀은 전
　　　원이 일련번호를 갖는다.
　　　② 보물 1개를 물 속으로 던진다.
　　　③ 리더가 부르는 번호에 해당되는
　　　　각 팀 사람들은 물 속으로 뛰어
　　　　들어가 보물을 먼저 찾아 낸다.
도움말: 보물 여러 개를 한꺼번에 물 속에 넣고 1가지씩 차례로 진행해도
　　　좋다.

275 제기차기

준 비: 제기 ☞ www.selfevent.com

진 행: 우리나라 곳곳에서 볼 수 있는 전통 민속놀이이다. 일반적으로 제기차기는 많이 차면 이기는 것인데 다음과 같은 방법을 이용하여 변형시키면 다양하게 진행할 수 있다.

① 한 발을 딛고 차기 (땅강아지)

② 한 발을 들고 들은 발로 차기 (헐랭이)

③ 오른발 왼발을 교대로 차기

④ 오래 차기 : 참가자 전원에게 제기를 주고, 리더의 시작신호와 함께 차기 시작하여 땅에 떨어뜨리지 않고 오래 차고 있기.
챔피언 탄생!

⑤ 주거니 받거니 : 2명이 1조가 되어 제기를 주거니 받거니 하면서 교대로 한 번씩 차기.

⑥ 반환점 돌아오기 : 출발선과 반환점을 만들고 제기를 차면서 반환점을 돌아오기 - 제기가 땅에 떨어지면 1~10까지의 숫자를 땅에 쓰고 난 후에 계속한다.

⑦ 팀별 차기 : "오래 차기" 방법으로 팀 전원에게 제기를 주고 진행을 하되 팀에서 최후의 1명까지 제기차기가 끝났을 때, 시간을 보아 가장 긴 시간을 찬 팀이 이긴다.

협동 제기차기

준　비: 제기, 제기판 ☞ www.selfevent.com
진　행: ① 그림과 같은 제기판을 만든다.
　② 제기판에 달린 줄 하나에 1사람씩 줄을 잡고 선다.
　③ 리더는 제기판 중앙에 제기를 올려 놓는다.
　④ 시작 신호와 함께 협력하여 줄을 잡아 당겨 제기를 쳐올린다.
　⑤ 제기를 쳐올릴 때 머리 위로 올라갔다가 내려와야 찬 것이 된다.
요　령: 모두가 익숙하지 않은 게임이기 때문에 연습을 2회 정도 준다. 팀당 2~3회 정도 실시하고 이것들을 모두 합산하여 팀 점수에 더한다.
도움말: 제기 대신 탁구공으로 하면 더 박진감을 느낄 수 있다. 또 탁구공을 제기판 위에 올려 놓고 줄을 잡고 있는 사람들에게 리더는 다음과 같은 주문을 할 수 있다. "줄을 머리 위로 올리세요!" "오른쪽으로 1바퀴 돌으세요!" "제자리에 앉았다가 일어나세요!" 등의 주문을 하여 탁구공이 떨어지면 실격!

리더는 조직력이 있어야 한다.

277 모둠 멀리뛰기

진 행: ① 각 팀별로 대표 선수 7사람씩 선출한다.
② 팀별로 멀리뛰기를 하는데 1번 선수가 출발선에서 제자리 넓이뛰기를 뛰고 나면 2번 선수는 1번 선수가 뛴 지점에서 제자리 넓이뛰기를 이어나간다.
③ 3번은 2번 발자국에서 ……
④ 총 연장길이가 가장 긴 팀이 이긴다.

요 령: 한 팀씩 구분을 해서 진행하는 것 보다는 "각 팀 1번 선수 뛰어!" "각 팀 2번 선수 뛰어!"하는 식으로 현황을 보며 경쟁심을 유도하는 것이 좋다.

리더는 생산적 에너지와 열의가 있어야 한다.

달리기 메들리 (Medley)

진　행: ① 운동장에 10m 간격으로 평행선 7개를 긋는다.
　　　② 1번 선은 출발선이고 7번 선은 도착선이다.
　　　③ 1번 선에서 2번으로 갈 때는 걸어서 가고(경보) 2번에서 3번으로
　　　　 갈 때는 뛰어서 가고, 4번으로 갈 때는 뒤로 돌아서 뛰어가고, 5번
　　　　 으로 갈 때는 토끼뜀으로, 6번으로 갈 때는 한 발을 들고(깽깽이),
　　　　 7번으로 갈 때는 손을 땅에 대고(4발로) 기어서 들어온다.

요　령: 개인전으로 할 경우는 시간을 재고 팀 대항전으로 할 경우는 릴레
　　　이 경기로 진행한다.

도움말: 리더의 재량에 따라 거리와 뛰는 방법에 변화를 주면 좋다.
　　　예 오리걸음, 낮은 포복, 높은 포복, 굴러서 가기, ……

리더는 사람들과 협조가 잘 되어야 한다.

빨래 널고 걷기

준 비: 빨래 집게, 줄

진 행: ① 각 팀별 2사람이 1조가 되어 줄을 선다.

② 반환점에 줄을 매달아 놓고 빨래 집게를 팀별 2개씩 꽂아 놓는다.

③ 시작 신호와 함께 1번 조의 왼쪽의 왼쪽 사람이 반환점으로 뛰어가 자신의 T셔츠를 벗어서 빨래 집게 2개를 이용하여 줄에 널고 돌아 온다.

④ 1번 조의 오른쪽 사람은 왼쪽 사람이 들어오면 반환점으로 뛰어가 걸려 있는 T셔츠를 걷어 갖고 들어온다.

⑤ 1번 조가 끝나면 2번 조의 왼쪽 사람이 널고, 오른쪽 사람이 걷고 ……

⑥ 끝번 조까지 먼저 갔다 오는 팀이 이긴다.

도움말: T셔츠가 곤란하면 보자기나 신문지를 이용한다.

리더는 심신이 건강해야 한다.

바쁘다 바빠!

준 비: 문짝 ☞ www.selfevent.com

진 행: ① 그림과 같이 문짝을 설치한다.

② 팀별 1줄로 줄을 선다.

③ 시작 신호와 함께 1번이 문을 열고 문을 통과하면 2번부터 끝번까지 줄을 지어 문을 통과한다.

④ 끝번까지 통과가 끝나면 1번은 문을 닫는다.

⑤ 다시 반대 방향으로 1번부터 끝번까지 문을 통과하고 문을 닫으면 이것이 1회이다.

⑥ 10회 또는 그 이상의 횟수를 정하고 어느 팀이 더 빨리 왕복하는지를 본다.

요 령: 문은 반드시 닫고 난 다음 열도록 해야 한다.

도움말: 문을 설치하기가 곤란하면 훌라후프나 터널을 만들어 이것들을 통과하도록 해도 된다. 생각보다 힘들면서 재미있는 게임이다.

리더는 사람을 움직일 수 있는 힘이 있어야 한다.

281 하늘의 별따기

준 비: 장대, 풍선

진 행: ① 청, 백 2팀으로 나눈다.

② 각 팀은 공격수와 수비수로 인원을 나눈다.

③ 그림과 같이 장대에 풍선(별)을 매달고 자기 팀의 중심부에 세운다.

④ 시작 신호와 함께 공격수들은 상대팀으로 달려가 상대 팀의 수비수들 과 싸워가며 상대팀의 풍선을 터뜨린다.

⑤ 수비수들을 상대팀의 공격수들이 풍선을 터뜨리지 못하게 끈질기게 방어를 한다.

⑥ 먼저 상대팀의 풍선을 터뜨리는 팀이 이긴다.

도움말: 대형 체육 대회나 명랑 운동회에 적합하다. 안전 사고 주의!

리더는 사생활이 건전해야 한다.

282 원숭이 게임

준　비: 껌, 자

진　행: ① 철봉이나 나뭇가지가 있는 곳을 택하고, 이것들이 없으면 사람
이 매달릴 수 있는 곳을 택하여 이곳을 반환점으로 한다.

② 시작 신호와 함께 선수들은 철봉으로 뛰어간다.

③ 철봉 밑에 놓여 있는 껌을 1개씩 집고 한 손으로는 철봉에 매달리
고, 다른 한 손으로는 껌을 까서 씹는다.

④ 리더의 "동작 그만!"이라는 구령에 선수들은 껌 씹기를 중단한다.

⑤ 선수들은 순서대로 씹던 껌을 입 밖으로 길게 당겨 늘린다.

⑥ 누가 가장 길게 늘어뜨리는가를 자로 재어 승부를 가린다.

요　령: 승부는 2가지로 병행할 수 있다.

㉠ 껌을 길게 늘어뜨리기 : 100점, 90점, 80점, ······

㉡ 철봉에 오래 매달리기 : 100점, 90점, 80점, ······
2개의 점수를 합산하여 1, 2, 3등을 정한다.

도움말: 풍선껌으로 할 경우 누가 먼저 풍선을 크게 부는가로 승부를 가린
다.

리더는 인생관이 건전하고 긍정적인 사람이어야 한다.

283 젓가락 릴레이

준　비: 젓가락, 성냥, 바둑알, 구슬
진　행: ① 각 팀의 전원은 젓가락을 1개씩 갖고 1줄로 줄을 선다.
　　② 리더는 각 팀의 1번에게 성냥갑 3개를 주고 시작 신호와 함께 젓가락으로 성냥갑을 하나씩 집어 뒷사람에게 전달한다.
　　③ 3개의 성냥갑을 떨어뜨리지 않고 끝까지 먼저 보내는 팀이 이긴다.
　　④ 도중에 성냥갑을 떨어뜨리면 처음부터 다시 해야 한다.
요　령: 젓가락 2개를 한 손에 잡고 하는 것보다는 한 손에 1개씩 잡고 양손으로 젓가락질을 하게 하면 더 재미있다.

도움말: 성냥갑 대신 구슬이나 바둑알 등 집기가 어려운 것을 이용하면 어떨까?

284 젓가락 줄다리기

준　비: 젓가락, 명함
진　행: ① 각 팀에서 대표 1사람씩 선출한다.
　　② 2사람이 명함 1장을 젓가락으로 서로 집는다.
　　③ 시작 신호와 함께 젓가락만을 이용하여 명함을 뺏어 온다.

도움말: 명함 대신 지폐를 사용하여 진행하면 더 흥미가 있다. 이 때는 지폐를 뺏어온 사람이 지폐의 주인이다.

리더는 이상을 가져야 한다.

명 지휘자

진　행: 프로그램 도입부에 적합하다.
　① 모두가 잘 아는 노래를 부른다.
　② 2박자 노래를 오른손으로 지휘를 하면서 부른다.
　③ 3박자 노래를 왼손으로 지휘를 하면서 부른다.
　④ 오른손으로는 2박자를, 왼손으로는 3박자 지휘를 하면서 노래를 부른다.

요　령: 노래는 동요가 좋다. 노래를 부르면서 오른손과 왼손이 각기 다른 동작을 하기란 쉽지 않다. 자연히 틀리게 되고 웃음이 절로 나온다.

도움말: 리더는 사전에 충분히 연습을 하여 숙달이 된 다음 진행해야 한다. 프로그램 도입부에 사용하면 좋다.

201~300

286 맷돌 돌리기

진　행: ① 첫 번째로 오른손 주먹을 맷돌 돌리는 기분으로 돌린다(시계 방향).
　② 두 번째로 오른발을 시계 반대 방향으로 돌린다.
　③ 세 번째로 ①과 ②를 동시에 실시한다.

도움말: 프로그램 도입부에 사용하고, 같은 대상으로는 1회만 사용한다. 이 동작은 제대로 되는 사람이 없다. 오히려 제대로 되는 사람이 문제 있는 사람이다. 리더는 이것을 이용해 부담 없는 웃음을 만들 수 있다. (예 "이건 제대로 되는 사람이 이상한 사람입니다.")

리더는 판단력이 있고 객관적이어야 한다.

땅집고 헤엄치기

준 비: 번호판, 메모지

진 행: ① 청, 백 2팀으로 나눈 후 그림과 같이 1~16까지의 번호판을 만든다.

② 리더는 1~16의 숫자를 적은 메모지 준비한다.

③ 각 팀에서 대표로 2사람씩 나온다.

④ 각 팀의 갑은 번호판 위로 올라가고, 을은 리더의 옆에 있는다.

⑤ 리더의 옆에 있는 을은 번호가 적혀 있는 메모지를 양 팀 교대로 뽑아 자기 팀의 선수인 갑에게 한 번씩 불러 준다.

⑥ 번호판 위에 있는 선수들은 다음과 같은 방법으로 움직인다.

　(ㄱ) 1번째 : 불러준 번호에 오른발을 올려 놓는다.

　(ㄴ) 2번째 : 불러준 번호에 왼발을 올려 놓는다.

　(ㄷ) 3번째 : 불러준 번호를 오른손으로 집는다.

　(ㄹ) 4번째 : 불러준 번호를 왼손으로 집는다.

　(ㅁ) 5번째 : 불러준 번호에 오른발을 옮겨 놓는다.

　(ㅂ) 6번째 : 불러준 번호에 왼발을 옮겨 놓는다. 계속 반복된다.

⑦ 계속 반복하다가 몸이 꼬여 손과 발 외에 다른 부위가 땅에 닿거나, 거리가 멀어서 새로 부른 번호에 손과 발이 닿지 않으면 진다.

도움말: 번호판을 만들기가 용이하지 않으면 백묵이나 검정색 테이프를 이용하여 땅바닥에 그린다. 1~25번까지의 번호판을 만들어도 좋다.

리더는 결단력과 응용력이 있어야 한다.

288 번호판 뛰기

준　비: 번호판

진　행: ① 땅바닥이나 큰 종이를 이용하여 그림과 같이 번호판을 만든다.
　　　② 선수는 1칸에 1발씩 번호 순서대로 밟고 다닌다.
　　　③ 1번에서 시작하여 끝번까지 밟는 데 걸리는 시간을 잰다.

요　령: 선수들이 번호판의 숫자를 미리 기억하지 못하도록 번호판을 서로 바꾸는 것이 좋으나 그렇게 하기가 곤란하면 "끝번에서 시작하여 1번까지 밟기"와 혼용해서 진행한다.

도움말: 번호판은 클수록 좋다. 그래야 뛰어다니기가 힘들고 재미있다.

201 ~ 300

갈수록 태산 (1)

진　행: ① 모두 모여 둥글게 앉는다.
　② 리더는 다음과 같은 말로 게임을 시작한다.
　“나는 어제 동물원에 가서 원숭이를 보았습니다.”
　③ 다음 번 사람은 동물 이름을 한 가지 더 붙여서 “나는 어제 동물원에 가서 원숭이와 펭귄을 보았습니다.”라고 한다.
　④ 이와 같은 방법으로 한사람씩 건너 갈 때마다 동물의 이름이 하나씩 불어난다.
　⑤ 반드시 차례대로 외워야 하고 틀린 사람은 벌칙을 주거나 탈락을 시키고 챔피언이 나올 때까지 계속한다.

290 갈수록 태산 (2)

진　행: “갈수록 태산(1)” 방법으로 진행하되, 일상 생활 활동으로 엮어 나간다.
　예 “나는 오늘 일찍 일어났습니다”, “나는 오늘 일찍 일어나 체조를 했습니다”,
　“나는 오늘 일찍 일어나 체조를 하고 목욕을 했습니다”, “나는 오늘 일찍 일어나 체조를 하고 목욕을 하고 맛있게 밥을 먹었습니다” ……

도움말: 위와 같은 내용의 진행은 어린이들에게 교육적 효과를 줄 수 있다.

리더는 인내심이 있고 낙관적이어야 한다.

291 산더미 같은 이름

진　행: "갈수록 태산(1)" 방법으로 진행
하되, 이름으로 엮어 나간다.

㉠ "저는 고아라 입니다", "저는 고
아라 옆에 있는 고은이 입니다",
"저는 고아라 옆에 고은이 옆에
있는 이승훈 입니다"……

요　령: 서로가 이름을 잘 모르는 사람
들끼리 모였을 때는 5~7명까지
한 후 처음부터 다시 시작하는 것이 좋다.

도움말: 처음 만나는 사람들끼리, 잘 모르는 사람들끼리 모였을 때 소개 게
임으로 적합하다. 전체 소개가 끝난 후 메모지에 기억할 수 있는
이름들을 적게 하고, 가장 많이 적는 사람에게 상품을 주는 것은
어떨까요?

292 캐치 프레이즈(Catch-phrase) 소개

준　비: 메모지, 볼펜

진　행: ① 각자 자신을 잘 나타낼 수 있는 캐치프레이즈를 메모지에 적는
다.

② 메모지를 가슴에 대고 차례대로 돌아가며 자신의 소개를 한다.

㉠ "박치기에는 누구에게도 지지 않
는 전진성 입니다", "박치기에는
누구에게도 지지 않는 전진성 옆
에, 달리기에 자신이 있는 이상윤
입니다"……

요　령: 자신을 소개하는 내용을 담도록
하고 별명을 덧붙이면 좋다.
"먹는 데 자신이 있는 삼겹살
김은희입니다."

293 글자 만들기

준 비: 메모지, 매직펜

진 행: ① 메모지에 한글의 자음과 모음을 분리하여 한 자씩 써서 각 팀에게 나누어준다.

② 각 팀에서는 메모지를 한 사람이 1장씩 받아 가슴에 부착한다.

③ 리더의 지시에 따라 정해진 인원으로 글자를 만든다.

㉠ "5사람이 모여 글자를 만드세요!"하면 5사람이 모여 빠른 동작으로 앉거나, 서거나, 눕거나 하여 글자를 만든다. 올바로 빨리 만든 팀이 이긴다.

요 령: 명령은 사람수로만 하지 말고 "ㅁ"자로 시작되는 글자라든지, 남녀 3사람씩이라든지, 전원이 참여하여 글자를 만들게 하든지 한다.

도움말: 한글 대신 영어 철자 맞추기를 해도 재미있다.

리더는 설득력이 있고 책임감이 강해야 한다.

294 글자 끼워 맞추기

준　비: 메모지, 매직펜
진　행: ① 리더는 속담이나 격언, 또는 뜻이 통하는 문장을 메모지 1장에 한글자씩 써서 팀원의 가슴에 순서 없이 붙여 준다.
② 시작 신호와 함께 좌우로 정열하여 문장을 완성한다.
예 리, 한, 음, 천, 부, 길, 걸, 터, 도
답 천, 리, 길, 도, 한, 걸, 음, 부, 터

295 몸글씨 만들기

진　행: 각 팀별로 리더가 요구하는 글씨나 모양을 팀 전원이 몸을 움직여 만들어 낸다. 1사람도 빠지지 않고 빠른 시간 내에 정확하고 균형 있게 만드는 팀이 이긴다.
예 글자: 사랑, 통, 하나, 뻥, ……
　　숫자: 8, 9, 4, 5, ……
　　모양: 동그라미, 田, 天, 세모, ……
　　상황: 키순서대로 1줄로 줄서기, 몸무게대로 1줄, 머리카락 길이대로 1줄, 신발 크기대로 1줄, ……

296 해당 사항

진　행: ① 리더는 각 팀을 1줄로 줄을 세운다.
② 리더의 요구 사항을 빠르고 정확하게 만들어 내는 팀이 이긴다.
예 "2사람 건너 앉기!"- 맨 앞의 1번이 앉은 다음 4번, 7번, 10번, …… 들이 앉는다. 끝까지 가는 데 걸리는 시간을 잰다. "3사람 건너 자리에 눕기!", "4사람 건너 3보 앞으로!", "5사람 건너 만세 부르기!" ……
요　령: 해당 사항이 없는 사람이 앉으면(움직이면) 감점이나 실격 처리를 한다.

297 과자 따먹기

준　비: 과자, 실, 끈
진　행: ① 과자를 실로 묶은 다음 이것을 길다란 끈에 여러 개를 매단다.
　② 2사람이 끈 양쪽을 잡고 반환점에서 대기한다.
　③ 출발 신호와 함께 각 팀의 선수들은 반환점으로 뛰어가 과자를 1개 따먹고 돌아와 다음 번 선수와 바통터치를 한다.
　④ 끝까지 먼저 돌아오는 팀이 이긴다.
요　령: 반환점에서 과자를 흔들면 더 재미있다.
도움말: 신바람 운동회(명랑 운동회) 때 널리 쓰이는 게임이며, 장애물 경기에 응용을 해도 좋다.

298 분(粉) 바르기

준　비: 밀가루, 쟁반, 알사탕
진　행: ① 쟁반에 밀가루를 가득 부어 놓고, 알사탕을 여러 개 깊숙이 숨긴다.
　② 이것을 반환점에 놓고 선수들은 뒷짐을 진 채로 입으로 알사탕 1개를 찾아 물고 다음 번 선수와 바통 텃치를 한다.
도움말: 장애물 경기에 삽입해도 좋다.
※ 주의: 밀가루 대신 분유를 써도 좋다. 단, 석회가루를 쓰면 절대로 안됨!

299 입 낚시질

준　비: 대야, 물, 과일
진　행: 물이 가득 담긴 대야에 과일을 띄 
우고 이것을 반환점에 놓고 "분바
르기" 방법으로 진행을 한다. 물
위에 떠있는 사과를 양손을 뒤로
하고 입만으로 물으려면 얼굴을 푹
넣어서 과일이 대야 바닥에 닿아야
하기 때문에 진풍경이 벌어진다.
요　령: 대야에 물을 담는 양(水位)은 대상의 능력에 따라 증감한다.

300 병 낚시질

준　비: 빈 병, 막대기, 나무조각, 끈
진　행: ① 막대기에 끈을 매달고 끈의 끝 부분에 병 입구를 간신히 통과할
수 있는 나무 조각을 매달아 각 팀에 1개씩 지급한다.
② 빈 병을 반환점에 놓아둔다.
③ 시작 신호와 함께 1번 선수가 반환점으 
로 뛰어가 나무 조각을 병 입구로 들어
가게 하여 병을 낚아 들고 들어온다.
④ 2번 선수는 막대기를 들고 반환점으로
가서 병을 놓고 들어온다.
⑤ 병을 낚을 때는 반드시 막대기만을 사용
해야 하고 놓을 때는 손을 써도 된다.
팀별 릴레이 경기이다.

유머마인드17

✏ 음담패설은 신중하게

　음담패설을 잘못 사용하여 낭패를 보는 일이 종종 있다. 낭패를 보는 것을 떠나 인간성을 의심받
을 수 있다. 아주 친한 친구나 동료가 아니라면, 아예 생각조차 하지 말아야 할 것이다. 왜냐하면 얘
기를 듣는 동안에는 낄낄대고 웃지만 돌아서면 지저분한 놈이라고 낙인찍힌다.

준　비: 도화지, 매직펜
진　행: ① 2사람이 1조가 된다.
　　　② 갑이 매직펜을 들고 서 있으면, 을은 도화지를 들고 상하 좌우로 움직여서 리더가 지시한 글자나 문장을 완성한다.
요　령: 나이가 적을수록 간단한 단어로 하고 많을수록 긴 문장이나 한자(漢字) 등으로 한다. 제한 시간을 둔다.
도움말: 팀별 릴레이 경기로 진행할 경우 갑이 반환점에 서 있고 바통 대신 도화지를 들고 릴레이를 한다. 이때 문장의 내용은 똑같아야 하고 1사람이 1글자씩 쓰고 돌아온다.

※ ■ - 원형,  - 변형

리더는 정확한 정보전달의 능력이 있어야 한다.

302 글씨 그리기 (2)

준　비: 도화지, 매직펜
진　행: ① 2사람이 1조가 된다.
　　　 ② 갑이 도화지를 들고 서 있으면, 을은 매직펜을 입에 물고 리더가 지시한 글자나 문장을 완성한다.

303 개발 새발

준　비: 도화지, 사인펜
진　행: ① 도화지를 바닥에 펴놓는다.
　　　 ② 엄지발가락 사이에 사인펜을 꼽아 발로 글씨를 쓴다.
　　　 ③ 가장 균형 잡힌 글씨가 장원!

304 머리 서예

준　비: 머리 끈, 사인펜, 도화지
진　행: ① 사인펜을 이마에 대고 머리 끈으로 묶는다.
　　　 ② 반환점에 도화지를 놓는다.
　　　 ③ 시작 신호와 함께 1번부터 반환점으로 뛰어가 주어진 글씨나 문장을 완성하고 돌아와 2번에게 사인펜과 머리 끈을 넘겨준다.
　　　 ④ 팀별 릴레이 게임이다.
도움말: 반환점에 칠판을 놓고 그곳에 도화지를 붙이면 더 좋다.

준 비: 칠판

진 행: ① 전원을 2개 팀으로 나눈다.

② 양쪽 골라인의 간격을 10m로 하여 중앙(5m 지점)에 중앙선을 긋는다.

③ 각 팀은 중앙선에서 1줄로 줄을 선 후 상대 팀과 마주보고, 공격 팀과 수비 팀을 정한다.

④ 리더의 "가위 바위 보!" 구령에 자기 앞에 있는 상대 팀 사람과 가위 바위 보를 한다.

⑤ 이긴 사람은 서 있고 진 사람은 앉는다.

⑥ 서 있는 사람의 숫자를 비교해 더 많은 팀이 이긴다.

⑦ 공격 팀은 3번의 가위 바위 보에서 2번을 이기면 1m 앞으로 전진하여 그곳에서 계속 공격을 하고, 지면 공격과 수비를 그곳에서 바꾼다.

⑧ 골라인에 도착하면 2점을 얻고, 그곳에서 팀장끼리 가위 바위 보를 하여 이기면 보너스 1점을 추가로 얻고 지면 2점으로 끝난다.

⑨ 다시 중앙선에서 시작한다.

요 령: 공격 팀은 팀장의 지휘 아래 귓속말로 전달하여 가위 바위 보를 통일하고 수비 팀은 각자의 생각대로 가위 바위 보를 할 수도 있다.

도움말: 실내에서 할 경우 칠판을 이용해 그곳에 상황을 표시하며 진행하고, 운동장에서 할 경우 땅에 선을 긋고 진행한다.

306 업고 업히고

진　행: ① 2사람이 1조가 되어 가위 바위
　　　　보를 한다.
　　　② 진 사람들은 이긴 사람들을 업고
　　　　노래 1곡을 부르며 돌아 다닌다.
　　　③ 노래가 끝나면 이긴 사람들은 업
　　　　힌 상태에서 다른 업힌 사람과 만
　　　　나 가위 바위 보를 한다.
　　　④ 업힌 사람이 이기면 업은 사람도
　　　　이기고, 지면 업은 사람도 지는
　　　　것이 되어, 이긴 조 또는 진 조가
　　　　구별된다.
　　　⑤ 진 조는 이긴 조 사람들을 업고 또 노래를 1곡!
요　령: 노래를 부르는 대신 신나는 음악을 준비하여 음악에 맞추어 춤추며
　　　　돌아다니는 것도 좋다.
도움말: 계속해서 파트너가 바뀌기 때문에 친교를 위한 게임으로 적합하다.

307 넉 다운 가위 바위 보

진　행: ① 2사람이 1조가 되어 가위
　　　　바위 보를 계속 한다.
　　　② 1번째로 지면 오른쪽 무릎을
　　　　굽힌다.
　　　③ 2번째로 지면 왼쪽 무릎을 굽
　　　　히고, 3번째는 무릎을 꿇고, 4
　　　　번째는 두 다리를 펴고 앉고,
　　　　5번째는 드러눕고, 6번째 지
　　　　면, 다운(아웃)된다.
요　령: 드러누운 상태에서 가위 바위
　　　　보를 하여 먼저 일어나는 방법
　　　　도 된다.

도움말: 커플 게임으로 좋고, 전체 인원으로 할 경우 토너먼트로 진행한다.

진　행: ① 모두 정면을 보고 선다.

②　자신의 생각대로 오른쪽이나 왼쪽으로 몸을 90도 각도로 돌린다.

③　전원이 방향을 틀고 난 후, 리더도 한쪽 방향을 택하여 몸을 돌린다.

④　리더와 같은 방향인 사람은 2회전에 진출하고, 다른 사람은 탈락된다.

⑤　계속 반복하여 최후의 남은 자에게 푸짐한 상품을!

도움말: 리더 대신 그날의 주인공이나 임원들이 차례로 리더의 역할을 해도 좋다.

이벤트 산업이란?

이벤트 산업은 첨단 산업이다.

아이디어만의 싸움도 아니고, 떼돈을 벌 수 있는 투기 산업도 아니다. 치밀한 계획과 풍부한 경험과 지혜를 나누며 체크리스트(Check List)를 가지고 현장에서 하나씩 하나씩 확인하며 진행하는 고도의 테크닉을 필요로 하는 종합 예술이다.

기획. 제작. 연출이 삼위일체가 되어야 하고 고도의 연출력을 요구하는 첨단 산업이다.
기업은 최대의 이익을 창출하기 위해 이벤트를 한다. 기업은 사람들의 주머니를 털어놓고 싶어하고, 이벤트는 사람들의 주머니를 느슨하게 풀어준다.

자본주의의 꽃은 광고이고, 광고의 꽃(핵심)은 이벤트이다.

주사위 고 스톱

준　비: 주사위 ☞ www.selfevent.com

진　행: ① 주사위 2개를 굴려 합산한다.

② 계속 반복하여 100점 이상을 먼저 따내는 사람이나 팀이 이긴다.

③ 주사위를 굴리다가 6이나 10이 나오면 점수는 0점 처리가 되고 주사위는 다음 번으로 넘어간다.

④ 단, 6이나 10이 나오기 전에 "스톱!"(다음 번으로 주사위를 넘겨줌)

을 하면 그 점수는 절대 점수가 된다.

⑤ 절대 점수는 0점 처리가 안 되는 점수이고, 다음 번 돌아오는 순서에 절대 점수를 기본으로 깔고 주사위를 던진다.

⑥ 이와 같은 방식으로 주사위의 나올 숫자를 예측해 가며 "고!" 또는 "스톱!"을 하면서 100점을 먼저 넘기면 이긴다.

요　령: 팀 게임일 경우 주사위를 1사람이 1개씩 갖고 교대로 던진다.

도움말: 게임의 흥미를 위해 정확히 100점으로 끝내는 팀이나 사람에게 특별 보너스 점수나 상품을!

행사 후, 반드시 평가하는 습관을 가짐으로서 다음에 대처할 수 있는 마음 가짐이 필요하다.

310 주사위 야구

준　비: 주사위

진　행: ① 야구 판과 주자(바둑알, 동전)를 만들고, 공격 팀과 수비 팀을 정한다.

② 주사위 눈의 숫자에 따라 다음과 같이 운영한다.

1 → 1루, 2 → 2루, 3 → 3루, 4 → 아웃, 5 → 병살, 6 → 홈런

③ 공격 팀 선수들이 순서대로 나와서 주사위를 던진 후 상대 팀의 같은 번호 선수와 가위 바위 보를 하여 이기면 진루하고 지면 아웃이다.

④ 공격 팀에서 4와 5가 나오더라도 가위 바위 보를 이기면 파울볼이다.

도움말: 각 팀마다 '찬스'를 쓸 기회를 1번씩 준다. 이 찬스는 자기 팀이 어려움에 처했을 때 사용하는데 '찬스'를 쓰면 그 회는 그 시점에서 끝난다.

311 다섯 개의 주사위

준　비: 주사위, 메모지, 볼펜

진　행: ① 각자 자신이 좋아하는 주사위 번호(1~6) 1개를 정하고 그림과 같은 점수판을 만든다.

② 순번대로 돌아가며 주사위 5개를 던진다.

③ 자기가 좋아하는 주사위 번호와 같은 것으로 나온 주사위의 개수를 세어 점수판에 기록하고 다음 사람에게 넘겨준다.

④ 7회까지 던지고 난 후 합계를 내어 순위를 결정한다.

	1회	2회	3	4	5	6	7	합
	3	2	3					

312 주사위 포우커

준 비: 주사위

진 행: 주사위 5개를 사용하여 포우커 게임을 한다.

① 원 페어 → 같은 숫자 2개가 1조 나올 경우

② 투 페어 → 같은 숫자 2개가 2조 나올 경우

③ 트리플 → 같은 숫자 3개가 1조 나올 경우

④ 풀 하우스 → 같은 숫자 3개가 1조 나오고 나머지 2개도 같은 숫자

⑤ 포 오 → 같은 숫자 4개가 나올 경우

⑥ 스트레이트 → 주사위 숫자가 1,2,3,4,5 또는 2,3,4,5,6일 경우

⑦ 파이브 → 같은 숫자로 5개가 나올 경우

번호가 높을수록 확률이 적기 때문에 높은 번호가 이긴다.

요 령: 주사위 5개를 던지지 않고 컵으로 덮어서 흔든 다음 마음에 들면 '스톱'을 하고, 그렇지 않으면 마음에 드는 주사위만 골라낸 후 다시 컵으로 흔든다. 이때 컵을 흔드는 횟수는 3회로 제한을 하되 1번 사람이 2회를 흔들었으면 그 다음 사람들은 2회를 넘을 수 없다. 각 회마다 1번 역할은 돌아가면서 하든지 아니면 1등을 한 사람이 한다.

도움말: 번호 1~7에 점수 차를 두어 점수 관리를 하거나 가장 높은 조건을 갖춘 사람에게 매회 승리를 주어도 된다.

레크리에이션과 이벤트의 관계

레크리에이션 행사와 이벤트 행사를 뚜렷하게 구분 짓기는 애매모호(曖昧模糊)하나 둘 사이의 관계는 뚜렷한 면들이 있다. 다음 10가지는 둘 사이를 구분하는데 도움이 될 것이다.

① 레크리에이션 행사는 비영리적이고 이벤트 행사는 상업적이다.
② 레크리에이션 행사에 비해 이벤트 행사는 수명(단일 행사 기간)이 짧다.
③ 레크리에이션 행사에 비해 이벤트 행사가 더 독창성을 띠고 있다.
④ 레크리에이션 행사에 비해 이벤트 행사가 더 흥행성을 띠고 있다.
⑤ 레크리에이션 행사에 비해 이벤트 행사가 더 연출력을 필요로 한다.
⑥ 레크리에이션 행사에 비해 이벤트 행사가 더 인원동원에 의존한다.
⑦ 레크리에이션 행사에 비해 이벤트 행사가 더 목적행사이다.
⑧ 레크리에이션 행사에 비해 이벤트 행사가 더 감동적인 것을 추구한다.
⑨ 레크리에이션 행사는 '나'에서 시작되고, 이벤트 행사는 '너'에서 시작한다.
⑩ 레크리에이션 행사는 '최선'을 추구하고, 이벤트 행사는 '최고'를 추구한다.

준 비: 성냥, 실, 볼펜

진 행: ① 그림과 같이 볼펜과 성냥갑 사이를 실로 연결한다.

② 성냥갑은 자동차가 되고 실은 견인 줄이 되고 볼펜은 견인차가 된다.

③ 시작 신호와 함께 손으로 볼펜을 돌려서 실을 감아 성냥갑을 끌어온다.

④ 성냥갑이 쓰러지면 처음부터 다시 시작한다.

도움말: 실의 길이가 길수록 재미있다.

게임의 내용을 완전히 소화하고 짧은 시간에 참가자에게 이해시킨다.

314 인간 견인 자동차

준　　비: 줄, 상자
진　　행: ① 볼펜 대신 사람이 목이나
　　　　　 허리에 줄을 감는다.
　　　　② 시작 신호와 함께 제자리에
　　　 서 뱅글뱅글 돌면서 줄을 칭칭 감아 상자를 끌어온다.
도움말: 뱅글뱅글 도는 사람수를 2~5사람으로 하여 진행하면 더 재미있다.

315 인간 실패 감기

준　　비: 줄
진　　행: ① 2사람이 1조가 된다.
　　　　② 갑이 10m 이상이 되는 줄
　　　　 을 갖고 있고, 을은 그 줄을
　　　　 허리에 1바퀴 감는다.
　　　　③ 시작 신호와 함께 을은 제
　　　　 자리에서 뱅글뱅글 돌고, 갑
　　　 은 줄이 꼬이지 않게 잘 풀어 준다. 빨리 감는 조가 이긴다.
도움말: 을은 제자리에 서 있고 갑이 줄을 갖고 빙빙 돌면서 을을 감아도
　　　　 된다. 줄 대신 천으로 진행하면 더 재미있다. 이때는 2~3사람이
　　　　 같이 천 안으로 감기면 진풍경이 벌어진다.

316 인간 실패 풀기

준　　비: 줄, 화장지
진　　행: "인간 실패 감기" 게임 후에 진행을
　　　　 한다. 을에게 감겨 있는 줄을 빨리 풀
　　　　 어내는 게임으로 2가지 방법이 있다.
　　　　① 갑이 돌면서 풀고 감는다.
　　　　② 을이 돌면서 풀면, 갑은 감는다.
도움말: 줄 대신 두루말이 화장지를 이용하면 또다른 분위기를 느낄 수 있
　　　　 다.

준　비: 풍선, 과일

진　행: ① 2사람이 1조가 되어 이마 사이에 풍선을 끼우고 양손은 뒷짐진다.

② 시작 신호와 함께 풍선을 조심조심 밑으로 내려 보낸다.

③ 이마에서 얼굴 → 목 → 가슴 → 배 → ……

④ 마지막으로 2사람의 발등 위에 풍선이 내려오는 데 걸리는 시간을 제어 순위를 결정한다.

요　령: 중간에 풍선이 빠져 나오면 처음부터 다시 시작한다.

밑에서 시작하여 이마로 올리는 게임도 재미있다.

도움말: 풍선 대신 과일을 사용하면 더 훈훈한 분위기가 연출된다.

항상 진행계획을 문서로 작성한다.

318 방석 빼기

준　비: 방석, 스펀지
진　행: ① 방석 10개를 포개 놓는다.
　　　　② 2사람이 1조가 되어 갑은 방석 위
　　　　　 로 올라가 앉고 을은 옆에 선다.
　　　　③ 시작 신호와 함께 갑은 앉은 상태
　　　　　 로 펄쩍 뛰고 을은 방석 1개를 빨
　　　　　 리 잡아 뺀다.
　　　　④ 계속 반복하여 방석 10개를 모두
　　　　　 빼내는 데 걸리는 시간으로 승패를 가른다.
　　　　⑤ 팀 대항 대표 게임과 커플 게임으로 좋다.
도움말: 방석 대신 압축 스티로폴이나 두꺼운 스펀지를 방석 크기로 잘라서
　　　　이것으로 게임을 해도 재미있다. 두꺼울수록 재미있다.

319 방석 더하기

준　비: 방석, 스펀지
진　행: "방석 빼기" 방법으로 진행
　　　　하되, 방석을 역으로 쌓아
　　　　올리는 게임이다. 방석이 올
　　　　라갈수록 흔들림이 심하기
　　　　때문에 진풍경이 벌어진다.

320 방석 우산 씨름

준　비: 방석, 막대기
진　행: ① 막대기 위에 방석을 올려
　　　　　 놓아 우산처럼 만든다.
　　　　② 방석 우산을 한 손으로 들
　　　　　 고, 오른발을 든다. (깽깽이)
　　　　③ 상대방 방석 우산과 방석끼리 부딪쳐 상대방의 방석을 떨어뜨린다.
요　령: 반드시 한 발, 한 손으로만 게임을 해야 한다.

301 ~ 400

준　비: 빨대, 탁구공
진　행: ① 각 팀별로 반환점을 향해 출발선에 1줄로 줄을 서고 반환점에는 탁구공을 놓아 둔다.
　② 시작 신호와 함께 맨 앞의 1번 사람이 반환점으로 달려가 입에 물은 빨대로 탁구공을 빨아 들고 출발선으로 돌아와 2번 사람에게 탁구공으로 바통 터치를 한다.
　③ 빨대를 이용해 탁구공을 전달받은 2번은 빨대로 탁구공을 빨아들고 반환점을 돌아와 탁구공으로 3번에게 바통 터치한다.
도움말: 탁구공 대신 솜뭉치를 이용해도 된다.
　빨대는 큰 것으로 하고, 위생상 1사람이 1개씩 갖고 한다.

게임은 활동적이고 대중적인 것을 선택한다.

322 탁구공 보내기

준　비: 빨대, 탁구공
진　행: ① 각 팀별로 1줄로 줄을 서되
　　　　　옆으로 선다.
　　　② 팀원 전체가 빨대를 1개씩 입
　　　　　에 물고 양손은 뒷짐을 진다.
　　　③ 시작 신호와 함께 각 팀의 1번 사람은 앞에 있는 탁구공을 빨대로
　　　　　빨아들여 2번 사람에게 전달한다.
　　　④ 2번은 3번에게, 3번은 4번에게, ……
　　　⑤ 도중에 탁구공이 떨어지면 처음부터 다시 시작하고 끝번까지 먼저
　　　　　도착하는 팀이 이긴다.
요　령: 탁구공을 3~5개로 하여 진행할 수도 있다.

323 빨대 펜싱

준　비: 탁구공, 빨대
진　행: 빨대로 탁구공을 빨아 들고, 상대방
　　　　　의 탁구공을 공격해서 떨어뜨리는
　　　　　경기이다. 개인전으로 할 때는 토너
　　　　　먼트로 하고, 팀 대항으로 할 때는 번호별 릴레이 경기를 한다.

324 동전 보내기

준　비: 동전
진　행: ① 각 팀별로 1줄로 줄을 서되 옆으로 선다.
　　　② 전원이 양손을 주먹 쥐고 손등은 하늘을 향하게 한다.
　　　③ 리더는 1번 사람의 오른손등에 동전 1개를 놓아 준다.
　　　④ 시작 신호와 함께 1번은 자신의 오른손등에 있는 동전을 왼손등으
　　　　　로 옮기고 이것을 2번의 오른손등으로 보낸다.
　　　⑤ 손등만을 이용하여 끝까지 먼저 동전을 보내는 팀이 이긴다.
요　령: 손등에 동전 2개를 올려 놓고 진행해도 좋다.
도움말: 액면이 서로 다른 동전 여러 개를 혼합해서 진행하면 재미있다.

301 ~ 400

제스추어(Gesture) 놀이 (1)

진　행: 리더는 참가자 전원을 대상으로 속담, 노래 가사, 영화 제목, ……
등을 제스추어(몸짓)으로 보여 준다. 참가자들은 리더의 제스추어
를 보고 무슨 내용인가를 맞추는 게임이다.

요　령: 리더는 몸짓을 크게 해야 하고, 어떤 부문(노래 제목! 또는 속담!)
인지를 미리 말하고 진행한다.

326 제스추어 놀이 (2)

준　비: 메모지, 볼펜

진　행: ① 리더는 각 팀의 팀장들에게 속담
이나 격언 또는 물건의 이름이 적혀
있는 메모지를 준다.

　　　② 시작 신호와 함께 팀장은 자기 팀원에게 메모지의 내용을 제스추어
로 설명하고, 팀원들은 그 내용을 가능한 빨리 맞추는 게임이다.

요　령: 1팀씩 진행하고 팀장들은 절대로 말을 할 수가 없음을 강조한다.

도움말: 메모지 내용의 난이도를 안배한다. 메모지의 내용을 제스추어로 하
지 않고 팀장이 그림을 그려가며 맞추게 해도 재미있다.

게임에 의미를 담아 참가자의 지적 향상과 여가 선용을 돕는다.

327 퀴즈고개 넘기

준　비: 메모지, 볼펜
진　행: ① 메모지 1장에 동물 이름
　　　　 1개를 적는다.
　　　 ② 리더는 그 동물에 대해서
　　　　 2~3개의 암시를 준다.
　　　 예 "이 동물의 이름은 '가'자로
　　　　 시작됩니다.""이 동물은 4발
　　　　 로 기어다니기도 하고 2발로 걸어 다니기도 합니다.""이 동물은 추울
　　　　 때면 겨울잠을 잡니다.""과연 무엇이겠습니까?"
　　　 ③ 정답을 아는 사람은 손을 들고 정답을 맞추어 점수를 따 낸다.
　　　 ④ 정답을 정확히 모르는 사람은 리더에게 질문을 할 수 있고 리더는
　　　　 그 질문에 대해 "그렇다!" 또는 "아니다!"만으로 대답을 한다.
　　　 ⑤ 여러 번 실시하여 점수가 높은 팀이나 개인에게 상을 준다.
요　령: 질문을 많이 할수록, 정답을 늦게 맞출수록 감점을 한다. 팀 대항
　　　　 이면 한 팀이 정답을 맞출 때까지 계속 진행한다.
도움말: 동물뿐만이 아니라 꽃 이름, 나라 이름, 명승 고적 등 대상에 따라
　　　　 자유롭게 선택한다.

328 엉덩이 통신

준　비: 메모지, 볼펜
진　행: ① 모두가 잘 아는 문장
　　　　 (속담, 격언 등)을 메모
　　　　 지에 적어 각 팀장에게 1
　　　　 장씩 나누어 준다.
　　　 ② 팀장(팀 대표 선수)은 메
　　　　 모지의 내용을 읽은 후 엉덩이로 글씨를 써 팀원들이 맞추게 한다.
　　　 ③ 팀마다 시간을 재어 순위를 정한다.
요　령: 엉덩이 이외에 신체의 다른 부분을 사용하면 실격!
도움말: 문장의 난이도는 안배를 하고, 메모지 선택은 제비뽑기로 한다.

퀴즈 야구

준 비: 메모지, 볼펜

진 행: ① 리더는 퀴즈 문제(대상의 수준에 맞게)를 만든다.

② 문제의 난이도에 따라 1루, 2루, 3루, 홈런 문제로 분류한다.

③ 공격과 수비 팀을 정한다.

④ 공격 팀은 팀의 타순(번호순)대로 나와 감독의 지시에 따라 문제를 선택하여 맞추고, 수비 팀도 타순대로 나와 공격 팀에서 선택한 문제를 읽어준다.

⑤ 문제를 맞추면 해당루까지 진루하고 틀리면 아웃!

⑥ 일반 야구 규칙에 따라 공격과 수비를 한다.

요 령: 문제를 맞추는 것은, 공격 팀의 공격수가 다른 사람의 도움없이 혼자서 맞춰야 한다. 게임의 횟수를 시작하기 전에 정하고 시작한다.

도움말: 다음과 같은 변수를 넣어 게임의 흥미를 더한다.

· 도 루 : 수비 팀 1명을 만나 가위 바위 보를 해서 이기면 도루 성공, 지면 아웃! 단, 1이닝에 3번까지 할 수 있다.

· 병살타 : 공격을 2명이 하는데, 문제를 2사람이 힘을 합해 맞출 수 있으나 틀리면 병살타(투 아웃)이고 홈인을 하면 2득점이다.

진행중 절대로 화를 내어서는 안된다.

330 윷놀이 야구 (1)

준　비: 윷, 야구판 ☞ www.selfevent.com
진　행: 윷을 던져가며 야구 게임을 한다.
　　　① 도 - 1루, 개 - 2루, 걸 - 아웃, 윷 -
　　　　 3루, 모 - 홈런, 빽도 - 병살타이다.
　　　② 공격 팀이 윷을 던져 아웃(걸)이 아
　　　　 닐 경우 수비 팀에서도 1번 던진다.
　　　③ 수비 팀에서 던진 윷이 공격 팀에서
　　　　 던진 것과 다르면 진루하고 같으면 아웃!
도움말: 팀장들은 팀의 '화이팅!'을 위해 분위기를 고조시킬 필요가 있다.

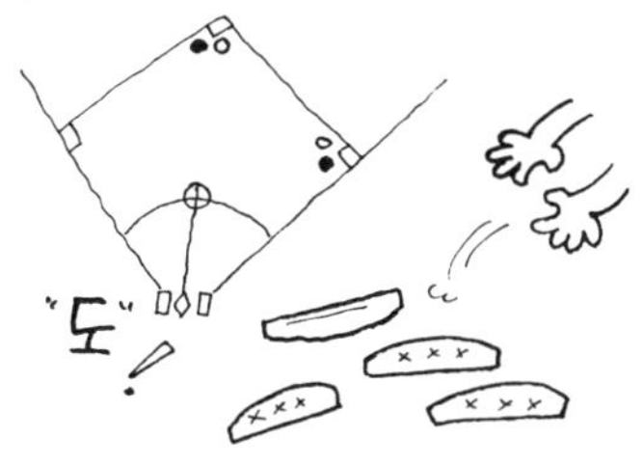

331 윷놀이 야구 (2)

준　비: 윷, 야구판
진　행: "윷놀이 야구(1)" 방법으로 진행
　　　　하되, 공격 팀에서 윷을 던진 후
　　　　감독끼리 가위 바위 보를 해서
　　　　공격 팀이 이기면 진루, 수비 팀
　　　　이 이기면 아웃! 이때 모가 나오
　　　　면 가위 바위 보 없이 홈런이다.
도움말: 가위 바위 보를 공격과 수비 선수들끼리 타순에 따라 해도 좋다.

332 100점 윷놀이

준　비: 윷, 메모지, 볼펜
진　행: 순번(개인 또는 팀)대로 윷을 던져
　　　　100점을 먼저 따내는 게임이다.
　　　① 도는 1점, 개는 2점, 걸은 3점, 윷
　　　　 은 4점, 모는 5점이다.
　　　② 1사람이 몇 번이라도 계속해서 던
　　　　 질 수 있으나, 먼저 던져진 것보다 점수가 크거나 같아야 계속 던
　　　　 질 수 있고 작으면 다음으로 윷을 넘겨줘야 한다.

301 ~ 400

333 원앙새 실감기

준　비: 실, 실패, 쵸콜릿
진　행: ① 남녀 1쌍이 짝이 되어 초콜릿 3개와 실뭉치를 갖고 준비한다.
　　　② 남자는 실뭉치를 양 손에 걸어 팔을 벌리고, 여자는 실끝을 찾아
　　　　실패에 1번 감고 기다린다.
　　　③ 시작 신호와 함께 2사람이 협력하여 빠른 동작으로 실뭉치를 실패
　　　　에 옮겨 감는다.
　　　④ 도중에 리더의 호각 소리가 나면 실감기를 멈추고, 남자는 여자의
　　　　이마나 뺨에 뽀뽀를 1번 해야 하고 여자는 초콜릿 1개를 까서 남자
　　　　의 입에 넣어 주고 다시 실을 감는다.
　　　⑤ 실을 먼저 감거나 제한시간 내에 많이 감는 커플이 이긴다.
요　령: 호각은 3번을 불되 분위기를 잘 파악하면서 분다.
도움말: 연인끼리 또는 부부끼리 커플이 되어 게임을 해야지 그렇지 않으
　　　면???

활동적이고 명랑한 분위기를 만들고 피곤해 해선 안된다.

 반환점 돌아 실감기

준　　비: 실, 실뭉치
진　　행: "원앙새 실감기" 방법으로
　　　　　진행하되, 뽀뽀와 초콜릿을
　　　　　먹여 주는 대신 반환점을 돌
　　　　　아온다. 반환점으로 갈 때는
남자가 업고, 올 때는 여자가 업고 들어와 실감기를 계속한다.

335 **원앙새 실뜨기**

준　　비: 줄
진　　행: ① 1m 정도의 줄을 준비하여 양쪽 끝
　　　　　끼리 서로 묶어 둥근 줄을 만든다.
　　　　② 남녀 1쌍이 짝이 되고, 먼저 남자가
　　　　　가랑이를 벌려서 무릎에 줄을 걸친다.
　　　　③ 시작 신호와 함께 여자는 남자가 걸치
　　　　　고 있는 줄 안으로 들어가 손을 쓰지
　　　　　않고 발만으로 줄을 넘겨 받아 무릎에 걸친다.
　　　　④ 줄을 넘겨 준 남자는 반환점을 돌아와 여자의 무릎에 걸쳐 있는 줄
　　　　　을 같은 방법으로 다시 넘겨 받는다.
　　　　⑤ 줄을 넘겨 준 여자가 반환점을 돌아오면 골인!

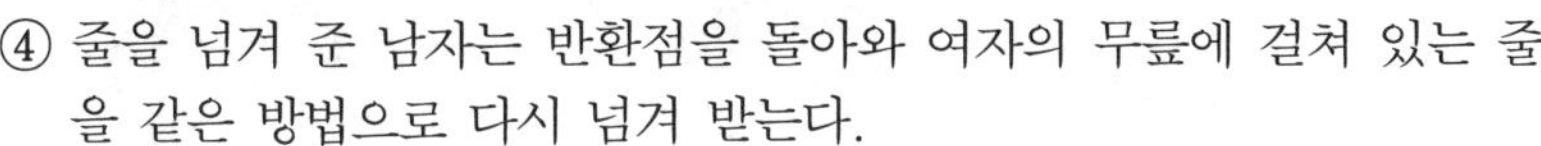

336 **실뜨기 릴레이**

준　　비: 줄
진　　행: "원앙새 실뜨기" 방법
　　　　　으로 진행하되, 각 팀
　　　　　별 1줄로 줄을 서서
　　　　　줄을 바통으로 하여
　　　　　릴레이 경기를 한다.

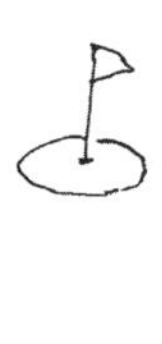

어둠 속의 대행진 (1)

준　비: 눈가리개, 동전
진　행: ① 금액이 서로 다른 동전을 30개 이상 뒤섞어 놓는다.
　② 리더는 게임 참가자의 눈을 눈가리개로 가린다.
　③ 시작 신호와 함께 동전을 같은 액수끼리 분리하여 모은다.
　④ 빠른 시간에 정확히 분리하는 사람이 이긴다.
요　령: 틀리는 것 1개에 10초를 가산하여 승부를 가린다.
도움말: 팀 게임, 개인 게임으로 진행하고 눈가리개가 정확히 됐는지를 확
　　인한다. 눈가리개 준비가 안되면 게임 참가자를 뒤돌아 세우고, 손
　　을 뒤로 뻗어 동전을 분리하게 한다.

게임은 창조적 요소가 많은 것으로 한다.

338 어둠 속의 대행진 (2)

준　비: 눈가리개, 막대기, 종이 테이프
진　행: "어둠 속의 대행진(1)" 방법으로
　　　　진행하되, 동전 대신 길이가 서
　　　　로 다른 막대기를 늘어 놓고 진
　　　　행한다. 막대기가 없으면 종이테
　　　　이프를 잘라서 진행해도 된다.

339 어둠 속의 대행진 (3)

준　비: 눈가리개 ☞ www.selfevent.com
진　행: ① 팀을 나눈다.
　　　　② 리더는 팀 전원에게 눈가리개를 해 준다.
　　　　③ 시작 신호와 함께 키 순서대로 줄을 선다.
　　　　④ 정확히, 빨리 줄을 서는 팀이 이긴다.
요　령: 리더는 팀원끼리 말을 못하게 해야 한다.
도움말: 키 순서대로 줄을 서는 것을 계속하면 나
　　　　중에 줄을 서는 팀이 요령을 터득하기 때문에 유리하다. 따라서 다
　　　　음과 같이 변화를 줄 필요가 있다.
　　　　㉠ 몸무게대로 줄서기
　　　　㉡ 신발 크기대로 줄서기 ……

340 어둠 속의 대행진 (4)

준　비: 눈가리개
진　행: "어둠 속의 대행진(3)" 방법으로
　　　　진행하되, 팀원끼리 협력하여
　　　　몸으로 글씨나 모양을 만든다.
　　　　예 동그라미, 세모, 네모, 8자, 4자,
　　　　……
도움말: 리더는 말없는 무언의 행동으로
　　　　팀의 결속을 다지게 한다.

표정 전달 릴레이

준 비: 메모지, 볼펜

진 행: ① 각 팀별 1줄로 줄을 선다.

② 리더는 메모지에 여러 종류의 표정을 각 팀의 1번에게 보여 준다.

③ 1번은 메모지의 내용을 확인하고 2번에게 말없이 표정을 지어 준다.

④ 2번은 3번에게, 3번은 4번에게, ……

⑤ 끝번은 전달받은 표정을 메모지에 적어 리더가 갖고 있는 것과 비교하여 우열을 가린다.

요 령: 표정 전달시 바로 뒷사람에게만 전달되야 하므로 1번을 제외한 전원이 뒤 돌아서게 한 다음, 전달받을 사람의 어깨를 두드려 마주보고 표정 전달을 한다.

도움말: 표정은 1가지로만 하지 말고 여러 개를 묶어서 해도 좋다.

㉵ 울다가 웃는다, 화내다 졸도했다, 물먹다 체했다, 윙크하다 뺨 맞았다, 땅콩 먹고 배탈났다, ……

경험을 많이 쌓고, 발견된 게임은 실용화시켜 그 장단점을 찾아낸다.

342 안면 운동

준　비: 과자, 껌, 실
진　행: ① 이마 위에 과자나 껌을 올려 놓는다.
　　　② 시작 신호와 함께 손을 쓰지 않고 얼굴의
　　　　근육만을 움직여 입까지 옮겨 먹는다.
　　　③ 손을 대거나 바닥에 떨어뜨리면 처음부터
　　　　다시 시작한다.
　　　④ 3번 떨어뜨리면 실격!
요　령: 팀별, 개인별 진행 가능하고 이마에서 시작하는 것 외에도 왼쪽 뺨
　　　이나 오른쪽 뺨에서 시작해도 재미있다.
도움말: 50㎝ 정도의 실에 과자를 묶어서 입에 물고, 입을 움직여 과자를
　　　끌어 당겨 먹는 게임도 해 볼만하다.

343 거머리 퇴치 작전

준　비: 종이, 물
진　행: ① 종이를 3㎝×10㎝(가로, 세로)
　　　　정도 크기로 잘라 물에 적신다.
　　　② 물묻은 종이를 얼굴에 붙이고 안면
　　　　운동으로 떼어 낸다.
도움말: 종이가 너무 얇으면(습자지, 화장지) 진행이 안된다.

344 오두방정

준　비: 스펀지, 오뚝이, 종이접시, 매트리스
진　행: ① 스펀지나 매트리스를 바닥에 깔고,
　　　　그 위에 오뚝이를 올려 놓는다.
　　　② 시작 신호와 함께 1사람이 올라
　　　　가 무릎을 꿇고 앉아 온몸을 흔
　　　　들어 오뚝이를 떨어뜨린다.
　　　③ 몸의 일부분이라도 오뚝이에 닿으면 실격패!
도움말: 오뚝이 대신 종이 접시나 깨지지 않는 물건으로 진행해도 된다.

준 비: 돼지 저금통, 막대기, 럭비공 ☞ www.selfevent.com

진 행: ① 각 팀별로 돼지 저금통 1개와 막대기 1개를 준다.

　② 시작 신호와 함께 돼지 저금통을 막대기로 몰면서 반환점을 돌아온다.

　③ 1번부터 끝번까지 먼저 돌아오는 팀이 이긴다.

도움말: 돼지 저금통 대신 럭비공을 사용하면 더 재미있다. 제멋대로 굴러가므로 마음대로 안된다.

안전사고에 대한 철저한 준비를 한다. 인적/ 시설적/ 환경적/ 사용도구 등

346 젓가락 행진

준　비: 젓가락, 밥공기
진　행: "돼지몰이 릴레이" 방법으로
　　　진행하되, 실내에서 젓가락과
　　　밥공기 그릇을 이용하여 게임
　　　을 한다. 가족 게임으로 좋다.

347 부채 도사

준　비: 부채, 탁구공, 풍선, 우산,
　　　빨대, 빈깡통, 종이컵.
진　행: "돼지몰이 릴레이" 방법으
　　　로 진행하되, 부채로 바람
　　　을 일으켜 탁구공을 몰면서
　　　반환점을 돌아온다.
도움말: 여러 가지 도구를 이용해 게임을 할 수 있다.
　　　예 부채와 풍선 → 부채 바람으로 풍선을 몰면서 반환점을 돌아온다.
　　　　우산과 풍선 → 우산을 폈다 접었다 하면서 바람을 일으킨다.
　　　　빨대와 빈깡통 → 빨대로 빈깡통을 불면서 반환점을 돌아온다.
　　　　빨대와 종이컵 → 종이컵이 제멋대로 굴러가기 때문에 재미있다.

348 꼬부랑 돼지몰이

준　비: 부채, 탁구공
진　행: 바닥에 지그재그 코스를
　　　만들고, 부채로 바람을
　　　일으켜 코스에 따라 탁
　　　구공을 몰면서 갔다 온
　　　다.

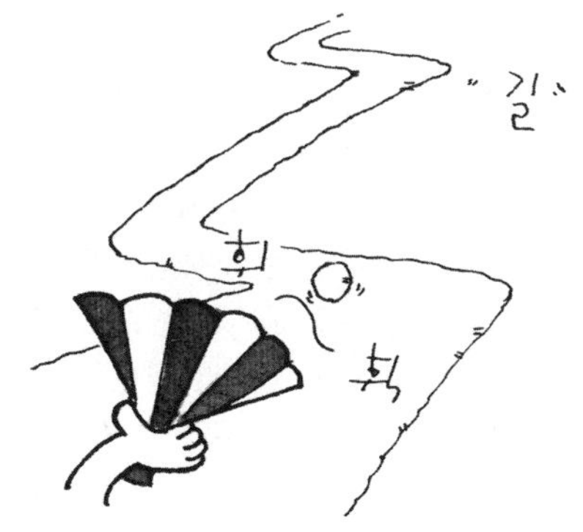

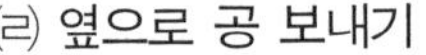

349 공 보내기 릴레이

준　비: 공

진　행: ① 각 팀은 앞을 보고 1줄로 줄을 선다.

　② 시작 신호와 함께 정해진 방법대로 공을 뒤로 보내면 맨 뒷사람은 공을 갖고 앞으로 나와 1번에게 공을 준다.

　③ 가장 먼저 1번에게 공을 주는 팀이 승리하는 팀이다.

　예 (ㄱ) 머리 위로 공 보내기

　　(ㄴ) 다리 사이로 공 보내기

　　(ㄷ) 머리 위로 공을
　　　받아 다리 사이로
　　　보내고, 다리 사
　　　이로 공을 받아
　　　머리 위로 보내기

　　(ㄹ) 옆으로 공 보내기

요　령: 맨 뒷사람이 공을 갖고 1번에게 갖다줄 때, 공을 무릎과 무릎 사이에 끼고 갖다 주도록 하면 진풍경이 벌어진다.

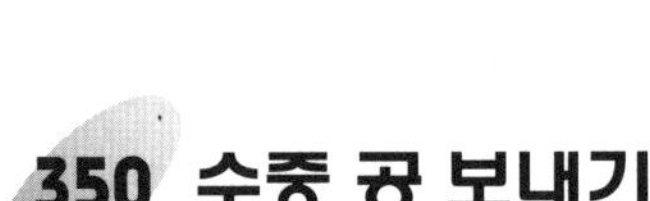

350 수중 공 보내기

준　비: 비치볼

진　행: ① 각 팀은 물 속에서 1줄로 줄을 선다.

　② 시작 신호와 함께 비치볼을 물속으로 가라앉혀 뒷사람에게 보낸다.

　③ 비치볼이 맨 뒷사람에게 전달되면, 수영을 하든지 걷든지 하여 1번에게 비치볼을 먼저 갖다 주는 팀이 이긴다.

도움말: "공 보내기 릴레이" 예처럼 수중에서도 다양하게 진행할 수 있다.

> 노래는 즐거움의 원천이며 마음과 마음의 벽을 무너뜨리는 힘이 있다.

351 손등으로 공 보내기

준　비 : 공
진　행 : ① 각 팀은 1줄로 줄을
　서되 옆으로 선다.
② 1번은 손등 위에 공을 올려 놓는다.
③ 시작 신호와 함께 손등에서 손등으로 공을 전달하여 끝까지 먼저
　보내는 팀이 이긴다.
④ 공이 떨어지면 처음부터 다시 시작한다.
도움말 : 공을 여러 개로 진행하면 더 재미있고, 공을 섞어서(탁구공, 테니
　스공, 축구공, ……) 진행하면 더욱더 재미있다. 손등으로 공을 다
　루기란 그리 쉽지 않다.

352 홀수 공 짝수 공

준　비 : 공, 풍선
진　행 : ① 모두 모여 둥글게 선 다음, 각자 일련 번호를 정한다.
② 홀수끼리 청팀이 되고 짝수끼리 백팀이 된다.
③ 리더는 청팀 1번과 백팀 10번에게 공을 1개씩 준다. (20명일 경우)
④ 시작 신호와 함께 홀수는 홀수끼리(1번, 3번, 5번, ……), 짝수는
　짝수끼리(10번, 12번, 14번, 16번, ……) 사람씩 건너가며 공을 전달한다.
⑤ 상대 팀의 공을 추격하여 잡는 팀이 이긴다.
도움말 : 공대신 풍선으로 진행해도 되고, 공이나 풍선의 색깔은 서로 다르거나 구별이 되는 것이면 더욱 좋다.

353 지그재그 드리볼

준　비: 축구공, 럭비공, 돼지저금통 ☞ www.selfevent.com

진　행: ① 그림과 같이 바닥에 장애물 코스를 설치한다.

　② 축구공을 지그재그로 드리볼하여 장애물을 쓰러뜨리지 않고 코스를 돌아온다.

　③ 팀 대항전은 릴레이로, 개인전은 시간 기록 경기로 진행한다.

도움말: 반환점에 빈 상자를 놓고, 그곳에서 두 발로만 공을 집어 넣고 돌아오는 것도 재미있다. 축구공 대신 럭비공이나 돼지저금통을 사용해도 좋다.

※ ▭ – 원형, ⬭ – 변형

레크리에이션 프로그램에 있어서 노래는 시작과 마무리를 담당한다.

354 거북이 축구

준　비: 축구공, 럭비공, 돼지저금통, 끈
진　행: ① 50㎝ 정도의 끈을 고리가 되
　　　게 양쪽 끝끼리 서로 묶는다.
　　　② 이것을 발목에 끼고 "지그재그
　　　드리블" 방법으로 진행한다.
　　　③ 끈이 발목에서 벗겨지면 처음부
　　　터 다시 출발한다.

355 제한 축구

준　비: 축구공, 끈
진　행: ① 2사람이 1조가 되어 서로
　　　1발씩 모아 끈으로 발목을
　　　묶는다. (2인 3각)
　　　② 일반적인 축구 경기 규칙에
　　　따라 축구 경기를 한다.
　　　③ 축구공은 2개 이상으로 하고 운동
　　　장의 크기에 따라 인원을 증감한다.
　　　④ 골키퍼는 1명으로 한다.
요　령: 대상에 따라 끈을 다리에 묶는 대신 허리에 묶거나, 어깨동무 또는
　　　서로 손을 잡게 하고 경기를 진행한다.

356 외발 골키퍼

준　비: 축구공, 끈
진　행: 남녀노소를 가리지 않고 모두가
　　　참여할 수 있는 게임이다. "페
　　　널티킥" 방법으로 진행하되, 골
　　　키퍼가 끈으로 두 발을 묶고 수
　　　비를 한다. 뒤뚱거리며 수비를
　　　하는 폼은 볼만하다.

터널 통과 (1)

진　　행: ① 4명을 제외한 전원이 둥글게 손을 잡고 선다.
　　　② 제외된 4명은 2사람이 1조가 되어 손을 마주 잡고, 팔을 들어 터널을 만든다.
　　　③ 시작 신호와 함께 전원이 손을 잡고 빙글빙글 돌면서 노래를 부르며 터널을 통과한다.
　　　④ 리더의 "스톱!" 소리와 함께 터널을 만들고 있던 사람들은 팔을 내려 1사람씩 잡는다.
　　　⑤ 걸린 2사람이 또 터널을 만들고, 3개의 터널로 계속 진행한다.
　　　⑥ 최후의 1사람이 나올 때까지 계속하고, 챔피언에게는 상품을!

요　　령: 빙글빙글 도는 방향을 적당한 시점에서 반대 방향으로 돌린다.

도움말: 터널에 잡히는 사람이 없을 경우, 터널을 지나기 직전에 있는 사람이 걸리는 것으로 하고 진행한다.

358 터널 통과 (2)

진　　행: ① 2줄로 줄을 선 다음, 마주보고 2사람씩 손을 잡는다.
　　　② 맨앞의 1번 조부터 손을 잡고 긴 터널 속으로 들어가 빠져 나온다.
　　　③ 터널을 빠져 나온 1조는 그곳에서 즉시 터널을 만들어 다음 조들이 통과할 수 있도록 한다.
　　　④ 2조, 3조 4조, …… 끝 조까지 통과를 하면 처음 상태대로 된다.

요　　령: 팀 대항전으로 진행할 경우, 맨 마지막 조가 빠져 나올 때까지의 시간을 갖고 순위를 정한다.

도움말: 이 게임은 경쟁이 없이, 노래를 부르면서 친선을 도모하는 데 적합하다.

359 비상구 탈출

준　비: 신문지

진　행: ① 각 팀별 대표 1사람씩을 뽑는다.
② 각 팀 대표 앞에 신문지 1장씩을 펴놓는다.
③ 시작 신호와 함께 대표들은 손만 쓰지 않고 발, 무릎, 입 등 수단과 방법을 다해서 자신이 빠져 나갈만한 구멍을 뚫는다.
④ 구멍이 충분하다고 생각되는 사람은 "스톱!"을 외치고 신문지를 들어 머리부터 통과하여 빠져 나온다.
⑤ 빠져 나올 때 신문지가 찢어지면 실격패!

요　령: 땅에서 신문지를 들어 올리면 다시 땅에 내려 놓을 수 없다. 즉 신문지에 구멍을 뚫는 기회는 1번뿐이다.

360 무사 통과

준　비: 눈가리개

진　행: ① 술래 2사람을 뽑아 손을 마주잡게 한 후 눈가리개로 눈을 가린다.
② 나머지 사람들은 술래끼리 잡은 손 밑으로 통과를 한다.
③ 술래는 통과하는 사람들을 잡거나 터치를 하여야 하고, 술래가 아닌 사람들은 술래에게 걸리지 않고 빠져 나가야 한다.

④ 술래들은 육감을 최대한 발휘하고, 다른 사람들은 민첩한 행동을!

도움말: 팀 대항전으로 할 경우 갑 팀에서 2사람이 나와 수비(술래)를 하고 을 팀 전원이 공격(무사 통과)을 한다.

그림으로 자기 소개

준　비: 도화지, 크레파스
진　행: ① 모두 모여 앉고, 도화지와 크레파스를 갖고 준비한다.
　　②자신을 잘 나타낼 수 있는 특징을 그림으로 그린다.
　　③전원 그림이 완성되면 1사람씩 일어나 말없이 그림을 보여 준다.
　　④다시 1사람씩 일어나 짤막하게 자기 소개를 한다.(30초 이내)
요　령: 그림 그리기 대회가 아니므로, 잘 그린 것을 칭찬해도 안되고 못
　　그린 것을 혹평해서도 안된다. 나름대로의 특색과 개성을 인정해야
　　한다.
도움말: 참가자 전원이 그림을 그리는 과정을 통해서 참여감이 생기고 상대
　　방에 대한 기대와 호기심이 생긴다. 그림을 통해 말로 표현할 수
　　없는 면까지 표현할 수 있다.

프로그램의 주제와 분위기에 맞는 노래를 선택하여 이를 완전히 익힌다.

362 나의 미래상

준 비: 메모지, 볼펜
진 행: ① 리더는 참가자들에게 눈을 감게 하고, "지
　　　　금부터 10년 후 나는 무엇이 되어 있을까?"라
　　　　는 제목으로 생각할 시간을 준다.
　　　　② 메모지에 적어 순서대로 자기 것을 낭독한다.
　　　　③ 다음 사람으로 넘어가기 전에 궁금한 것이
　　　　있는 사람은 질문을 하고, 대답을 듣는다.
요 령: 시간을 여유 있게 주어 충분히 생각한 후 메
　　　　모지에 적도록 한다.
도움말: 처음보다는 훨씬 밝고 진전된 분위기가 형성된다. 미래에 대한 인
　　　　생 설계와 자신을 구체적으로 돌아보는 시간이 된다. 발표가 끝나
　　　　면 리더는 피드 백(Feed Back)을 해 주는 것이 좋다.

363 나를 소개합니다

준 비: 메모지, 볼펜
진 행: 내가 가장 좋아하는 것, 싫어하는 것,
　　　　기뻤던 것, 인상 깊었던 것, 억울했던
　　　　것, 행복했던 때, …… 등을 적고 돌아
　　　　가면서 발표를 한다. 책, 음식, 물건,
　　　　…… 등 주변생활이나 환경적인 것도
　　　　좋고, 1억원짜리 복권이 당첨됐을 때,
　　　　화장실이 급해서 갔는데 안에 누가 있
　　　　을 때, …… 등 특별한 상황에 대한 것도 좋다.
도움말: 누구를 지적하면서 주문을 해도 좋다.

┌─────────────────────────────────────┐
유머마인드18

✏ 미소에서 폭소까지

　　일반적으로 유머를 구사하는 사람들의 스트레스는, "내가 이 말을 해서 상대방이 폭소를 자아내
지 않으면 어쩌지?" 하는 걱정이다. 그러나 걱정할 것 하나 없다. 유머는 미소에서 폭소까지 모두 유
머니까. 비록 썰렁한 유머도 유머다. 자신을 갖고 덤비기 바란다.

364 주고픈 말

준 비: 메모지, 볼펜

진 행: ① 모두 모여 둥글게 앉거나, 사람이 많을 경우 여러 팀으로 나눈다.

② 메모지 위쪽에 자신의 이름을 적고, 옆으로 3사람 지나게 전달한다.

③ 메모지를 전달받으면 이름을 보고, 그간 느낀 소감이나 첫 인상에 대해 기록을 하고 옆으로 전달한다.

④ 한 사람에 대해 주고픈 말을 전원이 기록하고 나면 자기 것을 찾는다.

요 령: 주고픈 말을 쓸 때 위에서부터 차례로 쓰지 말고 여기저기 써서, 누가 어떤 내용의 말을 썼는지 모르게 할 필요가 있다.

도움말: 메모지에 1번, 2번을 기록하여 1번은 첫 인상을, 2번은 끝 인상을 써서 비교를 해도 좋다. 이러한 것들을 통해 공동 생활에서의 인간 관계 개선이 얼마나 중요한 것인지를 느낄 수 있다.

이벤트 테크닉의 역발상

많은 이벤트 테크닉 중 가장 많이 쓰이고 있는 것이 역발상이다.

역발상은 좌우를 바꾸거나 위아래를 옮기거나 안팎을 뒤집는 발상이다. 이벤트 기획자가 경계해야할 것은 바로 고정관념인데, 고정관념에 사로잡혀 있다면 새로운 아이디어는 찾기 어렵다.

실제로 어느 중학교 선생님은 시험을 치르기 전에, 전 학생에게 100점씩을 모두 주었다. 그리고 시험을 치른 후 틀릴 때마다 5점씩 감점처리를 하겠다고 했다. 이 말을 들은 꼴지 학생도 100점을 지키기 위해 책상 앞에 10분을 더 앉아 있게 되었고 책 1 장을 더 넘기게 되었다. 결과는 학급 평균 성적이 10점이나 더 올라갔다. 평균성적 10점은 대단한 점수다.

또 장미나무에 따가운 가시가 있다고 생각하기보다는 "가시나무에 이렇게 아름다운 꽃이 피다니!" 하고 생각해 볼일이다.

준 비: 신문지

진 행: ① 반환점을 향해 팀별 1줄로 줄을 선다.

② 맨 앞의 1번 주자에게 신문지 1장씩을 준다.

③ 시작 신호와 함께 1번은 신문지를 배에 올려 놓고, 양손은 뒷짐을 지고, 바람을 이용해(공기의 저항) 신문지가 떨어지지 않도록 하여 반환점을 돌아와 2번에게 신문지를 넘겨 준다.

④ 신문지가 떨어지면 처음부터 다시 시작한다.

도움말: 야외에서 나뭇잎을 이마에 대고 하거나, 머리 위에 올려 놓고 한다.

특수한 모임의 성격을 제외하고는 여러 종류의 노래를 고루 선택한다.

366 배불뚝이 릴레이

준　비: 모자

진　행: "배사장님 나가신다" 방법으로 진행하되, 신문지 대신 모자를 배에 올려놓고 진행한다. 상체를 뒤로 젖히고 뒤뚱뒤뚱 가는 폼은 볼 만하다.

367 아기 업고 지팡이 집고

준　비: 막대기, 책

진　행: 지팡이(막대기)를 집고, 책(아기)을 펴서 등에 올려놓고(업고), 지팡이를 집으면서 반환점을 돌아와 다음 선수에게 넘겨준다.

요　령: 아기(책)가 떨어질 때마다 감점 처리를 한다.

도움말: 전화번호부 책을 이용하면 좋다. 가족 동반 야유회일 경우 어린이가 엄마, 아빠의 등에 업히면 된다.

368 고진감래

준　비: 책, 붓

진　행: ① 각 팀에서 대표 1사람씩 나와 책을 머리에 이고, 1발을 들고, 양 팔을 벌리고 선다.

② 시작 신호와 함께 상대 팀으로 가서, 붓이나 솔을 이용하여 간지럼을 태워 책이 떨어지게 한다. 오래 버티는 팀이 이긴다.

요　령: 간지럼을 태우는 장소는 혐오감을 주지 않는 범위 내에서 최대한 허용

369 그림짝 찾기

준 비: 색종이

진 행: ① 전체 인원의 절반(또는 남자들)에게 색종이 1장씩 나누어 준다.

② 색종이를 받은 사람들은 마음대로 색종이를 1번만 찢는다.

③ 1조각은 갖고 있고, 1조각은 리더에게 준다.

④ 리더는 받은 조각들을 마구 섞고 난 후, 색종이를 받지 못한 사람들(또는 여자들)에게 1조각씩 나누어 준다.

⑤ 시작 신호와 함께 먼저 짝을 찾아 앉는 사람이 1등!

요 령: 리더가 색종이 조각을 나누어 줄 때, 색종이를 찢어서 리더에게 준 사람들은 눈을 감게 한다.

도움말: 이 게임 후에 자연스럽게 커플 게임으로 들어간다.

370 그림으로 팀짜기

준 비: 그림 종이

진 행: ① 나누고자 하는 팀의 수만큼 그림 종이를 준비한다.(4팀이면 4장)

② 구성하고자 하는 인원만큼 그림 종이를 조각낸다.(7명이면 7조각)

③ 전원에게 그림 1조각씩 나누어 준다.

④ 시작 신호와 함께 같은 그림 조각을 갖고 있는 사람들끼리 모인다.

⑤ 가장 빨리, 정확하게 맞추어 앉는 팀이 1등!

도움말: 팀 대항 게임을 하기 전에 진행하면 자연스럽게 팀 구성이 된다.

노래가 미치는 영향을 생각하여 희망적이고 밝은 노래를 부른다.

371 노래로 팀짜기

준　비: 메모지

진　행: ① 리더는 인원만큼의 메모지를 준비하고(80명이면 80장), 나누고자 하는 팀의 수만큼 가른다.(4팀이면 20장씩)

② 메모지에 팀별로 구별되게 노래 제목을 적고 글씨가 안보이게 접는다.

　예 "산토끼", "송아지", "오빠 생각", "태극기", ……

③ 시작 신호와 함께 전원이 큰 소리로 노래를 부르며, 같은 노래끼리 모여 팀을 만든다.

요　령: 노래 이외에 어떤 말도 하면 안된다.

도움말: 대상이 성인일 경우 유행가를, 음악인일 경우 가사와 제목이 없는 악보 1소절을 주고 진행해도 좋다.

372 동물 소리로 팀짜기

준　비: "노래로 팀짜기" 방법으로 진행하되, 메모지에 각종 동물의 이름을 적고, 시작 신호와 함께 메모지에 적힌 동물의 울음 소리를 내면서 끼리끼리 모인다.

요　령: 흉내를 내기가 어려운 동물(코끼리, 원숭이 등)이나 울지 않는 동물의 이름(타조, 하마 등)을 적어도 재미있다.

도움말: 울음 소리 대신에 동물의 특징적인 몸짓으로 짝을 짓게 해도 좋다.

　예 원숭이, 사자, 코끼리, 독수리, 하마, ……

준　비: 종이 테이프

진　행: ① 종이 테이프를 30㎝ 정도의 길이로 자른다.

　　　② 2사람이 양쪽에 서서 종이 테이프를 한쪽씩 입에 문다.

　　　③ 시작 신호와 함께 입에 물은 상태로 줄다리기를 한다.

　　　④ 종이 테이프가 끊기면 길이를 비교해서 긴쪽이 이긴다.

요　령: 커플, 팀, 전체 게임으로 진행할 수 있다.

도움말: 이빨로 물면 이길 것 같지만 침에 젖은 종이 테이프는 힘이 없다.
　　　　입으로 무는 대신 양손바닥으로 잡고 당겨도 좋다.

374 종이 테이프 자르기

준　비: 종이 테이프, 가위

진　행: ① 2사람이 1조가 되어 종이 테이프와 가위를 들고 준비한다.

　　　② 시작 신호와 함께 갑은 종이 테이프를 반듯하게 펴 주고 을은 가위
　　　　로 종이 테이프 중앙을 길게 2가닥으로 잘라 나간다.

　　　③ 잘못해서 가위가 옆으로 빠져나가
　　　　면 감점 처리를 하거나 실격된다.

요　령: 종이 테이프의 길이를 제한하여,
　　　　먼저 끝까지 자르기를 하거나 제한
　　　　시간 내에 더 길게 자르기를 한다.

도움말: 선수는 1사람이 해도 되고, 3사람이 할 경우
　　　　중앙에 1사람을 세운다.

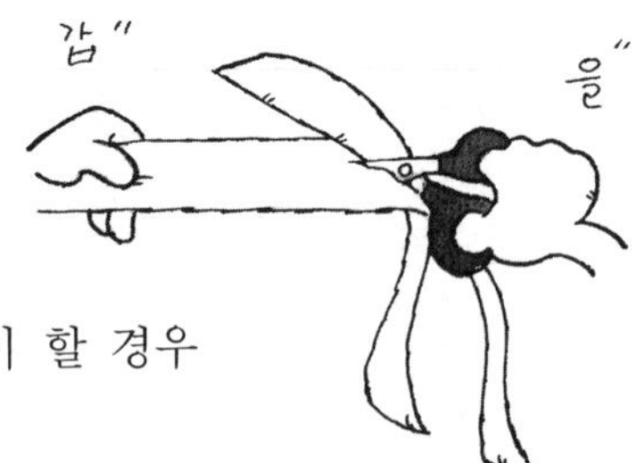

375 나란히 자르기

준　비: 종이 테이프, 가위

진　행: ① 팀별 1줄로 줄을 서고, 리더
　　　　는 종이 테이프와 가위를 1번
　　　　에게 준다.

　　　② 시작 신호와 함께 1번은 눈짐
　　　　작으로 종이 테이프를 30㎝ 잘라 갖는다.

　　　③ 1번은 2번에게, 2번은 3번에게, …… 종이 테이프와 가위를 넘겨
　　　　준다.

　　　④ 전원이 눈짐작으로 30㎝씩 잘라 갖은 후 리더는 각 팀의 종이 테이
　　　　프를 모으고, 팀별로 제일 긴 것과 제일 짧은 것을 찾아 낸다.

　　　⑤ 이것을 비교하여 길이의 차이가 적게 나는 팀이 이긴다.

요　령: 옆 또는 앞뒤의 사람과 비교해도 안되고 자를 사용할 수 없다. 반
　　　　드시 눈짐작으로만 해야 한다.

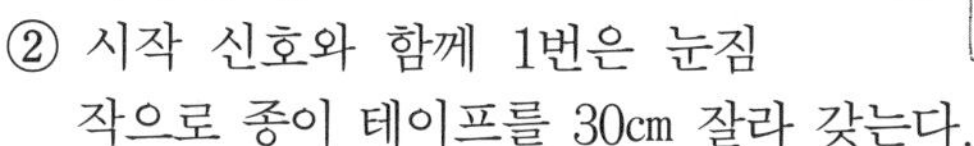

376 종이 테이프 보내기

준　비: 종이 테이프

진　행: 그림과 같이 2사람이 1조가 되고, 검
　　　　지만을 이용하여 제한 시간 내에 빨
　　　　리, 많이 보내는 조가 이긴다.

요　령: 종이 테이프를 끝까지 보내는 데 걸리
　　　　는 시간으로 승부를 내도 좋다. 새끼
　　　　손가락만으로 게임을 해도 재미있다.

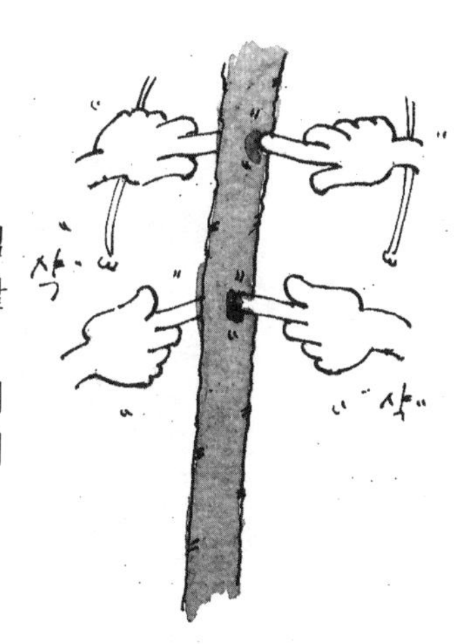

유머마인드19

✏️ 신선도

　　유머가 썰렁해지는 이유는 여러 가지가 있다. 그 중 하나가 누구나 알고 있는 유머를 자신만 방
금 알아 가지고 신나게 떠들 때 그렇게 된다. 야채가 싱싱해야 되듯이 유머도 싱싱한(따끈따끈) 것
으로 해야 한다.

어기적 릴레이

준　비: 신문지, 상자

진　행: ① 신문지를 펴서 발이 들어갈 수 있는 구멍을 2개 뚫는다.

　② 2사람이 1조가 되어 각기 발을 구멍에 낀다.

　③ 출발 신호와 함께 어깨동무를 하고 반환점을 돌아온다.

　④ 신문지가 찢어지면 감점이나 실격 처리를 한다.

요　령: 커플, 팀 대항 게임으로 진행한다.

도움말: 신문지를 여분으로 충분히 준비한다. 신문지에 구멍을 4개 뚫으면 4사람이 1조가 되어 게임을 할 수 있다. 신문지가 없을 경우 빈 상자를 이용한다.

쉽고 잘 아는 노래부터 시작하여 음악(노래)의 기교나 분위기가 절정에 이르도록 한다.

378 신문지 기차

준　비: 신문지, 상자

진　행: "어기적 릴레이" 방법으로 진
　　　행하되, 신문지 구멍에 머리
　　　를 넣고 게임을 한다. 이때
　　　반환점으로 뛰어가는 방법은
　　　옆으로가 아닌 앞뒤로 뛴다.

도움말: 릴레이 게임으로 할 때 1조가
　　　반환점을 돌아오면 2조가 합세하여 4사람이 1조가 되어 갔다오고,
　　　3조가 합세하여 6사람이 1조가 되어 ……

379 꼭두각시 릴레이

준　비: 끈

진　행: ① 각 팀별 1줄로 줄을 선다.
　　　② 맨 앞의 1번 선수부터 출발을 하
　　　　는데 오른손과 오른발목을 묶고,
　　　　왼손과 왼발목을 묶고 반환점을
　　　　돌아와 2번 선수와 교대한다.
　　　③ 같은 발, 같은 손이 움직여야 하
　　　기 때문에 잘 달릴 수도 없고 우수꽝스런 장면이 속출한다.

요　령: 경기를 빠르게 진행하려면 각 팀에 끈을 4개씩 주어 다음 선수가
　　　끈으로 묶고 대기하고 있는다. 끈은 짧을수록 좋다.

380 스키이(Ski) 릴레이

준　비: 나무, 끈

진　행: ① 그림과 같이, 나무에 손과 발을
　　　　낄 수 있는 끈을 매단다.
　　　② 엎드려 손과 발을 끈에 끼운 다음
　　　　출발신호와 함께 반환점을 돌아와
　　　　다음 선수에게 스키이(나무 슬립퍼)를 넘겨 준다.

준 비: 눈가리개, 호각
진 행: ① 팀별 2사람이 1조가 되어 출발선에 2열 종대로 줄을 선다.
　② 1조부터, 갑은 눈가리개를 하고 을은 호각을 갖는다.
　③ 출발 신호와 함께 갑은 반환점을 돌아와 2조에게 눈가리개를 넘겨 주어야 하고, 을은 갑의 옆에서 호각 소리를 내어 갑이 무사히 반환점을 돌아오도록 인도한다.
　④ 아무리 일찍 도착했어도 눈가리개 사용상에 반칙을 한 팀은 실격!
도움말: 호각 대신 박수나 목소리, 또는 팀 구호를 외치면서 인도해도 된다.

382 앞 못보는 말타기

준 비: 눈가리개, 풍선
진 행: ① 팀별 2사람이 1조가 되어 출발선에 2열 종대로 줄을 선다.
　② 갑이 눈가리개를 하고 을을 업는다.
　③ 출발 신호와 함께 을이 갑의 귀를 잡고 운전을 하여 반환점으로 달려가 그곳에 있는 풍선을 밟아 터뜨리고 돌아와 다음 조에게 눈가리개를 넘겨 준다.
도움말: 반환점에서 갑과 을이 임무 교대를 해도 좋다.

노래를 잘 해석해 두고 선곡한 노래와 관련된 다양한 지식과 화제를 미리 준비하여 분위기를 이끌어 나간다.

383 밤의 가마행렬

준　비: 눈가리개, 천
진　행: ① 팀별 5사람이 1조가 되
　　　어 릴레이 대형으로 줄을 선
　　　다.
　　② 5사람 중 4사람은 눈가리개
　　　를 하고 튼튼한 정사각형의
　　　천(1m 이상) 귀퉁이를 각
　　　각 잡고, 남은 1사람은 천 위에 올라탄다.
　　③ 시작 신호와 함께 가마를 탄 사람이 앞을 못 보는 가마꾼들을 이리
　　　저리 운전하여 반환점을 돌아와 다음 조에게 가마(천)와 눈가리개
　　　를 준다.
요　령: 가마가 지나가는 길을 꼬불꼬불하게 하거나 장애물을 설치하면 더
　　　욱 재미있다.
도움말: 가마꾼은 남자로, 가마 타는 사람은 여자로 하는 것이 좋다.

384 공주님 모시기

준　비: 신문지, 비치볼, 풍선
진　행: "밤의 가마행렬" 방법으로 진행하
　　　되, 천 대신 신문지를, 올라타
　　　는 사람 대신 비치볼이나 풍
　　　선을 올려 놓고 릴레이 경기를
　　　한다. 바람에 비치볼이나 풍선이 날리기 때문에 마음대로
　　　안된다.
요　령: 신문지를 팽팽하게 펴서 출발시킨다. 신문지로 비치볼이나 풍선을
　　　감싸면 실격!

---

385 아베크 드리볼

준 비: 공, 끈, 막대기

진 행: ① 팀별 2사람이 1조가 되어 반환점을 향해 줄을 선다.

② 맨 앞의 1조는 끈으로 허리를 서로 묶어 한 몸이 된 후 막대기와 공을 1개씩 갖는다.

③ 출발 신호와 함께 공을 막대기로 드리볼하여 반환점을 돌아와 2조에게 공과 막대기를 넘겨준다.

④ 어느 한쪽의 실수로 공이 엉뚱한 곳으로 굴러가면 2사람이 같이 달려가 제자리로 굴려온 후 계속해야 한다.

요 령: 막대기 없이 발로 차며 반환점을 돌아와도 좋다.

도움말: 둥근 공 대신 럭비공이나 돼지저금통을 사용해도 재미있다. 끈으로 허리를 묶는 대신 발을 묶고(2인 3각) 해도 좋다.

노래를 하면서 손뼉을 치거나 동작(율동)을 붙여 게임으로 연결하면 계몽적이고 행동적인 성과를 얻을 수 있다.

386 3각 관계 레이스

준 　비: 끈
진 　행: ① 3사람이 1조가 된다.
　② 갑과 을은 끈으로 허리를 묶고,
　을과 병은 다리를 묶는다.
　③ 남녀의 3각 관계처럼 복잡하게 얽히어
　반환점을 돌아오는 릴레이 게임으로 팀
　대항전이나 가족 게임으로 좋다.

387 3인 4각 릴레이

준 　비: 줄, 눈가리개
진 　행: ① 3사람이 1조가 되어, 그
　림과 같이 다리를 묶는다.
　② 출발 신호와 함께 반환점으로
　달려가고, 돌아올 때 가운데 사
　람은 눈 가리개를 하고 돌아와
　다음 조에게 바통 터치를 한다.

388 스피드 패스

준 　비: 공
진 　행: ① 팀별로 둥글게 원을 만들어 줄을
　선 후, 1번이 공을 갖고 있다.
　② 시작 신호와 함께 1번은 2번에게,
　2번은 3번에게, 3번은 4번, ……
　③ 끝번은 다시 1번에게, 1번도 다시
　2번에게, …… 이와 같은 방법으로
　5바퀴를 도는 데 걸리는 시간을 재어 가장 빨리 끝낸 팀이 1등!
요 　령: 변화를 위해서, 1바퀴를 돌면 팀 전원이 1번 앉았다 일어선 후 2바
　퀴째를 돌리고 2바퀴를 돌면 2번 앉았다 일어나고 ……
도움말: 공 대신 풍선에 물을 집어 넣어 물풍선으로 진행하면 스릴이 있다.

389 자벌레 경주

준　비: 방석, 공
진　행: ① 2사람이 1조가 되어 방석 위로 올라간다.
　　　② 방석과 방석 사이(5m 이상) 중간 지점에 공을 놓는다.
　　　③ 시작 신호와 함께 2사람이 협력하여 방석을 자벌레처럼 움직여 공을 먼저 잡는 조가 이긴다.
요　령: 팀 대표자 게임이나 커플 게임으로 진행하고 방석 사이의 거리를 점점 멀리하여 진행한다.

390 공 샌드위치 (1)

준　비: 럭비공
진　행: ① 2사람이 1조가 되어 서로 머리를 맞대고 머리 사이에 럭비공을 낀다.
　　　② 양손은 뒷짐을 지고 리더의 시작 신호와 함께 반환점을 돌아와 다음 조와 럭비공으로 바통 터치를 한다.

391 공 샌드위치 (2)

준　비: 공

진　행: ① 2사람이 마주보고 선다.

　② 양팔을 벌려 손을 잡고, 2사
　람 사이에 공을 끼운다.

　③ 시작 신호와 함께 반환점을
　돌아와 다음 조에게 공을 넘
　겨 준다.

요　령: 공이 아래로 내려 오면, 그
　자리에서 다시 공을 올려놓고
　계속한다.
　여자들의 가슴을 활용하면???

392 떼거리 게걸음

진　행: 4~10명이 1조가 되어 뒤로 돌아, 서로 등을 맞대고 "094. 게걸음
　릴레이" 방법으로 진행한다.

달력 점수 100점 따기

준　비: 달력, 동전, 성냥갑
진　행: ① 네모칸 안에 날짜가 들어 있는 달력을 바닥에 깔아 놓는다.
　② 3m 떨어진 곳에 동전을 던지는 선을 긋고, 달력에 동전을 던진다.
　③ 1번씩 교대로 던져 100점을 먼저 따내면 이긴다.
　④ 동전이 달력 밖으로 나가면 "0"점 처리를 하고 일요일과 공휴일에
　　들어가면 그 숫자만큼 감점시킨다.
　⑤ 동전이 금에 걸치면 가위 바위
　　보를 하여 이긴 사람의 생각
　　대로 결정한다.(숫자의 선
　　택) 동전 대신 성냥갑으
　　로 해도 좋다.
요　령: 100점을 넘어도 이긴다.
　　단, 정확히 100점으로
　　이기면 보너스를 준다.

394 달력 점수 50점 따기

준　비: 달력, 동전, 성냥갑
진　행: ① "달력점수 100점 따기" 방법으로 진
　　행하되, 팀별로 정확히 50점을 따거나,
　　50점에 가까이 도달하는 팀이 이긴다.
　② 던지는 순서를 정한 후, 한 팀이 계속
　　해서 던질 수 있으나 50점이 넘으면
　　"0"점이 되고 다음 팀으로 넘어 간다.
　③ 정확히 50점을 따낼 자신이 없으면, 팀원의 합의 아래 50점에 가
　　까우면 "스톱!"을 한다.
　④ 각 팀의 따낸 점수를 비교하여 정확히 50점을 따낸 팀이 없으면,
　　가장 가까이 도달한 팀이 이긴다. 50점을 넘긴 팀은 전부 꼴지!

간혹 파트를 나누어 노래하게 함으로써 음악적 조화를 이룬다.

395 함정 피해 100점 따기

준　비: 달력, 동전, 성냥갑

진　행: ① "달력 점수 50점 따기" 방법으로, 팀별 100점을 먼저 따내는 게임이다.

② 한 팀이 계속해서 던질 수 있으나 3의 배수(3, 6, 9, 12, ……)가 나오면 "0"점이 된다.

③ 단, 3의 배수가 나올 예감이 들면 "스톱!"을 하고 동전을 다음 팀에게 넘기면, 그것은 절대 점수가 되어 "0"점 처리가 안 되는 점수가 된다.

④ 다음에 돌아오는 순서에는 절대 점수를 깔고 계속 올라간다.

⑤ 100점을 넘어도 되고, 정확히 100점을 따면 보너스를 준다.

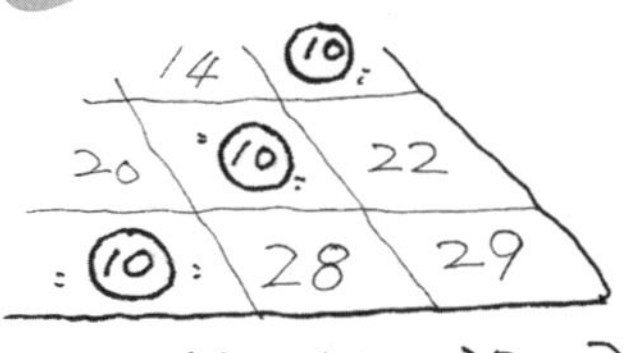

396 달력 점수 1,000점 따기

준　비: 달력, 동전, 성냥갑

진　행: ① 동전 3개를 차례로 달력에 던진다.

② 1번째 동전 숫자에 2번째 동전 숫자를 더하고, 3번째 동전 숫자를 곱한다.

③ 팀별 순서대로 1번씩 던져 1,000점을 먼저 따낸 팀이 1등!

유머마인드21

✏️ **왕따 유머**

　유머를 구사한다고 하면서 특정인을 빗대어 말하면 안 된다. 이렇게 되면 특정인을 제외한 모든 사람은 낄낄대고 웃겠지만, 특정인의 가슴에 비수를 꼽는 것이다. 이런 식으로 매일매일 대상을 바꿔가며 보름만 계속한다면, 어느새 독립군이 된 자신을 발견할 것이다.

병 주고 약 주고

준　비: 탁구공, 나무 젓가락, 빈 병

진　행: ① 팀별 릴레이 경기로 진행한다.

　② 출발선과 반환점을 만들고, 중간 지점에 빈 병을 세우고 그 위에 탁구공을 올려 놓는다.

　③ 시작신호와 함께 각 팀 1번 선수는 나무 젓가락을 들고 중간 지점으로 뛰어가 나무 젓가락으로 탁구공을 쳐서 떨어뜨리고, 반환점을 돌아와 떨어뜨린 탁구공을 다시 나무 젓가락으로 주어 올려 놓고 들어온다.

　④ 들어온 1번 선수는 2번 선수에게 나무 젓가락을 넘겨준다.

요　령: 젓가락질을 한 손으로 하지 말고 양손(한 손에 1개씩)으로 한다.

도움말: 빈 병을 2개 준비하여 탁구공을 떨어뜨리는 대신 이쪽에서 저쪽으로 옮기면서 게임을 해도 재미있다. 탁구공 없이 빈 병 2개를 중간 지점에 병입구끼리 마주하여 세워 놓고, 갈 때는 분리하여 놓고 올 때는 병입구끼리 마주하여 세워 놓고 들어온다.

박자를 지휘하는 법도 정확히 익혀 둔다.

398 병 세우기

준 비: 빈 병, 바통, 줄
진 행: 빈 병 2개를 중간 지점에 쓰
러뜨려 놓고 갈 때는 발로 빈
병을 세우고, 반환점을 돌아
와서 빈 병을 머리로 쓰러뜨
리고 출발선으로 들어와 다음
선수에게 바통을 넘겨준다.
요 령: 빈 병을 여러 개로 하면 더 재미있다.
도움말: 발로 세우는 대신 줄을 이용해 빈 병을 세워도 좋다. 2사람이 1조
가 되어 손을 잡고, 각자 오른발로만 사용하여 병을 세우고 반환점
은 돌아와 쓰러뜨리고 들어오는 릴레이도 해 볼만하다.

399 오뚝이 릴레이

준 비: 빈 병
진 행: 반환점에 빈 병을 세워 놓고,
1번은 쓰러뜨리고 2번은 세우
고, 3번은 쓰러뜨리고 4번은
세우고 ……

400 말뚝 세우기

준 비: 원통 스펀지, 평균대
진 행: ① 평균대 옆(좌우)으로 원통 스펀지
를 20~30㎝ 정도 떨어지게 세운다.
② 선수는 평균대 위를 지나면서 힙으
로 원통스펀지를 쓰러뜨리고, 반환
점을 돌아와 쓰러진 원통 스펀지를
세우면서 들어온다.
③ 팀별 릴레이 경기로 진행한다.
도움말: 원통 스펀지는 6개 이상으로 진행한다.

숟가락 바느질

준　비: 숟가락, 끈
진　행: ① 팀 별 1줄로 줄을 선다.
　　　② 숟가락에 끈을 매달아 각 팀의 1번 선수들이 들고 있는다.
　　　③ 시작 신호와 함께 숟가락을 1번의 오른팔 옷(소매) 속으로 들어가서 왼팔로 나오게 한 다음 2번에게 숟가락을 넘겨 준다.
　　　④ 2번은 3번에게 …… 끝번까지 먼저 숟가락을 보내는 팀이 이긴다.
요　령: 숟가락은 반드시 사람의 옷 속으로 지나다니게 한다.
도움말: 숟가락을 팔에서 다리(바지)로 통과시켜 다음으로 넘기면, 다음 사람은 다리에서 팔로 통과시켜 다음으로 넘겨도 재미있다. 단, 치마는 안됨!

※ ■ - 원형, ◗ - 변형

율동이 있는 노래는 직접적인 표현보다는 상징적인 표현을 한다.
또 혐오감을 주거나 감정적인 피해를 주는 동작은 피한다.

402 얼음 마사지

준　비: 얼음, 얼음 주머니, 물 풍선, 비닐
봉지

진　행: 숟가락 대신 얼음 덩어리나 얼음
주머니를 갖고 목안으로 밀어 넣어
바지 밑으로 꺼내어 다음 사람에게
넘겨준다. 시원하고 흥미 진진!

도움말: 비닐 봉지에 얼음을 쌓아서 하거
나, 물 풍선을 만들어서 해도 된다.

403 바늘 구멍에 실 꿰기

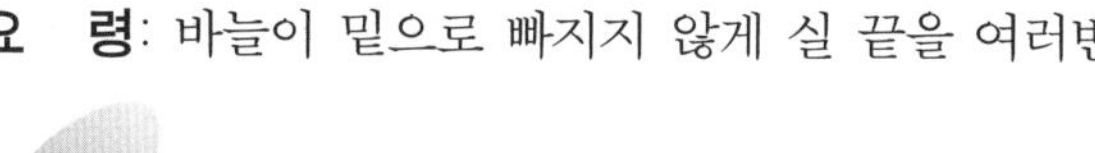

준　비: 바늘, 실

진　행: ① 팀별 1줄로 줄을 선다.
② 1번은 실과 바늘을 갖고 나머지 인
원은 바늘만 갖는다.
③ 시작 신호와 함께 1번이 바늘 구멍
에 실을 꿰고 실을 2번에게 주면 2
번도 바늘에 실을 꿰고 3번에게
…… 끝번까지 먼저 도착하는 팀!

요　령: 바늘이 밑으로 빠지지 않게 실 끝을 여러번 매듭질 한다.

404 바늘 구멍 릴레이

준　비: 바늘, 실

진　행: ① 반환점에 1사람이 왼손에 실을
들고 서있는다.
② 시작 신호와 함께 1번부터, 바늘
을 왼손으로 들고 반환점으로 뛰
어가 반환점에 있는 사람과 협력
하여 바늘에 실을 꿰고 들어온다.

요　령: 반드시 왼손만 사용한다. 실 끝을 여러 번 매듭질 한다.

살얼음 위로 걷기

준　비: 성냥갑, 밥공기
진　행: ① 팀 별 반환점을 향해 1줄로 줄을 선다.
　② 맨 앞의 1번 선수는 발등(좌우)에 성냥갑을 1개씩 올려 놓는다.
　③ 시작 신호와 함께 성냥갑을 떨어뜨리지 않고 반환점을 돌아와 2번
　에게 성냥갑을 넘겨 준다.
　④ 성냥갑이 떨어지면 다시 올려 놓고 계속한다. 릴레이 경기이다.
요　령: 성냥갑 대신 밥공기나 비누 등을 이용해도 재미있다.
도움말: 어린이들은 반환점까지의 거리를 5m 이내로 하는 것이 좋다. 어린
　이와 노인들에게 평균력을 길러 준다.

406 종이컵 이고 걷기

준　비: 종이컵, 접시, 물, 과일, 풍선
진　행: "살얼음 위로 걷기" 방법으로
　진행하되, 물을 담은 종이컵을
　머리 위에 올려 놓고 반환점을
　돌아오는 릴레이 경기이다.
요　령: 종이컵이 떨어지면 출발선으
　로 돌아와 종이컵에 물을 담고 다시 출발!
도움말: 반환점으로 가는 길에 장애물을 설치하면 더 재미있다. 종이컵 대
　신 접시, 과일, 책을 올려 놓고 해도 좋다. 난이도를 높이려면 가
　랑이에 풍선을 끼우고 진행한다.

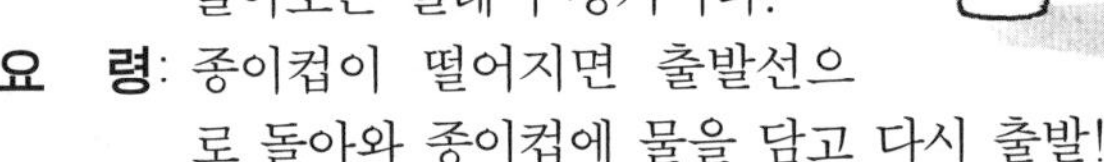

율동 동작은 난해한 동작을 피하여 간단하고 쉬운 것으로 한다.

401~500

407 웨이터 릴레이

준　　비: 접시, 병
진　　행: ① 접시 위에 병을 올려 놓는다.
　　　　② 1번부터 시작하여, 반환점을 돌
　　　　　아와 병이 올려진 접시로 바통
　　　　　터치를 한다.
　　　　③ 병이 떨어지면 처음부터 다시 출
　　　　　발한다.
도움말: 난이도를 높이려면 접시 위에 병을 2개 올린다.

408 벽을 향해 전진

준　　비: 눈가리개
진　　행: ① 벽으로부터 5~10m 정도 떨어진 곳에서 눈가리개를 한다.
　　　　② 출발 신호와 함께 벽을 향해 걸어가되, 벽에 부딪히지 않고 가장
　　　　　가까운 곳에 멈춰 서야 한
　　　　　다.
　　　　③ 가장 가깝게 멈춰 서는 사
　　　　　람이 챔피언!
요　　령: 벽에 부딪히면 실격! 팀 대
　　　　항전이면 팀원들에게 함구
　　　　령을 내린다.

409 낭떠러지 조심

준　　비: 눈가리개
진　　행: 수영장에서 "벽을 향해 전진" 방
　　　　법으로 진행한다. 물론 벽대신 수
　　　　영장 언저리를 향해서 걸어간다.
　　　　물 속으로 빠지는 사람은 실격!
요　　령: 걸음의 폭을 50cm 이상으로 제한
　　　　한다.

진　행: ① 2개 팀(청, 백)으로 팀 구성을 한다.

　　　② 중앙선을 그리고, 중앙선을 기준으로 좌우 5m씩 떨어진 곳에 평행선을 그어 3개의 선을 긋는다.

　　　③ 청, 백 1사람씩 교대로 하여 1줄로 줄을 선 후, 청팀은 앞방향으로 서고 백팀은 뒷방향으로 팔짱을 끼고 중앙선에 나란히 선다.

　　　④ 시작 신호와 함께 각자 5m 앞에 있는 선을 밟기 위해 앞으로 전진한다.

　　　⑤ 누군가 1사람이 선을 밟으면 그 팀이 이긴다.

도움말: 앞으로 전진하는 대신 뒤로 나가는 게임도 재미있다. 이때는 뒤에 있는 상대 팀의 선에 상대방의 발이 닿거나 지나면 이긴다.

리더의 동작은 신체가 허락하는 한 크게 동작을 해야 하고, 한 소절씩 끊어서 지도한다.

411 팔짱끼고 앞으로 (2)

진　행: 각 팀에서 1사람씩 나와 2
인조로 등을 맞대고 팔짱을
낀 후, 앞으로 가거나 뒤로
밀어 승부를 내도 재미있다.

요　령: 10초 동안 승부가 나지 않
으면 그 시점에서 정지를 하
고 승패를 가린다.

412 배로 밀어내기

진　행: ① 각 팀에서 1사람씩 나와
서로 배끼리 마주 대고 선다.
② 시작 신호와 함께 상대방을
배로 밀어서 1m 이상 앞으로
전진하면 이긴다.

413 선 밖으로 밀어내기

진　행: ① 지름이 2m 정도 되는 원을 그린다.
② 그림과 같이 2사람이 등을 맞대고 앉는다.
③ 시작 신호와 함께 상대방을
선(원) 밖으로 밀어내는 사람
이 승리

요　령: 손과 발은 땅바닥에 댄 채로
해야 하고, 몸을 들어올릴 수
가 없다.

도움말: 오른쪽이나 왼쪽 어깨끼리 맞
대고 선 밖으로 밀어내기를
해도 좋다.

414 악수하고 앞으로

진　행: "팔짱끼고 앞으로" 방법으로
　　　　진행하되, 중앙선에서 서로
　　　　마주보고 악수를 한 다음 시
　　　　작 신호와 함께 잡아 당긴다.
요　령: 1회전은 오른손 악수, 2회전
　　　　은 왼손 악수, 3회전은 양손
　　　　악수로 진행

415 조직격파

준　비: 기둥, 전봇대
진　행: ① 1개 팀이 1줄로 줄을 서서 앞사람의 허리를 잡고, 맨 앞사람은
　　　　기둥이나 전봇대를 잡아 인간 사슬을 만든다.
　　　　② 시작 신호와 함께 상대 팀에서 대표자 2명이 나와 30초 내에 인간
　　　　사슬을 뒤에서부터 차례로 떼어 낸다.
　　　　③ 수단과 방법을 가리지 않고 떼어 낸 사람 수로 승부를 낸다.
요　령: 인간 사슬을 떼어내는 사람을 3명으로 해도 좋다.
도움말: 남자들이 인간 사슬이 되고 여자들이 이것을 떼어 내면 재미있다.

416 무 뽑기

진　행: ① 공격 팀과 수비 팀(청, 백)으로 나눈다.
　　　② 지름이 3m 정도의 원을 그리고, 수비 팀은 원 안으로 들어간다.
　　　③ 공격 신호와 함께 공격 팀은 원 안에 있는 수비 팀원들을 원 밖으로 끌어낸다.
　　　④ 공격 팀은 원 안으로 들어갈 수 없다. 단, 손과 무릎은 들어가도 된다.
　　　⑤ 제한 시간 내에 많은 사람을 끌어 낸 팀이 이긴다.
도움말: 사람이 많으면 원을 크게 그리거나, 여러 팀으로 나누어 진행한다.

✏ 복사해서 창조하기

　　태어날 때부터 유머 감각을 갖고 태어난 사람은 없다. 열심히 모방 하다보면, 자신만의 유머감각을 개발하게 된다. 영국의 희극인 찰리 채플린도 수줍음과 대인 공포증으로 스트레스를 받았던 인물이다. 어느 날, 유명해진 찰리 채플린 흉내 내기 대회에 찰리 채플린이 참가했는데, 결과는 찰리 채플린이 3등을 했다.

동전 수색

준 비: 동전

진 행: ① 모두 모여 둥글게 둘러 앉고, 탐정(술래)을 1사람 정한다.
② 탐정은 중앙에 들어가 눈을 감는다.
③ 탐정 몰래 어느 한 사람이 동전을 갖고, 전원이 시치미를 뗀다.
④ 탐정은 눈치를 살피면서 동전을 찾아내야 하는데 질문을 3번까지 할 수 있다.
　　예 영진이로부터 왼쪽이냐? 성원이로부터 오른쪽이냐? ……
⑤ 3번의 질문이 끝나면 동전을 가졌을 만한 사람을 지적한다.
⑥ 첫 번에 맞추면 100점, 두 번에 맞추면 90점, 세 번에 맞추면 80점, ……

요 령: 모두 한 번씩 탐정이 되고, 제일 점수를 많이 따낸 사람이 챔피언!

콜(Call)을 하거나 상징적인 멘트(Ment)를 넣어 준다.

418 껌은 어디에

준　비: 껌

진　행: "동전 수색" 방법으로 진행하되, 동
전을 1사람이 갖고 있는 대신 껌을
씹는다. 이때는 탐정이 헷갈리게 모
두가 껌을 씹는 모양을 한다.

도움말: 청, 백 팀으로 나누어 진행할 수 있
다. 이때는 질문의 횟수를 줄인다.

419 송편은 어디에

준　비: 송편

진　행: "껌은 어디에" 방법으로 진행하
되, 추석날(명절날) 가족끼리 모여
송편으로 진행한다.

도움말: 가족적인 분위기를 위해서 탐정은
어린이나 손자, 손녀들이 하면 좋
다. 팀을 나누어서 할 경우, 팀 구
성은 어른과 어린이가 잘 섞여야 한다.

420 동시 패션

진　행: ① 팀에서 대표 4사람이 나와 꽃이
름을 1자씩만 동시에 소리를 낸다.
예 갑 → 해, 을 → 라, 병 → 바,
정 → 기　꽃이름 : 해바라기
② 상대 팀에서는 소리내는 사람의 입모양과 소리를 분석해서 맞춘다.
③ 1번에 맞추면 100점, 2번은 80점, 3번은 60점, ……

요　령: 소리를 내는 인원은 4사람이 적합하나 3사람이 할 수도 있다.
예 진달래, 할미꽃, 수선화, ……

도움말: 여러 가지 속담이나 노래를 갖고 해도 재미있다. 리더는 '꽃 이름'
또는 '속담' 등 어느 부문이라고 미리 알려준 후 진행한다.

401 ~ 500

동전 수색

준　비: 줄다리기 줄

진　행: 우리나라 민속 경기 중 협동심과 흥미를 가장 많이 느낄 수 있는 줄다리기를 해봅시다! 승부는 일정한 거리(1~2m)를 끌고오거나, 시간을 정해 그때까지의 위치를 갖고 승패를 낸다.

도움말: 1개 팀에서 나오는 인원이 50명을 넘으면 위험합니다.
줄다리기 줄은 필요 이상으로 튼튼해야 합니다.
오래된 줄은 사용하면 안됩니다.
안전사고에 조심!

게임은 흥미와 경쟁적인 요소가 있어 누구나 즐길 수 있고 화기애애한 분위기를 조성하는데 효과적이다.

422 이색 줄다리기

준　비: 줄다리기 줄
진　행: 보통 2개 팀(청, 백)
　　　으로 나누어 좌우에서
　　　마주보고 서로 줄을
　　　당기지만 이색 줄다리
　　　기는 그림과 같이 양
　　　팀 선수들을 1사람씩 교대로 마주보게 하여 줄다리기를 한다.
요　령: 줄을 잡는 간격을 넉넉하게 한다.

423 줄다리기 릴레이

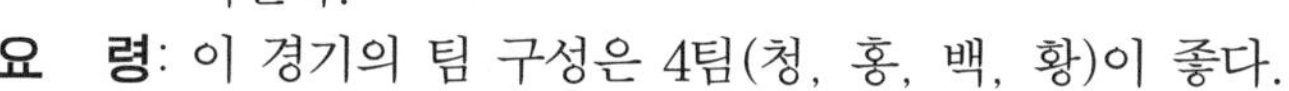

준　비: 줄다리기 줄
진　행: ① 줄다리기를 하여 이긴 팀은
　　　1명을 빼내고 2회전을 한다.
　　　② 이길 때마다 1명씩 빼낸다.
　　　③ 5회나 7회 정도 줄다리기를
　　　한 후 많은 사람을 빼낸 팀이
　　　이긴다.
요　령: 이 경기의 팀 구성은 4팀(청, 홍, 백, 황)이 좋다.
도움말: 팀 대표 1사람씩 나와서 리그전으로 진행해도 재미있다.

424 대들보 갖고 오기

준　비: 널빤지
진　행: ① 각 팀에서 대표 1사람씩 나와
　　　그림과 같이 등지고 선 다음 널빤
　　　지를 머리 위에 올려 놓는다.
　　　② 시작 신호와 함께 각자 자기 방향
　　　(앞)으로 걸어간다.
　　　③ 상대방 머리 위의 널빤지를 상대방 목뒤로 떨어지게 하면 이긴다.
요　령: 손을 대거나, 고의로 널빤지를 옆으로 떨어뜨리는 사람은 실격!

401~500

준 비: 방안지, 볼펜
진 행: ① 리더는 방안지와 볼펜을 모두에게 나누어 준다.
　　　② 방안지에 동, 서, 남, 북(상, 하, 좌, 우)을 표시한다.
　　　③ 리더의 말에 따라서 출발점부터 선을 그어 나간다.
　　　　　예 동으로 20Km! → 오른쪽으로 20칸 긋는다.
　　　　　　남으로 10Km! → 아래로 10칸 긋는다.
　　　④ 여행을 마치고 나면 1마리의 예쁜 강아지가 그려진다.
요 령: 동, 서, 남, 북과 함께 북서쪽으로!, 남동쪽으로!, 북동쪽으로! ……
도움말: 리더는 여러 가지 모양이나 동물들을 방안지에 미리 그려 놓고 진행한다.

426 속기사

준 비: 원고지, 볼펜
진 행: ① 2사람이 1조가 되어, 볼펜을 쥐고 새끼손가락끼리 낀다.
　　　② 원고지 위에 손을 얹고 시작 신호와 함께 원고지 칸을 벗어나지 않고 "나는 당신을 사랑합니다"를 먼저 쓰는 사람이 이긴다.
　　　③ 내가 빨리 쓰려고 할 때 상대도 같은 처지이므로 마음대로 안된다.
요 령: 문장을 빨리 완성해도 원고지 칸 밖으로 글씨가 삐져 나오면 실격!
도움말: 여러 가지 문장을 활용하여 재미있게 진행한다. 예를 들면, "나는 빵이 먹고 싶습니다"라는 문장으로 게임을 하고, 진 사람은 이긴 사람에게 빵을 사주어야 한다.

게임은 리더쉽, 친선, Fellowship, Teamwork, 협조, 이해 등 사회성을 함양하는데 도움을 준다.

427 속전 속결

준 비: 방안지, 볼펜
진 행: ① 2사람이 1조가 되어 방안지 A
지점(우측 상단)과 B지점(좌측 하
단)에서 볼펜을 세우고 준비한다.
② 출발 신호와 함께 굵은 선 사이를
지나 'ㄹ'자를 만들며 중앙을 향
해 줄을 그면서 전진한다.
③ 상대방과 볼펜이 마주치면 그곳에서 칸 수를 세어 승부를 낸다.
요 령: 칸 수가 많아도 볼펜 자국이 굵은 선을 건드린 횟수가 많으면 실
격!
도움말: 방안지 대신 메모지에 칸이 좁은 평행선을 그려 놓고 해도 재미있
다.

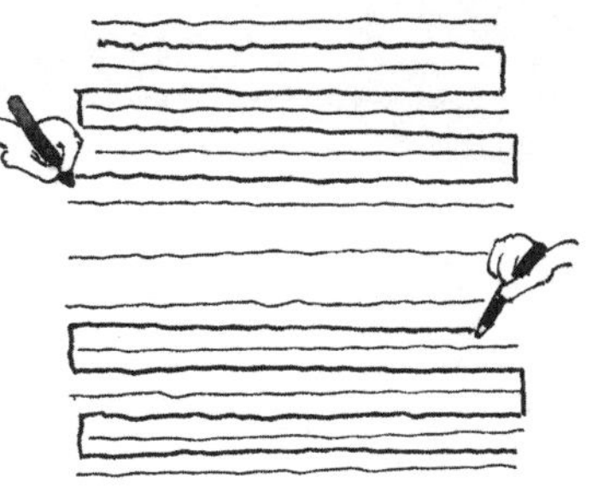

428 투 우(鬪牛)

준 비: 나무젓가락, 머리띠
진 행: ① 머리띠를 머리에 띠고 나무
젓가락 2개를 쇠뿔(V자)과 같이
꽂는다.
② 2사람이 1조가 되어 서로 마주
보고 엎드린다.
③ 시작 신호와 함께 자기의 젓가락으로 상대의 젓가락을 뽑아낸다.
요 령: 커플 게임이나 토너먼트로 진행하고 싸움 중에는 소의 울음소리를
내게 하여 분위기를 고조시킨다.
도움말: 승부가 잘 안 나면 젓가락을 1개만 뽑아내도 이기는 것으로 한다.

유머마인드23

✏ 반대말 반죽하기

반대말을 반죽하면 유머가 된다. "너의 불행은 나의 행복이야" "불행 끝 행복 시작" "여자의
치마가 짧아지면 남자의 시선은 길어진다" "지갑이 가벼우면 마음은 무거워 진다"……
산토끼의 반대말을 아는 대로 써 보라. 말하지 말고. 10개 이상이면 합격!

소방차 릴레이

준　비: 눈가리개, 촛불
진　행: ① 각 팀의 대표가 나와서 반환점에 있는 촛불을 확인하고 눈가리개를 한 후 그 자리에 엎드린다.
　　② 리더는 촛불이 있는 반환점에서 시작 신호를 보낸다.
　　③ 시작 신호와 함께 선수들은 짐작으로 촛불이 있는 곳까지 기어가서 눈가리개를 한 상태로, 입 바람을 사방으로 불어 촛불을 끈다.
　　④ 촛불이 꺼지면 리더는 선수의 어깨를 두드려 신호를 보내고, 신호를 받은 선수는 눈가리개를 벗어들고 들어와 다음 선수와 교대한다.
요　령: 실수로 상대팀의 촛불을 껐을 때, 상대팀 선수에게 신호를 보낸다.
도움말: 눈가리개를 벗고 출발점으로 들어오는 대신 눈가리개를 한 상태로 뒤로 기어서 들어오게 해도 재미있다.

아무리 간단한 게임이라도 치밀한 사전준비를 한다. 작은 상품이나마 준비하면 매우 효과적이다.

430 태풍으로 촛불 끄기

준　비: 눈가리개, 촛불
진　행: ① "소방차 릴레이" 방법으로 눈가
　　　리개를 하고 걸어가다가 멈춘다.
　　② 눈가리개를 벗고, 발을 움직이지
　　　않고 촛불을 끈다.
　　③ 손으로 땅을 집을 수는 있다. 가까
　　　이 멈춘 사람은 쉽게 끄지만 조금
　　　멀리 떨어진 사람은 끄기가 어렵
　　　다.
요　령: 반환점까지의 거리를 "소방차 릴레이"보다 조금 더 멀게 한다.
도움말: 촛불을 못 끄는 사람은 손으로 초의 심지를 집어서 끄도록 하여 따
　　　끔한 맛을 보게 한다.

431 미사일 발사

준　비: 눈가리개, 매직펜, 도화지
진　행: ① 2사람이 1조가 되어, 갑은 눈가리개를 하고 을은 출발선에 선
　　　다.
　　② 시작 신호와 함께 갑은 반환점에 있는 도화지를 향해 앞으로 나가
　　　고 을은 갑이 정확히 나가도록 신호(왼쪽으로! 오른쪽으로!)를 보
　　　낸다.
　　③ 도화지에 표시한 목표
　　　점에 정확하게 빨리 점
　　　을 찍는 팀이 이긴다.
요　령: 을이 보내는 신호를 제
　　　한하면 재미있다. 예를
　　　들면, 3번까지 신호를
　　　보낼 수 있도록 하면 4
　　　번째부터는 감점을 주거
　　　나 실격시킨다.

401 ~ 500

432 원격 조정

준　비: 눈가리개, 매직펜, 종이 봉투, 종이 상자

진　행: ① 각 팀마다 모델을 1사람씩 뽑아 반환점에 세우고 종이 봉투를 씌운다.

　② 1번부터 눈가리개를 하고 모델에게 달려가 리더가 그리라고 한 것을 그리고(1번은 왼쪽 귀! 2번은 오른쪽 눈! ……) 돌아온다.

　③ 각 팀장은 자기 팀의 선수들이 정확히 모델에게 도착하도록 소리를 내 어 원격 조정을 한다.

요　령: 팀 대항 릴레이로 진행하고 그리는 부위를 어렵게 주문한다.
　예 멍든 눈, 당나귀 귀, ……

이벤트 테크닉의 창의력

　이벤트 테크닉에 있어 역발상과 함께 꼭 붙어있어야 할 것은 바로 창의력이다. 왜냐하면, 이벤트 행사는 미래에 보여질 행사를 현재에 준비하는 것이기 때문이다. 창의력으로 미래를 알 수 없지만 준비할 수는 있다.
　창의력을 위해 다음의 사고방식을 습관화해야 한다.

① **플러스 사고** ; 장점끼리의 결합이다. 현대의 발명은 유용한 정보끼리의 결합이다. 지우게 딸린 연필, 컴퍼넌트, 멀티미디어…

② **마이너스 사고** ; 쓸데없는 것을 과감히 빼내어 부가가치를 높인다.(보급형 제품)

③ **확대 사고** ; 대형 윷, 카드, 주사위, 체스, 장기 등.

④ **축소 사고** ; 워크맨, 멀티미디어, 핸드폰, 헤어드라이기 크기의 메가폰…

⑤ **탈 고정관념**; 고정관념에서 벗어나면 새로운 세계가 보인다.
　＊석탄에서 알코올을 얻는 방법은? "석탄을 팔아서 알코올을 산다"

⑥ **유턴 사고** ; 자연으로, 과거로 돌아가 본다.
　베란다의 미니 정원이나 리사이클 된 패턴, 우드그래인 장식 등.

433 인간 콘베이어벨트 (1)

준　비: 바통

진　행: ① 팀별 같은 인원으로, 1줄로 하여 옆으로(횡대) 줄을 선다.

② 전원이 그 자리에 눕는다.

③ 맨 앞의 사람은 출발선이고 끝 사람은 도착선이다.

④ 출발 신호와 함께 각 팀의 선수(5명 이상)들은 1번부터 출발하는데, 하늘을 보며 꼿꼿이 출발선 사람 위에 눕는다.

⑤ 누워 있는 사람들은 자기 몸 위에 선수가 올라오면 몸을 오른쪽으로 돌려서 선수를 도착선으로 보낸다.

⑥ 도착선을 통과한 선수는 반환점을 돌아와 다음번 선수와 바통 터치!

⑦ 모든 선수가 들어온 후 먼저 일어서는 팀이 이긴다.

434 인간 콘베이어벨트 (2)

진　행: ① 팀별 11사람을 선출한다.

② 1사람은 선수가 되고, 10사람은 콘베이어벨트가 되어 눕는다.

③ 인간 콘베이어벨트(2) 방법으로 진행하되, 선수를 보낸 1번째 사람은 일어나서 앞으로 달려가 10번째 사람 다음으로 누워, 11번째 사람이 되고, 2번째 사람은 12번째 사람이 되고 ……

④ 도착선까지 선수를 먼저 보내는 팀이 이긴다.

벌칙 게임은 모욕감을 느끼지 않고 부담이 없는 것으로 한다.

 통나무 타기

준　비: 통나무, 플라스틱 통
진　행: ① 팀별 3사람이 1개조가 된다.
　　　② 갑은 통나무 위로 올라가고 을
　　　　과 병은 갑이 떨어지지 않게 양
　　　　쪽에서 손을 잡아 준다.
　　　③ 출발 신호와 함께 갑은 발을 굴
　　　　려 통나무를 앞으로 전진시키면
　　　　서 떨어 지지 않고 반환점을 돌아온다.
요　령: 반환점에서 갑과 을이 서로 임무를 교대하고, 반환점에서 풍선을
　　　불어 터뜨린 다음 들어오게 한다.
도움말: 통나무대신 커다란 플라스틱 통을 사용해도 좋다.

436 통나무 바퀴 자동차

준　비: 통나무, 나무 상자, 플라스틱 파이프
진　행: ① 팀별 11사람을 선발한다.
　　　② 통나무 10개를 출발선에서 반환점을 향하여 나란히 놓는다.
　　　③ 사람이 들어갈 수 있는 나무상자를 통나무 위에 올려 놓고 1사람이
　　　　올라 탄다.
　　　④ 출발 신호와 함께 2사람은 나무 상자를 앞으로 밀고, 8사람은 지나
　　　　간 통나무를 앞으로 놓아
　　　　나무 상자가 계속 굴러갈
　　　　수 있도록 연결한다.
요　령: 나무 상자에 올라타는 인
　　　원과 통나무 숫자는 규모
　　　에 따라 리더가 결정
도움말: 통나무 대신 플라스틱 파
　　　이프를 사용해도 좋다.

437 이산 가족 상봉

준 비: 눈가리개

진 행: ① 2사람씩 1개조가 되어 전원이 눈가리개를 한다.

② 갑들은 원을 안에서 만들고, 을들은 원을 밖에서 만들어 이중원을 만든다.

③ 갑들은 갑들끼리 손을 잡고 오른쪽으로 걷고, 을들은 을들끼리 손을 잡고 왼쪽으로 걷는다.

④ '정지!'라는 신호와 함께 서로가 말없이 더듬어서 자기 짝을 먼저 찾는다. 절대로 말을 할 수 없다.

아무리 재미있는 게임이라도 반복하지 말고 싫증나기 전에 매듭을 짓는다.

438 눈감고 짝만들기

준　비: 눈가리개

진　행: ① "이산 가족 상봉" 방법으로 진행하되, 원 안의 사람을 1사람 모자라게 한다.

② 원 밖의 사람들만 오른쪽 방향으로 노래를 부르며 돌다가 '정지!'라는 신호에 원 안의 사람을 찾아가 양손을 잡고 앉는다.

③ 짝을 못 만든 사람을 탈락시키고, 다시 원 안의 사람을 1사람 모자라게 하여 계속 진행한다.

요　령: 원 안의 사람을 2사람 이상 모자라게 하면 더 박진감이 있다.

439 눈감고 말타기

준　비: 눈가리개, 방석, 의자

진　행: "눈감고 짝만들기" 방법으로 진행하되, 원 안의 사람들은 바닥에 엎드리고, 원 밖의 사람들은 '정지!' 신호에 엎드린 사람의 등에 올라탄다.

요　령: 거꾸로(앞, 뒤) 올라탄 사람도 실격!

도움말: 의자나 방석을 이용해서 진행할 수도 있다.

유머마인드24

✏️ **풍자하기**

　유머에 있어서 풍자는 시사하는 의미가 크다. 항시 시사에 밝아야 하고, 경제가 돌아가는 것에 관심을 두어야 한다. 정치인과 정자의 공통점은? "둘 다 인간이 되기가 극히 어렵다."

　산타가 이번 크리스마스에 못 온 이유는? "지구 온난화 현상으로 썰매 운행이 불가능했다." "루돌프 사슴이 노사분규를 일으켰다." "음주썰매 몰다가 싼타면허 취소됐다."

440 풍전등화(風前燈火)

준 비: 양초, 성냥, 부채

진 행: ① 팀에서 1사람씩 선수를 선발한다.

　② 선수는 양초에 불을 붙이고 부채를 든다.

　③ 시작 신호와 함께 부채로 바람을 일으켜 상대방의 촛불을 끈다.

요 령: 각 팀에서 2사람씩 또는 그 이상의 인원으로 동시에 진행해도 재미있다.

도움말: 상대방의 공격을 피하려다 스스로 촛불이 꺼질 수도 있다. 화재의 위험이 있는 곳이나 어린이들에게는 주의!

441 촛불 끄기

준　비: 양초, 성냥
진　행: ① 팀원 모두에게 촛불을 들게
　　　　하고 시작 신호와 함께 상대 팀
　　　　의 촛불을 입으로 불어서 끈다.
　　　② 촛불이 꺼진 사람은 즉시 퇴장
　　　　시킨다.
　　　③ 제한 시간을 두고, 제한 시간이
　　　　되면 각 팀별로 남아 있는 촛불의 수효로 승패를 가른다.
요　령: 2개 팀으로 나눠서 진행해도 되고, 3~4개 팀으로 나눠서 동시에
　　　　진행해도 된다.
도움말: 사람이 많지 않을 때는 팀 구별이 없이 전체적으로 진행한다. 제일
　　　　마지막까지 촛불을 지키는 사람이 챔피언!

442 촛불 전달 릴레이

준　비: 양초, 성냥
진　행: ① 팀별로 1줄로 줄을 서거나 원형으로 선다.
　　　② 맨 앞의 1번만 촛불을 켠다.
　　　③ 시작 신호와 함께 옆으로 촛불을 전달하여 팀 전원이 촛불을 붙이
　　　　면 완성이다.
　　　④ 빨리 붙이는 팀이 우승!

401 ~ 500

443 촛불 켜고 끄고 (1)

준 비: 양초, 성냥
진 행: ① 팀별로 10m 정도 떨어진 곳에 반환점을 만들고, 그곳에 양초와 성냥을 놓아 둔다.

② 시작 신호와 함께 1번이 반환점으로 뛰어가 성냥불을 켜서 양초에 불을 붙이고 돌아오면 2번은 반환점으로 뛰어가 손으로 바람을 일으켜 촛불을 끄고 돌아온다.

③ 3번은 불을 붙이고, 4번은 불을 끄고, ……

요 령: 손바람을 일으키다 양초를 쓰러뜨리면 다시 불을 붙여 놓고 끈다. 양초를 2개 이상 놓고 진행하면 재미있다.

444 촛불 켜고 끄고 (2)

준 비: 양초, 성냥
진 행: ① 반환점에 양초 5자루와 성냥을 놓아 둔다.

② 시작 신호와 함께 1번은 반환점으로 뛰어가 성냥불로 양초에 불을 붙이는데 1개만 붙이고 돌아온다.

③ 2번도 1개만, 3번도 1개만, …… 5번까지 나가서 5자루의 양초에 불이 먼저 붙으면 이긴다.

요 령: 사람이 많으면, 6번이 나가서 촛불을 모두 끄고 들어 오고 7번부터 다시 시작하여 끝 번까지 먼저 나가는 팀이 이긴다.

445 촛불 켜고 끄고 (3)

준　비: 양초, 성냥, 바통

진　행: ① 출발선과 반환점 중간 지점에 양초와 성냥을 놓아둔다.

　② 시작 신호와 함께, 반환점으로 갈 때는 촛불을 켜고, 반환점을 돌아올 때는 촛불을 끄고 들어와 다음 번 선수와 바통 터치를 한다.

446 촛불 릴레이

준　비: 양초, 성냥

진　행: ① 팀별로 양초에 불을 붙이고, 이것을 바통 대신 들고 뛴다.

　② 순번대로 릴레이 경주를 하는데, 촛불이 꺼지면 출발선으로 돌아와 성냥으로 불을 붙이고 나서 뛰어 나간다.

✏ 과장하기

　유머에 있어서 과장법은 축소법과 함께 단골 손님이다. 과장할 때 주의 할 점은 그럴 듯한 과장, 근거 있는 과장을 해야 한다. 다양한 각도로 생각을 해 보면 과장할 일은 얼마든지 있다. "내가 붕어를 잡았는데 글쎄 눈알이 야구공만 한 거 있지!" "내가 젊었을 땐 말야 총알을 맨손으로 잡았어!" "우리 옆집 애는 얼마나 크게 태어났는지 이틀만에 백일잔치 했잖아!"

준　비: 나무토막

진　행: ① 리더는 나무토막 2개를 이용하여 모든 참가자가 잘 알고 있는 노래의 리듬을 "딱 따닥 딱딱"하며 친다.

② 나무토막 연주가 끝나면 무슨 곡을 쳤는지를 맞춘다.

요　령: 전체 인원을 대상으로 할 때는 손을 들어 맞추게 하고, 팀 게임으로 할 때는 팀원끼리 의견을 모아 종이에 정답을 적어 맞추게 한다.

게임을 하는데 있어서 부정행위는 절대로 용납하면 안된다.

448 나무토막 연주 (2)

준　비: 나무토막
진　행: ① 팀 대표 1사람이 나와서 리더
　　　　로부터 노래 제목을 전달받는다.
　　　② 팀 대표는 자기 팀을 향하여 나
　　　　무토막 연주를 한다.
　　　③ 팀 대표의 연주 소리를 듣고 종
　　　　이에 정답을 적어 맞춘다.
요　령: 팀 대표가 말을 하면 실격패!

449 나무토막 연주 (3)

준　비: 나무토막
진　행: 리더는 나무토막 연주를 한 다음
　　　　질문을 한다.
　　예 이 노래의 마지막에 나오는 가사는?
　　　이 노래에 나오는 동물들의 이름은?
　　　이 노래를 부른 사람은? ……

450 노래 퀴즈

진　행: 모두가 잘 아는 노래를 이용
　　　　해 여러 가지 퀴즈를 낸다.
　　예 산토끼 노래에는 산토끼가 몇
　　　번 나오나?
　　　이 노래의 첫 가사는? 마지막
　　　가사는?
　　　이 노래를 부른 사람은? 고향
　　　은? ……

401 ~ 500

외발 줄다리기

준 비: 방석, 줄다리기 줄

진 행: ① 2m 정도의 줄을 2개 준비하여 중간 지점끼리 서로 묶어 동서남북으로 벌어지는 1m짜리 "+"자형 줄을 만든다.

② 각 팀에서 나온 선수 4사람은 사방으로 놓인 방석 위에 한 발만 딛고 줄을 잡고 선다.

③ 시작 신호와 함께 줄을 잡아 당겨 자신을 제외한 3사람의 중심을 뺏어서 넘어뜨리거나 들고 있던 발을 바닥에 닿게 하면 이긴다.

요 령: 1사람이 탈락되면 3사람으로 진행하고, 2사람이 남으면 결승을 치른다. 줄을 잡아 당기다가 갑자기 줄을 놓아도 된다. 단, 이때 넘어지는 사람이 없으면 줄을 놓은 사람이 탈락된다.

도움말: 방석이 없으면 맨 바닥에서 해도 된다.

※▭ – 원형, ◗ – 변형

예상되는 게임 수의 두 배를 준비한다.

452 밀어내기

준　비: 방석
진　행: ① 방석을 반으로 접어 포개고, 이것을 3개 이상 겹쳐서 쌓는다.
② 각 팀의 대표가 나와 무릎을 꿇고 방석 위에 마주보며 앉는다.
③ 시작 신호와 함께 손바닥을 앞으로 내밀어서 상대방을 쓰러뜨린다. 앞 또는 뒤로 넘어지는 모습이 천태만상이어서 폭소가 터진다.
요　령: 상대방의 손 이외에 다른 부분을 밀면 실격! 팀 대표 게임이나 커플 게임으로 좋다.

453 중심 뺏기

준　비: 튜브
진　행: 튜브 2개를 놓고, 튜브 위에 1사람씩 올라가 "밀어내기" 방법으로 진행한다.
도움말: 일반 튜브보다 자동차 타이어 튜브가 좋다.

454 허리줄로 중심 뺏기

준　비: 줄다리기 줄
진　행: ① 3m 정도의 줄을 준비하고, 2사람이 1.5m 정도의 거리를 두고 마주보고 선다.
② 줄을 "S"자 모양이 되게 하여 허리에 둘러서 잡는다.
③ 시작 신호와 함께 줄을 잡은 손과 허리를 이용해서 상대방의 중심을 뺏는다.
도움말: 머리 위에 책이나 신문지를 올려 놓고, 이것이 떨어지면 지는 것으로 진행할 수 있다.

401 ~ 500

455 훌라후프 릴레이 (1)

준　비: 훌라후프 ☞ www.selfevent.com
진　행: ① 팀별 1줄로 줄을 선다.
　　　 ② 시작 신호와 함께 맨 앞의 1번부터 훌라후프를 머리 위로 통과시켜
　　　　 발 밑으로 빼내어 2번에게 주고, 2번도 같은 방법으로 3번에게,
　　　　 ……
　　　 ③ 끝번까지 먼저 도착하는 팀이 이긴다.

456 훌라후프 릴레이 (2)

준　비: 훌라후프
진　행: ① 팀별 1줄로 줄을 서고, 1번
　　　　 은 훌라후프를 목에 걸친다.
　　　 ② 시작 신호와 함께 2번은 1번의
　　　　 목에 걸려있는 훌라후프를 자
　　　　 신의 목으로 옮겨오는데, 두
　　　　 사람 모두 손을 쓸 수 없다.
　　　 ③ 목에서 목으로 전달하여, 끝번
　　　　 까지 훌라후프를 먼저 보내는 팀이 이긴다.

게임의 전환 시기 (1) - 게임의 분위기가 고조되었을 때

457 훌라후프 릴레이 (3)

준　비: 훌라후프
진　행: 팀별 2줄로 줄을 서고, 2사람
　　　이 같이 협력하여 "훌라후프
　　　릴레이(1)" 방법으로 게임을
　　　한다. 뚱뚱한 사람과 짝이 되
　　　면 난이도(?)가 높다.

458 셋이서 하나 되어

준　비: 훌라후프, 공
진　행: ① 팀별 3사람씩 1개조가 되어
　　　줄을 선다.
　　　② 1번 조부터, 훌라후프 안으로
　　　들어가 반환점을 돌아온 후 다
　　　음 조에게 훌라후프를 넘겨(바
　　　통 터치) 주는 릴레이 경기

요　령: 난이도를 높이려면 3사람이 훌라후프 안으로 들어간 후, 중앙에 공
　　　을 놓고 공을 몰며 반환점을 돌아오게 한다.
도움말: 뚱뚱한 사람끼리 같은 조가 되면 곤란하다. 대상이 어린이나 노인
　　　일 경우, 훌라후프 없이 3사람이 손을 잡고 공을 몰며 반환점을 돌
　　　아오게 한다.

459 열이서 하나 되어

준　비: 훌라후프
진　행: 팀별 10사람이 1개조가 되어 훌
　　　라후프를 왼손으로 잡고 반환점
　　　을 돌아와 다음 조에게 훌라후
　　　프를 넘겨 준다. 손을 떼지 않고
　　　뭉쳐서 뛰어 갔다 와야 하기 때

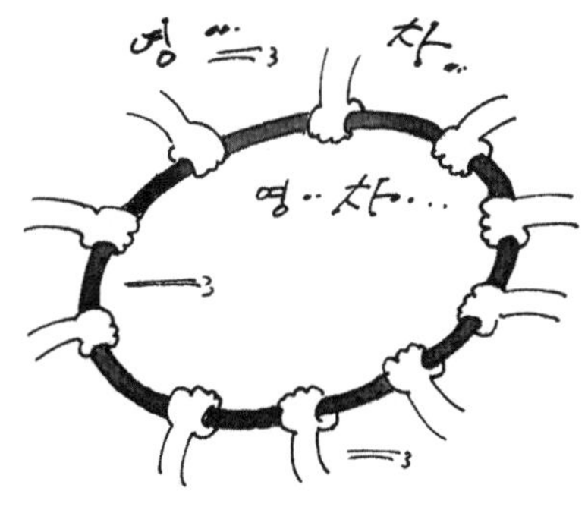

문에 발이 서로 엇갈리고, 맞부딪쳐서 마음먹은 대로 되지 않는다.

401 ~ 500

준 비: 훌라후프

진 행: ① 훌라후프를 땅에 세우고, 이것이 쓰러지지 않게 손으로 잡는다.
  ② 시작 신호와 함께 팽이를 돌리듯이 돌린다.
  ③ 쓰러지지 않고 오랫동안 돌아가는 훌라후프가 이긴다.

요 령: 팀 대항은 대표를 뽑아서 진행하고, 개인전은 시간을 잰다.

준 비: 훌라후프

진 행: 팀별로 제한 시간 내에, 1개의 훌라후프 안으로 몇 명까지 들어갈 수 있나를 갖고 승부를 낸다.

요 령: 훌라후프를 허리에 올리고 하거나, 땅에 내려 놓고 한다. 땅에 내려 놓고 할 경우 훌라후프를 조금이라도 밟고 있으면, 그 사람은 수에서 뺀다.

도움말: 훌라후프에 들어가는 제한 시간은 1분이 좋다.

무대 꾸미기와 분류

연극 무대는 주로 실내에 꾸며지나 이벤트 무대는 실내외를 가리지 않는다. 또 연극 무대는 위치와 날씨 그리고 계절에 따라 영향을 적게 받지만 이벤트 무대는 비교적 영향을 크게 받는다. 이벤트 행사의 무대 꾸미기와 연극의 무대 꾸미기는 다소 차이가 있지만 무대 자체를 보면 많은 부분이 공통적이다. 무대를 세부적으로 구분하여 볼 때, 연극 무대와 이벤트 무대의 공통점은 다음과 같다.(객석에서 무대를 보고 있을 때)

무대를 세로로 3등분하여 왼쪽을 '하수', 가운데를 '중앙', 오른쪽을 '상수' 라 한다. 또 가로로 3등분을 하여 앞쪽을 '앞', 가운데를 '중앙', 뒤쪽을 '뒤' 라고 한다. 예를 들어 왼쪽의 앞부분은 '앞 하수' 가 되고 뒤쪽은 ' 뒤 하수' 가 된다. 그러나 이벤트에서의 무대 분류는 '하수' 와 '중앙' 그리고 '상수' 로 많이 분류하고 위치마다 특징을 주어 다음과 같이 표현한다.

하수 ; 친근한 곳, 길 가, 출입구 또는 만남의 장소.(처음 시선)

중앙 ; 근엄한 곳, 재판장, 주례, 의지를 강하게 표현하는 곳.

상수 ; 상상을 초월한 세계나 사건, 살인 사건, 비정한 모략, 갈등 표현.

테이블 축구

준　비: 탁구대, 탁구공

진　행: ① 1개 팀이 3~4사람이 되도록 팀 구성을 한다.

　② 그림과 같이 탁구대에 골대를 만들고, 입으로 탁구공을 불어 골인을 시키는 게임이다.

　③ 골키퍼는 골대 뒤에서만 수비를 하고, 양쪽 옆면은 상대 팀 사람과 함께 같이 선다.

　④ 선수 전원은 뒷짐을 져야 하고, 발은 움직일 수 없다.

요　령: 반칙이 나오면, 공을 중간 지점에 놓고 1번만 불어서 골인을 시킨다. 이때 반칙을 한 팀은 수비를 할 수가 없다.

도움말: 가족끼리 모여 여러 가지 규칙을 만들어서 진행하면 재미있다. 탁구대 대신 방바닥에 검정 테이프를 이용해 선을 그리고 해도 된다.

게임의 전환 시기 (2) - 게임이 잘 풀리지 않을 때

463 입 태풍

준　비: 탁구대, 탁구공, 눈가리개, 밀가루
진　행: ① 탁구대 중간 지점에 중앙선을 긋
　　　　　고 탁구공을 놓는다.
　　　　② 좌우로 1사람씩, 뒷짐을 지고 선다.
　　　　③ 시작 신호와 함께 탁구공을 힘차게
　　　　　불어서 상대방의 탁자 밑으로 탁구공을 떨어뜨리면 이긴다.
요　령: 참가 선수에게 눈가리개를 씌우고 진행하면 더 재미있다.
도움말: 탁구공 대신, 분필이나 솜뭉치 등 가벼운 물체를 이용해 게임을 한
　　　　다. 게임 중간에 밀가루를 탁구대 위에 뿌리면 진풍경이 벌어진다.

464 케이블카 릴레이

준　비: 줄, 종이, 상자
진　행: ① 3~5m 정도의 줄을 양쪽에서 팽팽하게 당긴다.
　　　　② 종이를 직사각형으로 자르고 가운데를 또 자른다.
　　　　③ 이 케이블카(종이)를 끈에 걸쳐놓고, 입으로 불면
　　　　　서 한쪽 끝에서 다른 한쪽 끝으로 몰고 간다.
　　　　④ 도중에 케이블카가 떨어지면 처음부터 다시 시작한다.
요　령: 손은 뒷짐지게 하고 릴레이 게임과 대표자 게임으로 진행한다.
도움말: 종이를 잘라 케이블카로 사용하는 대신 종이 상자(성냥갑, 우유통)
　　　　를 줄에 끼워 놓고 머리를 이용해 몰고 갔다오기를 해도 재미있다.

465 종이 날리기

준　비: 종이, 빨대, 성냥
진　행: 그림과 같이 종이를 접어 놓
　　　　고, 빨대를 이용하여 도화지
　　　　를 멀리 보내는 게임이다.
요　령: 빨대는 1개를 사용하는 것
　　　　보다 2~4개를 한 다발로 묶어서 쓰면 좋다. 종이는 높은 곳에 놓
　　　　고 불고, 성냥개비는 착지점을 표시하는 데 쓴다.

466 성화 봉송

준　비: 빈 병, 공, 종이컵, 숟가락
진　행: ① 팀별 1줄로 줄을 선다.
　　　② 맨 앞의 1번 선수는 빈 병 1개와 공 1개를 갖는다.
　　　③ 출발 신호와 함께 공을 병(입구)에 올려 놓고 반환점을 돌아와 2번
　　　　에게 병과 공을 넘겨 준다.
　　　④ 공이 떨어지면 떨어진 곳에서 공을 주워 올려 놓고 다시 시작한다.
요　령: 공은 축구공이나
　　　탁구공을 사용하
　　　는 것이 좋다.
도움말: 대상이 어린이들
　　　이면 빈 병 대신
　　　종이컵으로 게임
　　　을 한다. 탁구공
　　　으로 할 경우 빈 병 대신 숟가락으로 해도 재미있다. 빈 병 대신
　　　양변기의 청소기(압축기)를 사용하면 분위기가 어떨까???

467 탁구공 릴레이

준　비: 탁구공, 숟가락
진　행: ① 팀별 1줄로 줄을 서고, 전원 숟가
　　　락을 1개씩 입에 물고 뒷짐을 진다.
　　　② 맨 앞의 1번은 숟가락 위에 탁구공
　　　을 올려놓고, 시작 신호와 함께 손을
　　　쓰지 않고 숟가락만을 사용해 탁구
　　　공을 맨 끝으로 보낸다.
요　령: 탁구공을 전달하는 개수를 1개에서
　　　2~4개로 늘려 가면서 진행한다. 바
　　　람에 날리는 탁구공을 입에 문 숟가락으로 전달하기란 쉽지 않다.

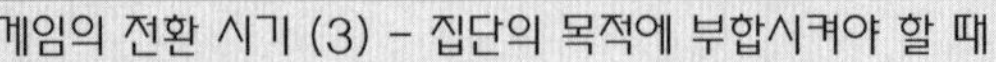

게임의 전환 시기 (3) – 집단의 목적에 부합시켜야 할 때

 탁구공 구조대

준 비: 탁구공, 숟가락
진 행: ① 수영장 밖에서 팀별 1
         줄로 줄을 선다.
      ② 1번은 숟가락을 입에 물
         고 탁구공을 올려 놓는다.
      ③ 출발 신호와 함께 물 속으
         로 뛰어들어가 반환점을 돌아와 2번에게 바통 터치를 한다.

 풍선 띄워 나르기

준 비: 풍선, 야구 방망이, 부채
진 행: 선수는 출발선에서 풍선을 띄
         우고, 이것이 떨어지지 않게
         야구 방망이로 치면서 반환점
         을 돌아와 다음 번 선수에게
         바통 터치를 한다.
요 령: 출발선에 돌아온 선수는 풍선
         을 높이 올리고, 이것이 땅에
         떨어지기 전에 다음 번 선수가
         야구 방망이를 받아 쥐고 출발
         한다.
도움말: 야구 방망이 대신, 부채를 이용해 바람을 일으키면서 풍선을 몰고
         반환점을 돌아와도 재미있다. 야구 방망이, 부채가 없을 경우 머리
         로 헤딩을 하면서 반환점을 돌아와도 된다.

유머마인드26

✏️ **축소하기**

축소법은 과장법 보다 어렵다. 사물을 보는 눈이 예리해야 한다. 과장법은 꾸밈말을 많이 써야 되지만 축소법은 되도록 간략하게 정리해야 한다. "간에 기별도 안 간다" "갠 내 한 주먹 거리야" "그 정도는 껌값이지"

준 비: 빈 병, 공
진 행: ① 빈 병을 적당한 간격으로 세워 놓되, 가급적 볼링 핀이 놓이는 위치대로 삼각형을 이루어 놓는다.
② 5m 정도 떨어진 곳에 공을 던지는 선을 긋는다.
③ 던지는 선에서 공을 굴리듯 던져 쓰러지는 병의 수만큼 득점한다.
④ 개인전이나 팀 대항전으로 진행한다.

요 령: 병을 모두 쓰러뜨리면 보너스 점수를 준다.

471 건전지 볼링

준 비: 건전지, 화장지
진 행: ① 두루말이 화장지를 그림과 같이 구분해서 득점을 표시한다.
② 건전지를 굴리는 선에서 굴리고, 건전지가 서는 위치에 따라 점수를 계산한다.
③ 건전지가 화장지 밖으로 나가면 '아웃'이다.
④ 곱하고, 나누고, 더하고, 빼고, ……

요 령: 기본 점수 100점씩을 준 후 시작한다. 던지는 기회는 1번씩 순번대로 하고 1,000점을 먼저 따내는 사람이 1등!
도움말: 판정이 애매할 때는 위에서 위에서 내려다 보아 많이 기울어진 쪽으로 하고, 한번 내린 판정은 절대로 번복하면 안된다. 건전지 대신 볼펜이나 빈 병을 이용해도 된다.

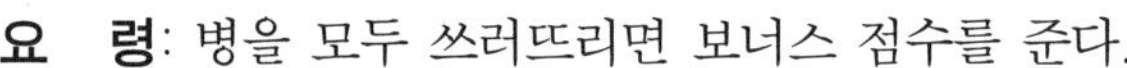

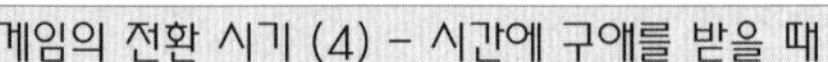
게임의 전환 시기 (4) - 시간에 구애를 받을 때

472 건전지 윷놀이

준　비: 건전지, 화장지

진　행: "건전지 볼링" 방법으로 진행
하되, 화장지에 득점을 표시
하는 대신 "도, 개, 걸, 윷,
모, 뺵도" 등을 표시한다.

요　령: 도, 개, 걸, 윷, 모, 뺵도 외
에도 여러 가지 표시를 더하
면 재미있다.

　　　㉠ "말을 2개 업어서도", "2번 던지기", "가장 앞서 있는 말이 아웃",
　　　"상대방의 가장 앞서 있는 말을 잡기", ······

도움말: 윷이 없이 윷놀이를 하려면 "건전지 윷놀이" 방식으로 하거나, 볼
펜에(6각형 볼펜) 눈금을 표시하여 볼펜을 굴리면서 윷놀이를 해도
된다.

473 구멍 들기

준　비: 공

진　행: ① 땅바닥에 1m 정도의 정사각형을 그린다.

　　　② 정사각형 안에 10㎝ 정도의 구멍을 가로로 5개, 세로로 5개 만든
다.

　　　③ 각 구멍마다 점수와
변수를 매긴다.

　　　④ 3~5m 정도 떨어
진 곳에서 공을 굴
려 득점을 한다.

요　령: 구멍에 점수나 변수
를 매길 때 공이 들
어가기 어렵거나,
난이도가 높은 구멍에 높은 점수를 매긴다.

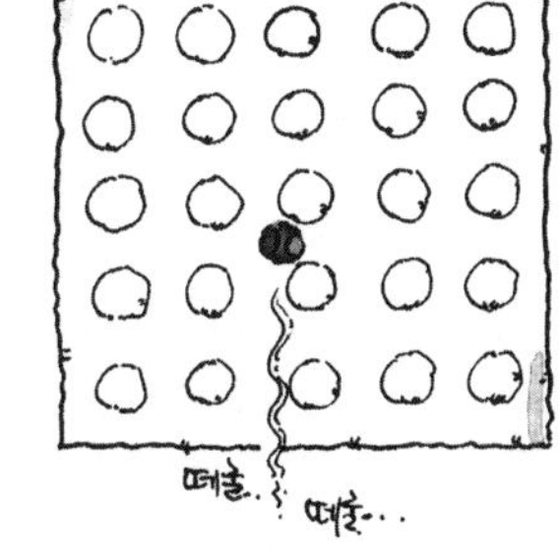

성전환 수술

진　행: ① 각 팀에서 예쁘장하게 생긴 남자 1사람씩 선발한다.
　　　② 제한시간 내에 전원이 협력하여 선발된 남자를 여자로 분장시킨다.
　　　③ 아이섀도우, 립스틱, 핸드백, 미니 스커트 …… 등 팀 안에서 구할
　　　수 있는 도구들을
　　　총동원한다.
　　　④ 가장 그럴 듯하게
　　　꾸민 팀이 이긴다.

요　령: 분장이 끝나면 음
　　　악에 맞추어 워킹
　　　스텝을 밟게 한다.
도움말: 준비물과 분위기에 따라서 다음과 같은 것도 진행할 수 있다.
　　　예 삐에로 꾸미기, 귀신 만들기, 할머니 꾸미기, 거지 만들기, ……
　　　리더의 적절한 멘트가 첨가되면 진풍경과 폭소가 터진다.

475 앞 못보는 미용사

준　비: 눈가리개
진　행: ① "성전환 수술" 방법으로 진행하
　　　되, 각 팀에서 미용사(여자 1사람)
　　　를 선발한다.
　　　② 성전환 수술을 받을 사람은 의자에
　　　앉아 손님이 되고, 미용사는 눈가리
　　　개를 하고 손님 뒤에 선다.

　　　③ 시작 신호와 함께 팀원들의 도움(화
　　　장품)을 받아, 미용사는 혼자서 손
　　　님을 손으로 어루만져가며 예쁘게 화장을 시킨다.
도움말: 특정한 주제(20대 화장, 60대 화장, 곰보딱지 분장, 마녀 화장,
　　　……)를 갖고 진행할 수 있다.

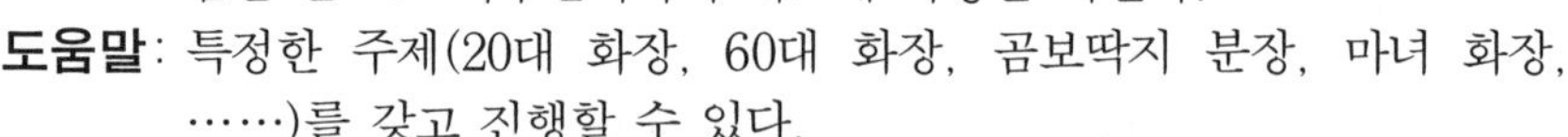
게임의 전환 시기 (5) – 게임의 일정한 규칙을 원치 않을 때

476 옷 입고 벗기

준　비: 옷, 팬티
진　행: ① 팀별로 반환점에 한복이나
　　　　양복을 1세트 놓아둔다.
　　　② 시작 신호와 함께 1번은 반환점
　　　　으로 달려가 옷을 차례대로 완
　　　　벽하게 덧입고 출발선으로 돌아
　　　　와 옷을 벗어서 2번에게 준다.
　　　③ 2번은 1번이 벗어 준 옷을 차곡
　　　　차곡 개어서 반환점에 갖다 놓고 들어온다.
　　　④ 3번은 입고 돌아오고, 4번은 갖다 놓고, ……
요　령: 옷을 정확히 입지 않은 팀에게는 감점을 준다.
　　　예 양복: 양말, 바지, 와이셔츠, 넥타이, 조끼, 윗도리, 코트, 모자, 구
　　　　　　두, ……
　　　　한복: 버선, 바지, 저고리, 고쟁이, 대님, 조끼, 두루마기, 망건, 갓,
　　　　　　담뱃대, 고무신, ……
도움말: 대상이 성인이면 팬티를 사용하여, 출발할 때 입은 팬티를 반환점
　　　에 있는 팬티와 바꿔 입고 돌아와 다음 번 선수에게 팬티를 벗어
　　　주게 하면 진풍경이 벌어진다.

477 입장 바꾸기

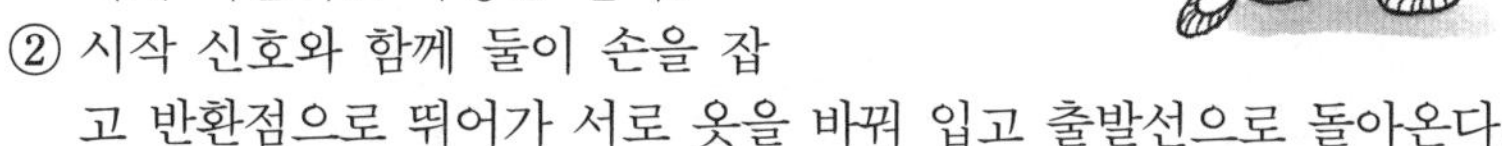

준　비: 옷
진　행: ① 남녀 2사람이 1조가 되
　　　　어, 남자는 남자에게 어울리
　　　　는 복장을 하고 여자는 여자
　　　　에게 어울리는 복장을 한다.
　　　② 시작 신호와 함께 둘이 손을 잡
　　　　고 반환점으로 뛰어가 서로 옷을 바꿔 입고 출발선으로 돌아온다.
　　　예 남자: 중절모자, 반바지, 군화, ……
　　　　여자: 고깔모자, 주름치마, 색동 고무신, ……
요　령: 커플 게임으로 진행할 경우 시간을 재고, 팀 대항으로 할 경우 릴
　　　레이로 진행한다.

478 변형 구구단

진　행: 구구단의 답에 일정한 변수를 주어, 답을 큰 소리로 말하는 게임이다.

①　5단 구구단에 "+3"
　　$5 \times 1 = 8$, $5 \times 2 = 13$, $5 \times 3 = 18$ ······

②　7단 구구단에 "-4"
　　$7 \times 1 = 3$, $7 \times 2 = 10$, $7 \times 3 = 17$ ······

③　짝수 구구단의 답에 "나누기 2"
　　$4 \times 1 = 2$, $4 \times 2 = 4$, $4 \times 3 = 6$ ······

④　구구단의 답에 "곱하기 2"
　　$8 \times 1 = 16$, $8 \times 2 = 32$, $8 \times 3 = 48$ ······

⑤　3단 구구단에 답은 8단으로
　　$3 \times 1 = 8$, $3 \times 2 = 16$, $3 \times 3 = 24$ ······

요　령: 리더는 구구단을 부를 때 1, 2, 3, 4, 5, 6, 7, 8, 9식으로 순서대로 부르지 말고 무작위로 헷갈리게 부른다. 커플 게임으로 진행하고, 먼저 대답을 하는 사람이 이긴다.

도움말: 버스 안에서 진행할 경우, 진 사람은 동전을 1개씩 이긴 사람에게 주기로 하면 흥미진진! 이것이 숙달되면 더 어려운 규칙을 만든다.

예 구구단의 답에 "×3", 구구단의 답에 "×3-2" ······

백화점 3 무 마케팅

백화점의 마케팅 기법 중 '3무(無) 마케팅' 전략이 있다. 즉 3 가지가 없다는 뜻인데, 그것은 1층에는 화장실이 없고, 벽면에는 밖이 내다보이는 창문이 없고, 실내엔 시계가 없는 것이다. 3가지 모두 다음과 같은 이유에서 마케팅에 직결되어 있다.

1층 화장실; 1층에는 화장실이 없다. 왜냐하면 1층에 화장실을 두면 행인들을 위한 공중화장실 처럼 되어 버릴 우려가 있기 때문이다. 게다가 2층 이상에 화장실을 배치하여 동선을 늘임으로써 '일' 을 본 후 매장 하나라도 더 둘러보게 하려는 치밀한 계산에서 나온 것이다.

창문; 창문이 없다. 왜냐하면 창문 넘어 어깨가 축 처진 채 힘없이 걸어가는 직장인의 모습을 보면 박봉에 시달리는 남편생각 또는 아빠생각에 구매결정을 유보하게 되고, 밖의 스산한 풍경은 아무래도 구매욕을 반감시키기 때문이다.

시계; 시계가 없다. 왜냐하면 시계는 시간에 쫓기어 더 이상 쇼핑에 열중할 수 없게 하기 때문이다. 시계를 없애거나, 아니면 가급적 눈에 잘 안 띄는 곳에 설치한다.

세계 인사 여행

진　행: ① 남자들은 밖에서 원을 만들고, 여자들은 안에서 원을 만들고 마주보며 악수를 한다.

② "인디언 보이" 노래를 부르며 1사람씩 오른쪽으로 옮겨가며 악수를 한다. 노래가 끝나면 10사람과 지나면서 악수를 하게 된다.

③ 10번째 사람은 세계 여행 중에 만난 사람이 되어 그 나라의 인사법으로 인사를 한다.

④ 인사를 한 후 서로 오른쪽으로 돌아서서, 동요나 잘 아는 노래를 부르면서 가볍게 뛴다.

⑤ 리더의 "스톱!" 소리에 각자 자기 짝(10번째 사람)을 찾아서 그 자리에 주저앉는다.

⑥ 가장 늦게 앉는 커플은 벌금을 받거나 탈락시킨다.

⑦ 계속 반복하면서 여러 나라의 인사를 나눈다. 이로 인해 서로가 더 친숙해질 수 있다.

게임의 전환 시기 (7) – 지도내용이 원숙치 않을 때 재빨리 게임을 전환한다.

인사법 : 한국 – 악수를 하면서 "만나서 반갑습니다!"

　　　　　미국 – 어깨를 가볍게 두드리며 "하우드 유드?"

　　　　　중국 – 양손 팔꿈치를 잡고 무릎을 살짝 구부리며 "니하우마?"

　　　　　인도 – 양손을 입에 갖다 붙이고 "살라모아(왼손 만세)! 살라모 아
　　　　　　　　　(왼손 붙이고 오른손 만세)! 오! 살라모아(만세)!"

　　　　　네팔 – 양손을 이마에 붙이고, "나마스테!"하면서 양손을 이마 높
　　　　　　　　　이에서 앞으로 쭉 내밀어 상대방과 손뼉을 3번 친다.

　　　　　하와이 – 서로 끌어안고 양쪽 볼을 교대로 비벼가며 "알로하! 알로
　　　　　　　　　　하!"

　　　　　스페인 – 여자가 펄쩍 뛰면서 남자에게 옆으로 안기면, 남자는 여
　　　　　　　　　　자를 안아 1바퀴를 돌면서 "브아레스디아스!".

　　　　　이스라엘 – "샬롬! 샬롬!"하면서 상대방의 어깨를 주물러 준다.

　　　　　알래스카 – 먼저 남자가 "브덴니!"하고 인사를 하면 여자는 "으으
　　　　　　　　　　　응~!"하면서 인사를 받는다. 이때 서로 코를 비비면서 한
　　　　　　　　　　　다.

요　령 : 인디언보이 노래를 하면서 숫자가 하나씩 올라갈 때마다 정확히 1
　　　　　사람씩 건너가야 한다. 1사람이 틀리더라도 전원에게 영향을 미친
　　　　　다.

401 ~ 500

480 풍선 불어 터뜨리기

준　비: 풍선 ☞ www.selfevent.com
진　행: 풍선을 불어서 먼저 터뜨리기.
요　령: 손톱으로 터뜨리는 사람은 실격시킨다.
도움말: 풍선은 큰 것일수록 좋다.

481 풍선 크게 불기

준　비: 풍선
진　행: 풍선이 터지지 않은 상
　　　 태로, 다른 사람들보다
　　　 크게 불기
요　령: 2사람이 1조가 되어 갑
　　　 은 풍선을 불고, 을은
　　　 갑에게 코치를 한다.

프로그램을 작성할 때 참가자의 연령과 성별, 흥미와 요구사항, 인원수, 장소, 시간, 목적, 행사의 종류 등을 빠짐없이 살핀다.

482 풍선 오래 날리기

준　비: 풍선
진　행: 풍선을 불어서 바람이 새어나
　　　 가지 않게 잡고 있다가, 리더
　　　 의 신호와 함께 풍선을 놓아
　　　 공중에 오래 머물러 있기
요　령: 시작 신호보다 늦게 풍선을
　　　 놓는 사람은 실격시킨다.
도움말: 옆으로 길다란 풍선이 좋다.

483 풍선 안아 터뜨리기

준　비: 풍선
진　행: 부부, 커플 게임으로는 풍선을
　　　 불어서 가슴에 놓고 서로 껴안
　　　 아 큰 소리가 나게 터뜨리기
요　령: 풍선이 터지는 소리가 크거나,
　　　 터뜨리는 폼이 좋은 커플에게
　　　 높은 점수를 준다.
도움말: 리더의 재량에 따라 많은 유형
　　　 이 만들어질 수 있다.

484 물 속에서 풍선 불기

준　비: 풍선
진　행: 각 팀에서 폐활량이 큰 사람
　　　 을 선발, 물 속에서 풍선을
　　　 머리크기 만큼 먼저 부는 팀
　　　 이 이긴다. 물 속에서 풍선을
　　　 불기란 무척 힘들다.
도움말: 풍선은 작은 것으로 하는 것
　　　 이 좋다.

485 물 속에서 풍선 터뜨리기 (1)

준　비: 풍선
진　행: "물 속에서 풍선 불기" 방법으로, 물 속에서 풍선을 불어 먼저 터뜨리는 팀이 이긴다.
요　령: 손톱이나 손으로 눌러 터뜨리는 팀은 실격!

486 물 속에서 풍선 터뜨리기 (2)

준　비: 풍선
진　행: ① 풍선을 불어서 묶는다.
　　② 시작 신호와 함께 풍선을 물 속으로 밀어 넣고, 발로 밟아 터뜨린다.

487 코, 귀 잡기

진　행: ① 오른손으로는 코를 잡고, 왼손으로는 오른쪽 귀(×자로 엇갈려)
　　　　를 잡는 잡는다.
　　　② 리더의 "바꿔!" 구령에 왼손은 코, 오른손은 왼쪽 귀를 잡는다.
　　　③ 또 한번 "바꿔!" 구령에는 원위치.
　　　④ 양손을 교차하면서 동시에 코, 귀를 잡기란 쉽지 않다.
요　령: 숙달이 되면 "바꿔!" 구령에 3번 연달아 하게 한다.
도움말: 산만한 분위기를 조정하거나 도입부에 사용하면 좋다.

401 ~ 500

동물 이름 맞추기

준 비: 종이, 볼펜

진 행: ① 각 팀에 종이 8장과 볼펜을 준다.

② 각 팀의 팀장은 각 각의 종이에 ㄱ, ㄴ, ㄷ, ㅁ, ㅅ, ㅇ, ㅈ, ㅋ을 적는다.

③ 팀원끼리 상의하여 "ㄱ"자가 적혀 있는 종이에는 "ㄱ"자로 시작되는 포유동물의 이름을 1개만 적는다. 지우고 다시 쓸 수 없음.

④ 모든 팀의 기록이 끝난 후 리더는 다음과 같이 큰소리로 발표한다.

"100점 짜리 동물 이름은 ~ 곰!"

"200점 짜리 동물 이름은 ~ 고양이!"

"300점 짜리 동물 이름은 ~ 고릴라!"

⑤ 300점 짜리까지 발표하고 "ㄴ"자로 넘어 간다.

⑥ 순서대로 진행하여 "ㅋ"자 종이까지 진행한다.

⑦ 맞춘 점수를 모두 합산하면 팀 성적이 된다.

요 령: 지우고 다시 쓴 흔적이 있으면 무효 처리를 한다.

기억을 해 내기가 어려운 동물의 이름에 높은 점수를 배점한다.

㈎ 고릴라, 너구리, 조랑말, 코알라, ……

도움말: 분위기 고조를 위해 맞춘 팀은 함성을 지르거나 "화이팅!"을 하게 한다. 맞추고도 기뻐하는 기색이 없는 팀은 감점처리를 해도 좋다.

준　비: 종이, 볼펜

진　행: ① 각 팀에 종이 3장과 볼펜을 갖고 "동물 이름 맞추기" 방법으로 진행하되, 각각의 종이에 1, 2, 3을 적는다.

　　② 팀원끼리 상의하여 "1"자가 적혀 있는 종이에는 1개의 글자로 된 학용품을, "2"자가 적혀 있는 종이에는 2개의 글자로 된 학용품을 ……

요　령: 1개의 글자로 된 학용품의 점수 발표가 끝난 후 2개의 글자로 된 학용품을 쓰게 한다.

도움말: "동물 이름 맞추기"의 요령과 도움말을 참조

유머마인드28

차이점 찾기

차이점도 유머의 소재다. 서로를 비교하여 차이점을 찾고, 이 것을 다시 현실에 적용한다.
차이점은 혼자 써선 안 되고 과장법과 함께 복식 조를 이뤄야 한다.

"니 군번은 한 줄로 서면 보이지도 않아 짜샤!"

"니가 자동차면 나는 독수리다." (모기가 티코에게 하는 말)

지네발 릴레이

준 비: 지네발 ☞ www.selfevent.com

진 행: ① 그림과 같은 지네발을 만든다.

② 팀별 4사람이 1조가 되어 슬리퍼를 신듯이 지네발을 신고 앞사람의 허리를 잡는다.

③ 출발 신호와 함께 4사람이 협력하여 반환점을 돌아오고 다음 조에게 지네발로 바통 터치를 한다.

요 령: 반환점에서 맨 앞사람은 뒤로, 다른 사람들은 1칸씩 앞으로 자리를 옮기고 돌아오는 규정을 두어도 재미있다.

도움말: 지네발 1개를 오른발에 신고 반환점에서는 왼발로 옮겨 신고 들어오는 경기도 재미있다. 많은 인원으로 진행할 경우, 끈을 여러 개 달면 된다.

참가자들을 집중시키는 방법을 연구하여 언성을 높이지 않고도 자연스럽게 프로그램에 참여하도록 한다.

491 상자 신고 달리기

준　비: 상자
진　행: ① 2사람이 1조가 되어 그림과 같이 상자 안으로 발을 넣는다.
　　　　② 출발 신호와 함께 1조부터 끝 조까지 먼저 돌아오는 팀이 이긴다.
도움말: 4사람이 1조가 되어 사방으로 발을 1짝씩 넣고 해도 된다. 2인 3
　　　　각과 같은 방법
　　　　으로 다양하게
　　　　진행할 수 있다.

492 고무 뗏목 타기

준　비: 튜브, 줄
진　행: ① 튜브를 이용해 그림과 같은 고무 뗏목을 만든다.
　　　　② 6사람이 1조가 되어 발을 튜브 안에 넣는다.
　　　　③ 반환점을 돌아와 다음 조에게 고무 뗏목으로 바통 터치를 한다.
도움말: "지네발 릴레이"의 요령과 도움말 참조

진　행: ① 출발선을 긋는다.
　　　② 리더의 시작 신호와 함께 팀원들은 일치 단결하여, 가지고 있는 소지품이나 착용품을 총동원하여 하나로 연결한다.
　　　③ 리더가 끝 부분을 잡아당겨서 중간이 끊어지면 탈락!
　　　④ 가장 길게 늘어뜨리는 팀이 이긴다.
요　령: 팀원이 많을 경우 손수건이나 스카프로 제한을 하여 진행한다.
도움말: 물건들이 바뀌거나 분실되지 않도록 주의하고, 값이 비싼 물건은 제외시킨다.

프로그램의 순서나 내용은 쉽고 익숙한 것부터 시작해서 차츰 어려운 것으로 들어간다.

494 돌림 악수

진　행: ① 모두 모여 둥글게 선다.
　② 첫번째 사람이 두번째 사람과 악수를 한 후 계속해서 세번째, 네번째, …… 사람과 악수를 한다.
　③ 두번째 사람도 첫번째 사람이 지나간 후 세번째 사람과 악수를 하고 첫번째 사람의 뒤를 이어 계속 악수를 한다.
　④ 악수를 할 때마다 덕담이나 격려의 말을 간단히 나눈다.
　⑤ 모두가 차례대로 나가면서 끝을 맺는다.

요　령: 시간을 충분히 확보하고 진행한다.

도움말: 모든 프로그램이 진행된 후 마무리하는 프로그램으로 좋다. 개인적인 덕담이나 격려의 말이 길어지면 전체적으로 지루해진다.

게임의 설명은 되도록 간단 명료하게 하고 복잡한 게임은 몇 개의 부분으로 구분하여 연습한 후 전체의 게임으로 발전시킨다.

타월 하키

준　비: 타월, 공
진　행: ① 타월 한 쪽 끝을 묶어 그림과 같이 타월 스틱을 만든다.
　　　② 양쪽 엔드라인 중앙에 골대를 만든다.
　　　③ 타월 스틱으로 공을 쳐서 상대팀의 골대 안으로 슛을 한다.
　　　④ 일반적인 필드 하키 규칙을 따르고, 발로 차서는 안되나 발로 공을
　　　　정지시키는 것은 허용된다.
도움말: 타월로 공을 치면서 반환점을 돌아오는 릴레이 경기도 해 볼 만하
　　　　다.

프로그램의 내용은 말로 설명하기 보다는 시범을 보여 줌으로서 저절로 게임에
들어가도록 힘쓴다.

마인드웨어?

이벤트 연출자는 프로다. 때문에 프로는 아마추어와 많은 면이 다르다. 일에 몰입하거나 정렬을 쏟는 것도 다르고, 수입도 다르다. 1%의 시행착오를 없애기 위해 목숨을 걸기도 한다. 아마추어가 '최선'을 추구한다면 프로는 '최고'를 목표로 한다. 이러한 차이는 개인의 성격이나 출신에 따라 생기는 것이 아니고 '마인드'(Mind)에서 생겨난다.

매혹적인 여자의 가슴을 '바스트'라 하고, 매력적인 남자의 가슴을 '체스트'라 한다면, 바스트와 체스트에 정신이 깃 들면 '하트'가 된다. 이 하트에 학습과 경험을 통해 구조화된 일정한 패러다임과 에너지를 갖고 있는 것이 '마인드'이다. "자넨 젊은이다운 마음이 없어!"라고 할 때의 마음은 하트가 없는 것이 아니고, 마인드가 없다는 뜻이다.

컴퓨터의 기계적 장치를 '하드웨어'라 하고 프로그램을 '소프트웨어'라 한다. 그러나 하드웨어와 소프트웨어로는 사람을 '업그레이드' 시킬 수 없다. 사람을 위한 업그레이드 프로그램이 바로 '마인드웨어'이다. 마인드웨어는 5개의 핵으로 - 유머 마인드, 이벤트 마인드, 레크리에이션 마인드, 매니지먼트 마인드, 액션 마인드 - 이루어져 있는데, 이 5가지는 유기적인 시스템이다. 마치 도시락의 반찬 칸막이처럼 뚜렷이 구분되어 있지만 함께 붙어 있어야 한다.

준 비: 삐에로 옷, 풍선 ☞ www.selfevent.com

진 행: ① 팀별로 삐에로를 선발하고 삐에로 옷을 입힌다.

② 시작 신호와 함께 팀원들끼리 일치 단결하여 풍선을 불어서 삐에로 옷안으로 집어 넣는다.

③ 제한 시간 내에 삐에로를 가장 뚱뚱하게 만드는 팀이 이긴다.

요 령: 풍선을 빵빵하게 불면 게임 도중에 터지고, 작게 불면 삐에로가 뚱뚱해지지 않기 때문에 적당한 크기로 불어야 된다.

도움말: 큰 풍선으로 불면 삐에로 옷 안으로 들어가지 않기 때문에 작은 풍선을 게임 도구로 사용해야 한다.

497 삐에로 분장하기

준 비: 화장품

진 행: 뚱뚱해진 삐에로를 팀원들이 협력하여 가장 삐에로답게 분장시킨다. 심사는 미리 선정한 심사 위원이 하는 것이 좋다.

요 령: 삐에로를 분장시키는 사람은 2~3명으로 하고 나머지 사람들은 협조를 하도록 한다.

도움말: 루즈를 너무 진하게 쓰면 옷이 더러워지고, 화장을 지울 때 힘이 든다.

말은 보통 목소리로 쉽게 하고 가벼운 느낌을 느끼도록 애쓴다.

498 삐에로 패션쇼

진　행: 각 팀의 삐에로를 음악에 맞춰 패션 쇼를
　　　　진행한다.
　　　① 음악에 맞는 워킹스텝
　　　② 우리나라 전통 음악과 함께 춤사위 대결
　　　③ 신나는 음악과 함께 디스코 대결
요　령: 모임의 성격과 방향에 어울리는 연출을
　　　　할 수 있다.
도움말: ①번은 개인전으로 진행하고, ②번은 삐
　　　　에로끼리 같이 춤을 추게 진행하고, ③번
　　　　은 삐에로끼리 춤을 추다가 팀원까지 합세하도록 한다.

499 삐에로 살빼기

진　행: 각 팀에서 대표로 3사람씩 나와, 삐에로 옷 안에 들어 있는 풍선을
　　　　1개도 남기지 않고 전부 터뜨리는 게임이다. 리더는 1개 팀씩 진행
　　　　을 하고 정확한 시간을 재어
　　　　가장 빠른 시간에 풍선을 전
　　　　부 터뜨리는 팀에게 승리를!
요　령: 대표 3사람이 반환점을 돌아
　　　　와 터뜨리게 하면 좋다. 삐에
　　　　로는 서 있거나, 누워 있거나
　　　　통일한다.
도움말: 삐에로가 누울 때, 뒤로 누우
　　　　면 다칠 우려가 있으므로 앞
　　　　으로 눕도록!

✏ 피에로와 마임

　　피에로는 말을 할 수가 없다. 고작해야 입 속의 삑삑이 하나가 전부다. 표정과 몸 동작으로 자
신의 모든 의사표시를 해야 한다. 그럼에도 불구하고 보는 이들로 하여금 웃음을 자아내고 눈물
나게 한다. 사람은 말을 하지 않아도 의사전달을 할 수 있다. 피에로와 마임 전문가의 동작들을
연구하면 유머도 말없이 가능하다.

준　비: 상자, 자루

진　행: 모든 프로그램을 마치고, 행사장 주변 정리와 청소를 위하여 진행한다.

① 청, 백 2개 팀으로 또는 청, 홍, 백, 황 4개 팀으로 나눈다.

② 리더는 행사장 중앙에 빈 상자나 빈 자루를 팀별로 구분하여 놓는다.

③ 시작 신호와 함께 각 팀원들은 주변에 버려진 쓰레기들을 주워 자기 팀의 상자 또는 자루에 모아 넣는다.

④ 제한 시간이 되면 쓰레기의 부피 또는 무게로 성적을 낸다.

요　령: 이 게임은 행사장 주변 정리와 청소를 위한 것으로 선의의 경쟁심을 유발하여 자연 보호를 하는 것이다. 상자나 자루를 넉넉하게 준비한다. 그렇지 않으면 행사장 중앙이 쓰레기 더미로 더럽혀진다.

도움말: 어른들은 쓰레기를 모으고, 어린이들이 쓰레기를 나르면 좋다. 쓰레기의 양이 확연히 차이나지 않으면 공동 1등을 준다.

그때 그때의 분위기를 파악하고, 프로그램이 적당치 않을 때에는 자기의 고집을 버리고 프로그램의 내용을 즉시 바꿔 공백(지루한) 시간을 없앤다.

501 코끼리 릴레이

준　비: 바통, 뽕망치 ☞ www.selfevent.com

진　행: ① 팀별로 대표 선수 5명을 선발한다.

② 출발선과 반환점을 설치하고, 팀별로 1사람씩 뽕망치를 들고 반환점에 선다.

③ 시작 신호와 함께 1번부터 차례로 반환점으로 달려가, 반환점에서 그림과 같이 코끼리 포즈를 취한 후 땅을 집고 5바퀴를 돈다.

④ 선수가 5바퀴를 돌면 뽕망치를 든 사람이 선수의 머리를 뽕망치로 "뽕!"하고 1대 때린다.

⑤ 뽕망치로 얻어 맞은 선수는 일어나 출발선으로 들어와 다음번 선수에게 바통 터치를 해 준다.

⑥ 5번까지 먼저 들어온 팀이 이긴다.

⑦ "빙글빙글" 도는 세상을 경험하며, 진풍경이 벌어진다.

요　령: 게임의 분위기를 위해서 선수에게 가면을 씌운다. 대상에 따라 땅을 집고 도는 횟수를 조정한다.

도움말: 뽕망치는 게임의 공정성을 위해 진행 요원(반환점 심판)이 든다.

※ ■ - 원형, ◗ - 변형

순서와 순서, 게임과 게임의 연결과정에 신경을 써서 대형 변경(변형)이 자연스럽게 이루어지도록 한다.

502 파도 타기

준　비: 플라스틱 파이프, 줄 ☞ www.selfevent.com

진　행: 1m 정도 되는 플라스틱 파이프에 3m 정도 되는 줄을 넣어 파도타기 봉을 만든다.

① 출발선 안쪽으로, 팀별 2열 종대로 줄을 선다.

② 선수 10사람을 선발하고, 2사람씩 짝을 지어 5조로 만든다.

③ 1조부터 좌우로 파도타기 봉을 잡고, 시작 신호와 함께 출발하여 자기 팀의 발 밑으로 파도타기 봉을 통과시켜 반환점을 돌아와 다음 조에게 파도타기 봉으로 바통 터치를 한다.

④ 팀원들은 파도타기 봉이 자기 발 밑을 통과할 때 걸리지 않도록 제자리에서 "펄쩍" 뛴다.

요　령: 반환점을 돌아서 돌아올 때도 팀원들의 발 밑을 통과하게 해도 좋다.

도움말: 사람이 많으면 4열 종대로 줄을 선 후 나갈 때는 왼쪽 2줄로, 돌아올 때는 오른쪽 2줄로 들어온다.

1. 유머 마인드

유머감각이 뛰어나면 모든 감각에 뛰어나다!
피카소에게 붓이 없다면 말이 안 되듯이 사람에게 유머가 없다면 말이 안 된다!
실제로 각 분야에서 성공한 사람들의 공통점은, 한결같이 뛰어난 유머감각을 갖고 있다. 유머감각을 키우기 위한 기본적인 세 가지 조건은 다음과 같다.

첫째 ; 얼굴에 미소를 띠는 것이다. 이 미소는 전기요금도 물지 않으면서 전기불 보다 주위를 훨씬 더 환하게 만든다.

둘째 ; 배려하는 마음이다. 즉 누가 유머를 구사하면 재미가 있건 없건 기꺼이 웃어 주는 것이다.

셋째 ; 많은 유머의 예를 메모하여 자주 써먹는 것이다. 모방의 끝은 창조의 시작이기 때문이다.

이렇게 했는 데도 유머감각이 생기지 않는 사람은 남을 웃길 생각하지 말고 지금까지 살아온 대로 살아가야 할 것이다.

501~600

준　비: 비닐, 풍선 ☞ www.selfevent.com
진　행: ① 팀별로 풍선과 커다란 비닐을 준다.
　② 시작 신호와 함께 팀원 전체가 협력하여 풍선을 불어서 비닐 안으로 집어 넣는다.
　③ 제한 시간 내에 아름다운 공(비닐)을 크게 만드는 팀이 이긴다.
요　령: 비닐은 원통형 비닐을 사용한다. 시작하기 전에 비닐의 한쪽 끝을 묶어 놓고, 제한 시간이 되면 다른 한쪽 끝을 묶는다.
도움말: 비닐에 펀치를 이용해 여러 군데 공기 구멍을 뚫어 놓으면 좋다.

빈 공간(좌석)을 없게 하면 참가자들의 집중력은 좋아진다.

 아름다운 공 나르기 (1)

준　　비: 비닐, 풍선
진　　행: "아름다운 공 만들기"를 진행한 후 진행한다.
　　　① 팀별로 출발선 안쪽으로, 2열 종대로 줄을 선다.
　　　② 시작 신호와 함께 "아름다운 공"을 머리 위로 보낸다.
　　　③ 맨 뒤에 있는 2사람은 아름다운 공을 좌우에서 들고 반환점을 돌아
　　　　출발선으로 들어온다.
　　　④ 먼저 들어오는 팀이 이긴다.
요　　령: 사람이 많으면 4열 종대로 줄
　　　을 선 후 반환점으로 갈 때는
　　　왼쪽의 2줄 머리 위로, 출발
　　　선으로 올 때는 오른쪽의 2줄
　　　머리 위로 들어온다.
도움말: 여러 바퀴를 도는 릴레이 경
　　　기도 재미있다. 비닐의 공기
　　　구멍으로 공기를 빼내어 아름다운 공을 팽팽하게 묶는다.

 아름다운 공 나르기 (2)

준　　비: 비닐, 풍선, 합판
진　　행: ① 팀별로 대표 선수 12사
　　　람을 선발한다.
　　　② 출발선에서 합판 2장(1호,
　　　2호)을 이어 깔아 놓는다.
　　　③ 선수 10사람은 합판 1호
　　　위로 올라가 "아름다운
　　　공"을 머리 위로 든다.
　　　④ 출발 신호와 함께 아름다운 공을 든 10사람은 협력하여 합판 2호
　　　로 옮긴다. 이 때 합판 위에서 발이 떨어지는 팀은 실격!
　　　⑤ 남아 있는 2사람은 합판 1호를 합판 2호 앞으로 이어 놓아 계속 옮
　　　겨 지나갈 수 있게 징검다리를 놓는다.
　　　⑥ 일정한 거리나 반환점을 빨리 돌아오는 팀이 이긴다.

506 콩 볶기

준　비: 비닐, 풍선

진　행: ① 팀별로 대표 선수 3사람을 선발한다.

　　　② 시작 신호와 함께 3사람이 협력하여 "아름다운 공" 속에 있는 풍선을 1개도 남김없이 모두 터뜨린다.

　　　③ 몽땅 터뜨리는 데 걸린 시간이 제일 빠른 팀이 1등!

요　령: 리더는 1개 팀씩 진행한다. 터뜨릴 때는 반드시 손으로 터뜨려야 한다.

준　비: 종이, 볼펜

진　행: ① 팀별로 모여 앉는다.

　② 희망 사항을, 현실로 이루어진 사실로 가정하여 뉴스거리를 만든다.

　③ 팀별로 정리를 하여 발표한다.

도움말: 기발한 것이나 구성이 잘 된 뉴스에 대해선 상품을!

　㉃ 오늘 남북통일이 되어 금강산 입구에는 식당들이 들어서기 시작했는데 그 이유는 "금강산도 식후경"이라는 말 때문이었습니다.

분위기와 기분, 감정 등의 흐름이 시작에서부터 끝날 때까지 무리가 없는 흐름이 되도록 노력한다.

501 ~ 600

박자와 이름의 만남

진 행: ① 모두 모여 둥글게 앉는다.

② 차례로 돌아가면서 자신의 이름을 소개한다.

③ 3박자 박수를 치는데, 마지막 박자에 자신의 이름을 크게 외치며 차례로 돌아간다.

　3박자: 1 - 양손 무릎, 2 - 손뼉, 3 - 오른손만 엄지를 펴고 앞으로.

④ 4박자를 박수를 치는데, 3번째 박자에 자신의 이름을, 4번째 박자에 왼쪽 사람의 이름을 크게 외치며 차례로 돌아간다.

　4박자: 1, 2, 3박자는 3박자 박수와 같고, 4 - 왼손 엄지를 펴서 앞으로 내민다.

⑤ 4박자 박수를 치면서, 3박자엔 자신의 이름을 외치고 4박자엔 아무나 생각나는 대로 이름을 부른다. (공격)

⑥ 3박자 박수를 치면서, 3번째 박자에 이름이 불려진 사람의 왼쪽 사람이 먼저 "어서 옵쇼!"를 하고, 그 다음 3번째 박자에 오른쪽 사람이 "누굴 찾으세요?"를 한 후 그 다음 3번째 박자에 이름이 불려진 사람이 다른 사람의 이름을 부른다. (공격) 계속 반복!

순서마다 클라이막스를 잘 포착하여 어디에서 끝나는 것이 효과적인가를 잘 판단한다.

⑦ 7박자 박수를 치면서, 자신의 이름과 숫자가 불리면 박자에 맞추어 자신의 이름을 숫자만큼 외친다.

7박자 : 1, 2, 3, 4박자는 4박자 박수와 같고, 5 - 오른쪽 어깨 올림, 6 - 왼쪽 어깨 올림, 7 - 머리를 뒤로 젖힘.

例 "전영진 넷!"하면 → 1, 2, 3박자까지는 박수만 치고 4번째부터 박수를 치며 자신의 이름을 "전영진! 전영진! 전영진! 전영진!"하고 외친 후, ⑤번의 방법으로 다른 사람을 부른다. (공격)

요　령: 각 번호마다 독립적으로 진행할 수 있으나 번호순서대로 연이어 진행하면 좋다. (난이도 순) 박자가 틀리거나 엉뚱하게 끼어 든 사람은 벌칙을 준다.

도움말: 서로가 잘 모르는 어색한 분위기에서 진행하면 친밀감을 더해 준다. 참석한 사람이 20명을 넘으면 진행이 어렵다.

실패를 두려워하지 않기

유머 구사시 경계해야할 심리적 상태는 "이게 안 먹히면 어쩌지?" "폭소를 자아내지 않으면 안 되는데" "썰렁하다 그러면 어쩌나?" 등등이다. 그러나 겁먹지 말고, 불굴의 의지로 중단 없는 전진을 해야 한다! 썰렁한 단계는 어차피 거쳐야 할 정거장이다. 그리고 썰렁해도 나는 손해볼 것이 없다. 왜? 무료 연수기회니까 듣는 사람들이 고달프지.(맞아! 맞아!)

세발 자전거 릴레이

준　비: 세발 자전거

진　행: 어릴 적 추억은 누구에게나 소중하고 그립다. 동네에서 꼬마들이 흔히 타고 노는 세발 자전거를 이용해 경기를 해 보면 아주 색다른 흥미를 느낄 수 있다. 팀별로 세발 자전거를 타고 반환점을 돌아오는 릴레이 경기로, 남녀노소 모든 대상에 적용할 수 있는 경기이다. 돌리기 어려운 세발자전거 페달을 밟으며 어릴적 추억을 상기한다면 정말 흥미롭고 재미있는 경기가 될 것이다.

프로그램 전체의 클라이막스를 잘 포착하고, 그 시점부터 마무리로 들어가면 무난하다.

510 닭 싸움

진　행: 게임 도구 없이 어느 곳에서나 간단하게 즐길 수 있는 게임이다. 그림과 같은 폼으로 상대방과 몸싸움을 하여 상대방을 넘어뜨리거나, 손에서 발이 떨어지게 하면 이긴다. 각 팀에서 1사람씩 대표 선수로 나와 게임을 해도 되고, 5사람 이상이 1조가 되어 떼거리로 닭싸움을 해도 된다. 생각보다 재미있는 게임이다.

요　령: 떼거리로 닭싸움을 할 경우 진 사람은 즉시 퇴장시키고, 상대 팀의 선수를 전부 퇴장시키는 팀이 이긴다.

유머마인드31

✏ 속담 뒤집기

"서당 개 삼 년이면 풍월을 읊는다."는 말을 "식당 개 삼 년이면 라면 끓인다."
"다방 개 삼 년이면 티켓 판다." 등으로 속담을 뒤집으며 놀던 기억은 누구나 있을 것이다.
유머 감각을 키우는 좋은 방법이다."

팀 나누기를 하기전에 팀의 기울기(성별, 나이, 직책 등)가 없도록 구성한다.

511 어흥 땅 에헴

진　행: 단체 가위 바위 보 게임이다.
　① "어흥!"은 호랑이가 사람을 공격하려는 동작이고, "땅!"은 사람이 사냥 총을 쏘는 동작이고, "에헴!"은 노인이 수염을 아래로 쓰다듬는 동작이다.
　② 팀별로 팀장을 뽑고, 팀장의 지시에 따라 팀원 전체가 같은 동작을 취한다.
　③ 호랑이(어흥!)는 사람을 이기고, 사람(에헴!)은 총을 이기고, 총(땅!)은 호랑이를 이긴다.
　④ 팀장과 팀원이 의견을 모아 상대 팀과 단체로 가위 바위 보를 하는 게임이다.
도움말: "호랑이는 사람보다 힘이 세기 때문에 사람을 이기고, 사람은 총을 다루기 때문에 총을 이기고, 총은 호랑이를 죽일 수 있기 때문에 호랑이를 이긴다."는 설명을 해 준다.

웃는 얼굴이 최대의 무기이다.

512 땅 따당

진　행: ① 모두 모여 둥글게 앉
　　　　는다.
　　　② 리더는 사람들 앞을 지나
　　　　다가 갑자기 한 사람을
　　　　지적하면서 "땅!"하고 총
　　　　쏘는 흉내를 낸다.
　　　③ 이때 총을 맞은 사람은
　　　　즉시 "따당!"하고 두 번
　　　　응사해야 한다.
　　　④ 리더가 "따당!"하고 총을 쏘면 "땅!"하고 한 번을 응사한다.
　　　⑤ 리더의 총소리에 겁을 먹고 같은 소리를 내거나 머뭇거리면 앞으로
　　　　나가야 한다. 왜냐하면 벌을 받아야 하기 때문이다.
요　령: 땅, 따당을 변화 있게 진행한다.
　　　㉐ 리더 : "땅 따당 따당!" → "따당 땅 땅!"

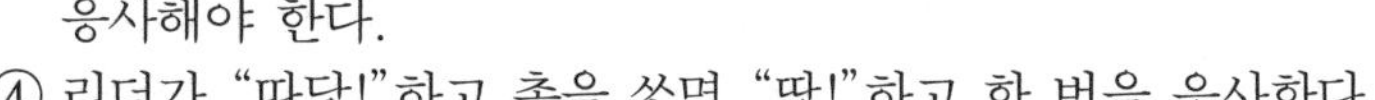

513 위수, 아래수

진　행: ① 모두 모여 둥글게
　　　　앉는다.
　　　② 리더는 왼손이나 오른
　　　　손으로 어느 한 사람을
　　　　지적하고 숫자 하나를
　　　　외친다.
　　　③ 지적당한 사람은 리더
　　　　가 오른손으로 지적했
　　　　으면 리더가 외친 숫자보다 숫자보다 하나 위인 숫자를, 왼손으로
　　　　지적했으면 하나 아래인 숫자를 즉시 대답해야 한다.
　　　④ 틀린 사람들을 모아 벌칙을 준다.
요　령: 오른손, 왼손을 구별하기 어려우면(마주보고 있기 때문에) 한 손은
　　　　주먹을 쥐고, 다른 한 손은 편다.

514 코 코 코

진　행: ① 모두 모여 둥글게 앉는다.

　　② 리더는 오른손 집게 손가락으로 코를 가리키며 "코! 코! 코! 코!"
　　　　를 한다.

　　③ 참가자 전원은 리더의 동작과 같이 따라한다.

　　④ 갑자기 리더는 "눈!"하면서 손은 귀를 잡는다.

　　⑤ 이 때 참가자들은 눈을 가리켜야지 그렇지 않고 귀를 잡으면 벌칙
　　　　을 받는다.

　　⑥ 리더는 참가자들이 혼돈을 일으키도록 최대한의 머리를 쓴다.

　　　　예 입을 잡으며 "뒤통수!", 배를 만지며 "허리!", ……

요　령: 동작이 리더와 거의 동시에 이루어지지 않은 사람도 벌칙을 준다.

2. 이벤트 마인드

규칙과 통제로 사람을 움직이던 시대는 지났다!
마치 관객을 대하듯 그들을 매료하고, 감동하여 스스로 움직이게 하는 이벤트가 있어야 한다.

대형 무대와 화려한 조명 그리고 스타급의 출연진이 있어야 이벤트가 되는 것은 아니다. 조그마한 부스에서 새로 나온 신제품의 시식 코너를 운영하는 것도 이벤트이다. 매스미디어는 일방통행이고 공유성이 없는데 반해 이벤트는 쌍방통행이고 공유성이 있다.

새로운 감동과의 만남! 그리고 Communication!
이 것이 이벤트마인드가 추구하는 것이다.

준　비: 못, 망치, 판자
진　행: ① 팀별 1열 종대로 줄을 선다.
　② 반환점에 못, 망치, 합판을 놓는다.
　③ 시작 신호와 함께 1번(홀수 번)은 반환점으로 가서 못을 합판에 박고 들어와 2번과 바통 터치를 한다.
　④ 2번(짝수 번)은 반환점으로 가서 박혀 있는 못을 뽑아 놓고 들어와 3번과 바통 터치를 한다. 계속 반복!
　⑤ 끝번까지 먼저 갔다오는 팀이 이긴다.
요　령: 못을 박을 때 못 끝이 판자 밖으로 나올 때까지 박아야 하고, 한 번 박은 자리는 다시 박을 수 없다.
도움말: 우리 팀에서 박은 못을 상대팀에서 뽑도록 해도 재미있다.

준　비: 통나무, 못, 망치
진　행: ① 각 팀에서 대표 선수 1사람씩 선발한다.
　　　② 한 팀씩 돌아가며 망치로 통나무에 못을 끝까지 박는다.
　　　③ 망치를 두들기는 횟수가 적은 팀이 이긴다.
요　령: 망치질을 하다가 못이 휘어지는 팀은 못이 박힌 상태에서 못을 피
　　　고, 계속 망치질한다.

517 통나무 자르기

준　비: 통나무, 톱
진　행: ① 각 팀에서 대표 선수 1사람씩 선발한다.
　　　② 시작 신호와 함께 각 팀의
　　　　 대표 선수들은 톱으로 통
　　　　 나무를 자른다.
　　　③ 먼저 통나무를 자르는 팀
　　　　 이 이긴다.
요　령: 한 팀씩 시간을 재어 기록
　　　　 경기로 진행할 수 있다.
도움말: 통나무의 굵기가 일정해야
　　　　 한다.

스카이 콩콩 릴레이

준　비: 스카이 콩콩 ☞ www.selfevent.com
진　행: 스카이 콩콩을 타고 반환점을 돌아와 다음 선수에게 스카이 콩콩으로 바통 터치를 하는 릴레이 경기이다. 체력이 필요한 경기로 중심을 잘 잡고 뛰어야 한다.
도움말: 너무 어리거나 나이가 많은 대상(10세 미만 50이상)은 안전 사고를 위해 피하는 것이 좋다.

입체 언어(명확, 억양, 간격, 액센트, 호감이 가는 음성 등)를 구사하여 말의 내용을 화면화한다.

준　비: 막대기, 음악 ☞ www.selfevent.com

진　행: ① 길이 1m 정도의 막대기 2개를 양쪽(1m 간격)에 세우고 그 위에 또 1개의 막대기를 걸쳐 놓는다.

② 각 팀별로 1줄로 줄을 선 후, 음악(림보곡)에 맞추어 흥겹게 춤을 추며 막대기 밑으로 지나간다. – 몸을 뒤로 젖힌다.

③ 전원이 다 통과하면 막대기의 높이를 90㎝로 하여 반복한다.

④ 갈수록 막대기의 높이를 낮추고, 막대기를 건드려 떨어뜨리는 사람은 탈락된다.

⑤ 탈락되지 않고, 많은 사람이 남아 있는 팀이 이긴다.

도움말: 림보곡이 없으면 흥겨운 곡으로 대신한다. 개인전으로 진행할 수 있다.

자료 수집에 시간과 돈을 아끼면 안된다.

520 사방 던지기

준　비: 상자, 오자미
진　행: ① 상자 4개를 5m 정도씩 떨어뜨려 사방(동, 서, 남, 북)으로 놓는다.
② 팀별로 1사람이 오자미 1개씩 갖고, '동'에서 '북'으로 던진다.
③ '북'에 있는 상자에 오자미를 골인시킨 사람들만 오자미를 주워 '북'에서 '서'로 오자미를 던진다.
④ '서'에서 '남'으로, '남'에서 '동'으로 오자미를 던진다.
⑤ '동'에 들어간 오자미의 수가 팀 성적이 된다.
요　령: 상자의 거리가 너무 멀면 흥미가 없어진다.
도움말: 오자미 대신, 조약돌 또는 백사장의 조개 껍질을 활용할 수 있다.

가급적 표준말을 쓰되 윗트(Wit)에 더 비중을 둔다.

3. 레크리에이션 마인드

인생은 일회용이기 때문에 재생할 수 없다!

사람이 100년을 살면 심장은 50년 일한다. 왜냐하면, 심장의 박동과 박동 사이는 휴면상태이기 때문이다. 이 휴면상태가 없다면 사람은 태어나자마자 요절할 것이다.

일하는 것만큼 중요한 것이 '놀이' 하는 것이다. 왜냐하면 인간은 '놀이' 하는 동물이기 때문이다. 잘 노는 사람은 일도 잘한다. 반대로 일을 잘하는 사람은 놀기도 잘한다. 놀이와 일은 동전의 양면과도 같다.

지도 만들기

준　비: 지도, 볼펜

진　행: ① 리더는 우리나라 백지도와 볼펜을 각 팀에게 나누어 준다.

　　※ 백지도 : 주요 명칭과 그림이 기입되지 않고 지형의 윤곽만 표시한 것

　② 시작 신호와 함께 팀원들끼리 의논하여 도(道) 경계선, 주요 도시나 하천, 산과 산맥 등을 기입한다.

　③ 제한 시간 내에 가장 많이, 가장 정확히 기입한 팀이 이긴다.

요　령: 대상에 따라 난이도를 조정한다.

　예 세계 백지도, 우리나라 백지도, 서울특별시 백지도, ……

행사에 어울리는 복장을 한다. (배색, 장소와 내용, 포인트, 예비복 준비)

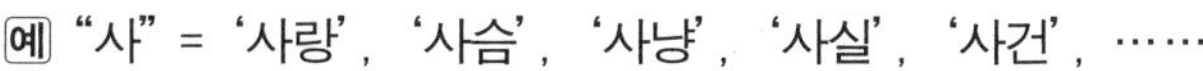

522 낱말 찾기

준 비: 종이, 볼펜
진 행: ① 전원이 종이와 볼
       펜을 갖는다.
       ② 리더는 1개의 글자를
       선정하여 발표한다.
       ③ 발표한 글자로 시작
       되는 낱말을 3분 동
       안 가장 많이 쓰는 사람이 챔피언!
   예 "사" = '사랑', '사슴', '사냥', '사실', '사건', ……
도움말: 발표한 글자로 끝나는 낱말을 쓰는 것도 좋다.
   예 '변호사', '장의사', '형사', ……
       영자 알파벳 중에서 1자를 골라 진행해도 좋다.

523 한자(漢字) 찾기

준 비: 종이, 볼펜
진 행: "낱말 찾기" 방법으로 한자
       를 쓰는 게임이다. 그러나
       한자는 어렵기 때문에 팀 게
       임으로 진행한다.
   예 "정" = '鄭', '政', '貞',
       '定', '正', '情', '精', '井', ……
요 령: 팀별로 많이 쓰는 게임보다 팀끼리 돌아가면서 1자씩 발표하게 하
       는 것이 좋다. 이때 다른 팀에서 발표한 글자는 중복해서 사용할
       수 없다. 즉 새로운 한자를 써내지 못하는 팀은 탈락된다.

유머마인드32

✏ 칼과 혀

종종 어떤 한 사람을 바보로 만들어 주위의 모든 사람이 깔깔대고 웃는 경우가 있다. 정도가 심하면 도마 위에 오른 사람은 평생 지울 수 없는 마음의 큰 상처를 입는다. 인신공격형 유머는 멀리해야 한다. 칼에 의한 상처보다 말에 의한 상처가 더 크고 오래 간다.

진 행: ① 남녀 1쌍을 무대 위로 불러내어, 서로 등을 맞대고 서게 한다.
　② 리더의 "하나, 둘, 셋!" 소리와 함께 두 사람은 고개를 왼쪽 또는 오른쪽으로 돌린다.
　③ 얼굴끼리 마주치면 남자가 이기고, 엇갈리면 여자가 이긴다. (남자의 꾀임에 넘어가지 않았기 때문에)
　④ 진 사람은 상품을 못 받거나, 벌칙을 받는다.

도움말: 얼굴이 마주치면 서로가 '통하는 사이(천생연분)'라고 선언하고, 즉석에서 나이가 지긋하신 분을 주례로 모셔 벼락치기 결혼식을 진행해도 재미있다. 이 때 남자는 신부가 되고, 여자가 신랑이 된다. 이 게임은 관람 게임으로 1회용이며, 게임으로 끝나야지 여기에 어떤 의미를 심어주면 예상치 못한 곤욕을 치루는 수가 있다.

진　행: ① 팀별로 팀장을 선출한다.
　　　② 리더가 요구하는 물건을 팀원 전원이 협력하여 빨리 구해 리더에게
　　　　 갖다 주는 게임이다. 선착순!
　　　③ 물건이 도착하는 순위대로 점수를 준다(100점, 80점, 60점, ……)
　　　④ 여러 회를 반복하여 팀 성적을 매긴다.
요　령: 물건은 쉽게 구할 수 없는 것이 좋다.
　　　㉝ 구멍난 양말, 손톱깎이, 흰 머리카락, 씹다 버린 껌, ……

처음의 말과 마지막의 말은 리더의 이미지(Image)가 되고 이것은 반(半) 영구적인
편견이 된다.

살신 성인 피구

준　비: 공
진　행: ① 모두 모여 원을 만들며 둥글게 선다.
　② 3사람이 1조가 되어 1열 종대로 선 후, 앞사람의 어깨를 잡고 원 안으로 들어가 수비를 한다.
　③ 원을 만들고 있는 사람들은 공을 서로 주고받으면서 3사람 중 맨 뒷사람을 공격하여 맞힌다.
　④ 3사람은 일치 단결하여 맨 뒷사람이 맞지 않도록 도망을 가거나, 앞사람이 양손으로 공을 막는다.
　⑤ 1분 동안에 맨 뒷사람이 맞지 않으면 그 조는 통과!
요　령: 3사람씩 1조가 되어 교대로 수비를 한다.
도움말: 사람이 많으면 팀 경기로 진행한다. 팀 경기로 진행할 경우 공격은 전원이 공격하고, 수비는 5개조만 안으로 들어가 수비를 한다. 이 때 제한 시간은 3분이 적당하다. 2사람이 1조가 되거나, 4사람이 1조가 되어 게임을 해도 좋다.

아마추어에서 '잘한다'는 것은 프로의 기본 조건이다.

진　　행 : ① 청, 백 2개 팀으로 팀 구성을 하고 팀장을 선출한다.
　　　　② 팀별 마주보고 앉고, 각 팀원들은 일련 번호를 정한다.
　　　　③ 양팀 모두 3박자 박수를 친다.
　　　　　　1- 양손 무릎, 2- 손뼉, 3- 오른손 엄지만 펴고 앞으로
　　　　④ 리더가 먼저 청팀의 어느 한 번호를 부르면, 3번째 박자에 그 번호
　　　　　의 왼쪽 사람은 "리시브!", 오른쪽 사람은 "토스!", 본인은 "스파
　　　　　이크!", 팀장은 백팀의 어느 한 번호를 부른다. (공격)
　　　　⑤ 백팀도 ④번의 방법으로 또 다시 청팀을 공격한다.
　　　　⑥ 엉뚱한 사람이 끼어들거나, 자기 임무를 못한 사람의 팀은 진다.
요　　령 : 속도를 빠르게 하여 진행한다.

501~600

풍선 샌드위치 릴레이

준　비: 풍선
진　행: ① 팀별로 2사람씩 1조가 되어 출발선에 선다.
　　　② 시작 신호와 함께 1조 두 사람은 뒷짐을 지고 그림과 같이 목과 목 사이에 풍선을 끼우고 반환점을 돌아온다.
　　　③ 돌아온 1조는 다음 조에게 풍선으로 바통 터치를 한다.

529 주걱 샌드위치 릴레이

준　비: 주걱, 풍선
진　행: "풍선 샌드위치 릴레이" 방법으로 진행하되, 그림과 같이 주걱을 이용해 2사람이 풍선을 치켜 들고 반환점을 돌아오는 경기이다.

530 목에 붙은 혹 떼기

준　비: 풍선

진　행: ① 팀별 1렬 횡대로 줄을 선다.

　② 맨 앞의 1번은 풍선을 불어 목에 낀다.

　③ 시작 신호와 함께 손을 쓰지 않고 2번(옆사람)의 목으로 풍선을 전달한다.

　④ 끝번까지 풍선을 떨어뜨리지 않고 먼저 전달하는 팀이 이긴다.

도움말: 풍선을 여러 개로 진행해도 재미있다.

531 뒤뚱뒤뚱

준　비: 접시, 과일

진　행: "풍선 샌드위치 릴레이" 방법으로 진행하되, 그림과 같이 접시 위에 과일을 놓고, 머리 사이에 과일을 끼우고, 손을 잡고 반환점을 돌아오는 릴레이 경기이다.

✏ 21세기의 P R

　한 때 피알(Public Relation)을 '피할 것은 피하고 알릴 것은 알린다' 는 센스 있는 해석을 했었다. 그러나 21세기의 피알은 'Personal Recreation' 즉 새로운 자기가치 창조이다. 스스로 자신을 혁신하고 개발하지 않으면 더 이상 피알할 것이 없는 낙동강 오리알 신세가 된다. 남들은 스포츠카 타고 씽씽 달리는데 달구지 타고 따라가는 사람이다.

진　행: ① 2사람(남녀)이 짝이 된다.

② 가위 바위 보를 한 후, 이긴 사람이 먼저 주먹을 쥐고 오른쪽 주먹을 그림과 같이 맨 아래로 놓는다.

③ 그 다음 진 사람이 오른쪽 주먹을 위로 놓고, 다시 이긴 사람의 왼쪽 주먹을 놓고, 마지막으로 진 사람의 왼쪽 주먹을 놓는다.

④ 리더의 "위로!"라는 구령엔 맨 아래에 있는 주먹을 맨 위로 올려 놓고 "아래로!"라는 구령엔 맨 위에 있는 주먹을 맨 아래로 갖다 붙인다.

⑤ 리더는 "위로!" "아래로!"를 반복하다가 "덮어!"라는 구령을 한다.

⑥ "덮어!"라는 구령이 떨어지면 각자 맨 밑에 있는 자기 주먹을 펴서 잽싸게 맨 위를 덮는다.

⑦ 먼저 덮는 사람이 이긴다.

요　령: 구령은 복합적으로 사용한다.

　　예 "위로!" "위로!" "아래로!" "아래로!" "아래로!" "위로!" "아래로!"

도움말: 버스 안에서 커플 게임으로 좋다.

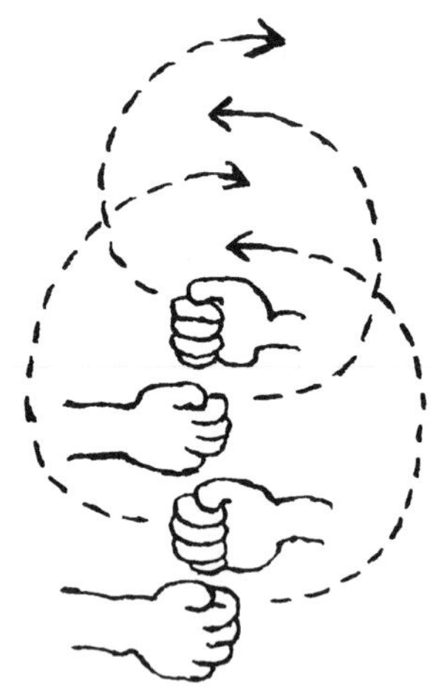

533 안으로 밖으로, 위로, 아래로

진　　행: ① 모두 모여 둥글게 앉는다.

　　　　② 리더를 따라 하는데, 손동작과 복창 소리는 반대로 한다.

　　　　㈐ 리더가 양팔을 벌리며 "밖으로!"라고 하면 대상들은 양팔을 모으며 "안으로!"라고 해야 하고, 리더가 두 손을 들면서 "위로!"라고 하면 대상들은 두 손을 내리면서 "아래로!"라고 해야 한다.

　　　　③ 리더와 같은 동작을 하거나 같은 소리를 내는 사람은 벌칙을 준다.

요　　령: 반대 동작과 반대 말을 하기 전에, 게임의 숙지를 위해 같은 동작과 같은 말로 연습 게임을 해 본다.

도움말: 리더는 선발(앞으로 모시고 싶은)하고자 하는 사람 앞에서 그 사람과 같은 동작을 취하며 구령을 붙이면 쉽게 목적을 달성할 수 있다.

534 거꾸로 읽기

준　　비: 종이, 볼펜

진　　행: ① 리더는 여러 가지 문장을 종이에 적어 카드를 만든다.

② 모두 모여 둥글게 앉는다.

③ 리더는 카드 1장을 꺼내어 거꾸로 읽는다.

예 "이랑괄말!" "산갑수산!" "고사차동자!" "심조불나제언!"

④ 가장 먼저 정답을 말하는 사람이 득점한다.

요　　령: 4자 짜리 문제는 4점을 주고, 5자 짜리 문제는 5점을 준다.

도움말: 한번 사용한 카드는 다시 사용하면 안되고, 20사람 이상이면 진행이 어렵다. 이럴 때는 팀을 구성하고 팀 대표를 선발하여 대표자 게임으로 진행한다.

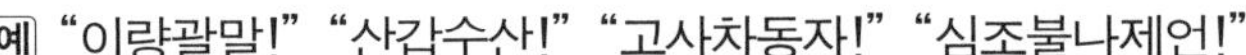

535 문장 만들기

준　　비: 종이

진　　행: ① 적당한 인원으로 팀 구성을 한다.

② 여러 가지 문장을 종이에 적되, 종이 1장에 글자 1개를 기록한다.

③ 기록한 문장을 뒤죽박죽 섞어서 팀별로 문장 종이묶음을 준다.

④ 시작 신호와 함께 먼저 문장을 정확히 완성시키는 팀이 이긴다.

요　　령: 각 팀 문장의 글자 수는 같아야 한다.

도움말: 1사람이 종이 1장씩 들고, 정답을 먼저 완성하여 발표하는 것도 좋다.

진 행: ① 모두 모여 둥글게 앉는다.

② 리더와 함께 박수를 치면서 "당~신~은 누~구~십~니~까?"라는 노래를 부르고, 이 때 리더는 어느 한 사람을 정중하게 지적한다.

③ 지적을 당한 사람은 "나~는 ○○○!"하고 이름을 대답한다.

④ 다시 리더는 그 사람의 특징을 담아 "그~이~름 링링 같~구~나!"라고 '응수(應酬)' 한다.

요 령: 대상이 이 곡조의 노래를 모르면 진행하지 않는다. '응수'는 상대방의 인격을 손상시키거나 혐오감을 주는 것은 안됨!

도움말: 리더가 아닌 다른 사람(오른쪽에 앉아있는 사람)들이 차례로 돌아가며 응수해도 좋다.

행사장에 대한 연구가 없는 리더는 무기를 쓸줄 모르는 지휘관이다.

www.selfevent.com **373**

내가 먼저 사랑해

준 　비: 종이, 볼펜
진 　행: ① 2사람(남녀)이 짝이 되어,
　　　　　볼펜을 쥐고 새끼손가락끼리 건
　　　　　다.
　　　　② 중앙에 16절 크기의 종이를 놓
　　　　　고, 그 위에 손을 얹는다.
　　　　③ 시작 신호와 함께 "나는 당신을
　　　　　사랑합니다!"라는 글씨를 보기
　　　　　좋게 빨리 쓰는 게임이다. 빨리
　　　　　쓰려 해도 상대방 역시 같은 마음이기 때문에 그리 쉽지 않다.
요 　령: 글귀를 모임의 성격과 분위기에 따라 변화를 준다.

538 달려라 볼펜

준 　비: 종이, 볼펜, 방안지
진 　행: ① 2사람(남녀)이 짝이 되
　　　　　어 볼펜을 쥔다.
　　　　② 그림과 같이 종이 위에 여
　　　　　러 개의 평행선을 긋는다.
　　　　③ 갑은 좌측 상단에, 을은 우
　　　　　측 하단에 볼펜을 세운다.
　　　　④ 시작 신호와 함께 선에 부딪히지 않고 볼펜을 'ㄹ'자로 그면서 앞
　　　　　으로 계속 전진한다.
　　　　⑤ 갑과 을의 볼펜이 부딪히면 손을 떼고, 그곳에서 누가 더 많이 왔
　　　　　는가를 확인한다.
요 　령: 빠르게 왔어도 볼펜이 선에 닿은 횟수가 많으면 진다.
도움말: 종이 대신 줄이 있는 노트나 방안지를 사용하면 좋다.

프로는 유연성을 풍부히 갖되 우유부단해서는 안된다.

539 인디언 댄스

진　행: ① 2사람이 짝이 되어 서로
　　　　손을 마주잡는다.
　　　② 지름이 1m 정도 되는 원을
　　　　그리고, 원 안으로 들어간다.
　　　③ 시작 신호와 함께 손을 놓지
　　　　않고 상대방의 발을 먼저 밟
　　　　는 사람이 이긴다.

540 냉면 뽑기

준　비: 신문지
진　행: ① 2사람이 마주보거나, 팀 대표자끼리 모인다.
　　　② 신문지를 1장씩 들고 한쪽 모서리를 잡는다.
　　　③ 시작 신호와 함께 손으로 신문지를 길게 찢어 내는 사람이 이긴다.
요　령: 중간에 신문지가 끊어지면, 그 길이가 성적이 된다. 제한 시간을
　　　　1~3분으로 둔다.

진　행: ① 각 팀별로 1열 종대로 줄을 선 후 양 발을 벌린다.
　　　② 자기의 왼손을 앞사람의 다리 사이로 넣어 앞사람의 오른손을 잡는다.
　　　③ 시작 신호와 함께 맨 뒷사람부터 누우면, 앞사람들은 발을 벌린 채 천천히 후퇴하면서 계속 연결하여 눕는다.
　　　④ 전원이 드러눕게 되면, 반대로 뒷사람부터 역순으로 일어나면서 앞으로 나아간다.
　　　⑤ 가장 먼저 원래의 형태(1열 종대)로 돌아온 팀이 이긴다.
도움말: 바닥에 위험한 것이 없는지 확인을 한 후 진행한다.

542 뱀 허물 벗기 (2)

진　행: "뱀 허물 벗기(1)"의 대형으로 선 후 앞사람의 어깨에 양손을 얹고 맨 뒷사람부터 눕는다. 진행 방법은 "뱀 허물 벗기(1)" 참조

모든 설명과 동작은 간단한 것이 최고이다.

543 지하철 릴레이

진　행: "뱀 허물 벗기(1)" 형태로 반
　　　환점을 돌아오는 경기이다.
요　령: 전원이 함께 반환점을 돌아
　　　와도 좋고, 몇 명씩 조를 나
　　　누어 릴레이 경기로 진행해
　　　도 좋다. 달리는 도중 손을
　　　놓으면 실격!

544 동대문을 열어라

진　행: ① 팀별 1열 횡대로 줄을 선 후 손을 잡는다.
　　　② 앞사람부터 일련 번호를 정한다.
　　　③ 1번과 2번은 손을 들어 동대문(터널)을 만든다.
　　　④ 시작 신호와 함께 끝번부터 동대문을 통과하고 원래의 자리로 간
　　　　다.
　　　⑤ 2번과 3번이 동대문을 만들고, 1번이 통과한 후 끝번부터 통과한
　　　　다.
　　　⑥ 그 다음 3번과 4
　　　　번이 동대문을 만
　　　　들고, 1번과 2번
　　　　이 통과한 후 끝
　　　　번부터 통과한다.
　　　⑦ 끝까지 반복하고
　　　　먼저 끝나는 팀이
　　　　이긴다.

요　령: 손을 놓으면 안된
　　　다.

545 훌라후프 통과

준 비: 훌라후프 ☞ www.selfevent.com
진 행: ① 팀별로 정렬을 하고, 훌라후프 5개를 그림과 같이 연결한다.
　② 출발선을 긋고, 훌라후프를 반환점에 세워 놓는다.
　③ 시작 신호와 함께 1번부터 반환점으로 달려가 훌라후프 5개를 지
　그재그로 통과하고 돌아와 다음 사람에게 바통 터치를 한다.
도움말: 훌라후프 통과를 팀별로 5사람씩 조를 만들어 바통 터치를 해도 좋
　다.

546 훌라후프 허들 경기

준 비: 훌라후프, 플라스틱 파이프
진 행: ① 훌라후프 5개를 플라스틱 파이프에 그림과 같이 연결한다.
　② 플라스틱 양 끝을 진행 요원이 들고 출발선과 반환점 중간 지점에
　서 허리 높이로 든다.
　③ 시작 신호와 함께 훌라후프 5개를 허들 넘듯이 넘고, 반환점을 돌
　아와 다음 사람에게 바통 터치를 한다.
요 령: 반환점을 돌아
　또다시 훌라후
　프를 넘고 출발
　선으로 가는 방
　법도 좋다.

4. 매니지먼트 마인드

현대의 경영은 변화에 대한 대응력이다!

남들은 스포츠카 타고 쌩쌩 달리고 있는데, 달구지 타고 땀을 뻘뻘 흘리면서 부지런을 떨고 있어봐야 소용없다. 이를 위해 새로운 자기 가치창조가 이뤄져야 한다. 새로운 자기가치 창조가 없다면 그 자리를 물러날 때가 된 것이다.

왜냐하면 나보다 더 싸게 먹히는 인력이 내 자리를 곧 매울 것이기 때문이다. 현상에 절대로 만족해서는 안 된다. 새 것은 창조된 순간부터 헌 것이다. 필자가 지금까지 한 새로운 말도 이젠 헌것이 되었다.

547 그림으로 물건 맞추기

준　비: 도화지, 매직펜

진　행: ① 팀에서 그림을 잘 그리는 화가 1사람을 선발한다.

　② 화가는 리더에게서 물건 이름이 적힌 메모지를 받는다.

　③ 시작 신호와 함께 도화지에 그림을 그려 자기 팀원에게 보여 주어 물건의 이름을 맞추게 한다.

　④ 제한 시간 내에 많이 맞추는 팀이 이긴다.

요　령: 화가는 말을 하거나 손짓, 몸짓을 할 수 없다.

도움말: 그림으로 문장(격언이나 속담)을 맞추는 것도 재미있다. 이 때 화가는 말을 해서는 안되나 고개를 끄덕이거나 좌우로 흔드는 것은 괜찮다.

※ ■ - 원형, ◗ - 변형

프로의 세계에서 끊임없이 노력을 하지 않으면 살아남지 못한다.

548 낱말 풀이

준　비: 종이, 볼펜
진　행: ① "그림으로 물건 맞
추기" 방법으로 진행하
되, 도화지에 그림을
그리는 대신 팀원에게
말로 설명을 한다.
② 실수로 설명하는 말 속
에 맞춰야 할 단어가 들어가면 점수에서 뺀다.

549 암호문 해독

준　비: 종이, 볼펜
진　행: 그림과 같은 암호표로
여러 가지 게임을 할
수 있다.
① 암호문 빨리 해석하기
② 암호문을 풀어 퀴즈 맞
추기
③ 암호문의 지시 사항에 따라 추적놀이(O/L)

550 동물 이름 찾기

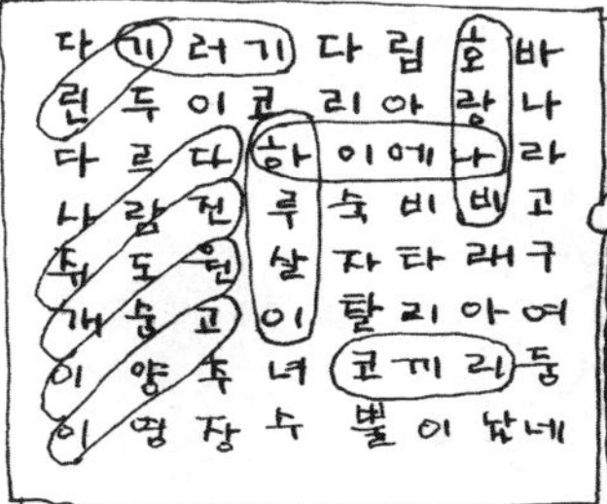

준　비: 종이, 볼펜
진　행: 그림과 같은 동물 이름
판을 이용해, 제한 시간
내에 동물의 이름을 가장
많이 찾아내는 사람이 챔
피언!
도움말: 동물 이름 대신 역사적
인 인물이나 명승 고적을
찾아 내는 게임도 좋다.

551 사진 모델

진　　행: ① 리더는 어떤 모양의 사진을 찍는다고 발표한다.
　　　예 못난이 3형제, 미스코리아 선발대회, 미스터코리아 선발대회, 각설이
　　　5형제, 이산가족 상봉, 인기 가수 총출연, ……
　　　② 각 팀에서는 사진에 필요한 어울리는 모델들을 선발한다.
　　　③ 제한 시간 내에 가장 그럴듯하게 연출을 하는 팀이 이긴다.
요　　령: 분장하는 시간을 짧게 준다.
도움말: 사진을 실제로 찍어 두면 좋은 추억거리가 된다.

552 느린 동작

진　　행: 팀별로 리더가 요구하는 결정
　　　적인 장면들을 느린 동작(슬
　　　로우 비디오)으로 연출한다.
　　　예 축구의 슛 골인!(팀원들은 관
　　　중 역할), 홈런을 때리고 들어
　　　오는 선수(팀원들은 같은 선수
　　　역할), 권투의 KO 장면,
　　　100m 또는 허들 경기 장면
　　　……

레크리에이션을 즐기는 사람은 인생을 즐기는 사람이다.

553 관심 갖기

진　행: ① 전체가 같이 어우러져 포크
　　　　댄스나 에어로빅댄스를 춘다.
　　　② 끝난 후 모두 둥글게 선다.
　　　③ 리더는 술래를 지정하여 다음과
　　　　같은 질문을 던져 맞추게 한다.
　　　예 가장 키 큰 사람, 키 작은 사람,
　　　　머리카락 긴 사람, 코 큰 사람,
　　　　신발이 큰 사람, 뚱뚱한 사람,
　　　　마른 사람, ……

요　령: 리더는 음악과 함께 동작을 습득해야 한다. 그렇지 못하면 디스코
　　　　음악을 준비한다.

도움말: 서로가 잘 모르는 집단에서 활용하면 좋다. 질문으로 인해 감정이
　　　　상하지 않도록 조심한다.
　　　예 못 생긴 사람, 머리 나쁜 사람, 더러운 사람, ……
　　　　그러나 이러한 것도 잘만 활용하면 더욱 흥미롭다.

554 옆사람 따라하기

진　행: ① 모두 모여 둥글게 앉는다.
　　　② "사치기 사치기 사뽀 뽀"라는 4박자 말에 리더가 처음 동작한다.
　　　③ 그 다음 4박자 말에 리더의 옆사람이 리더의 동작을 따라한다.
　　　④ 참가자들은 리더의 동작을 따르는 것이 아니고 옆사람의 동작을 따
　　　　라해야 한다.
　　　⑤ 리더는 4박자마다
　　　　동작을 여러 형태
　　　　로 바꾼다.
요　령: 4박자 말의 속도
　　　　에 변화를 준다.

555 무지개 용사들

준 비: 막대기

진 행: ① 팀별 3사람이 1조가 되어, 7조가 출발선에 정열한다.

② 막대기 7개를 출발선과 반환점 중간 지점에 놓는다.

③ 1조부터 출발하여 중간 지점에 있는 막대기 1개(빨강)를 오른손으로 잡아 들고 반환점을 돌아온다.

④ 2조 3사람은 1조가 들고 온 막대기를 왼손으로 함께 잡고 출발하여 중간 지점에 있는 또 다른 막대기 1개(주황)를 오른손으로 잡아 들고 뛴다.

⑤ 처음은 3사람이 뛰고, 두 번째는 6사람이, 세 번째는 9사람이, ……

⑥ 21사람이 함께 막대기를 들고 먼저 들어 오는 팀이 이긴다.

도움말: 막대기에 무지개색(빨, 주, 노, 초, 파, 남, 보)으로 칠을 하면 좋다.

556 인원 늘리기

진　행: ① 각 팀 10사람씩 선발하고 출발
선에 1열 종대로 줄을 선다.
② 막대기를 사용하지 않고, 갑이 반
환점을 돌아오면 을이 갑의 어깨에
양손을 얹고 반환점을 돌아온다.
③ 다시 병이 을의 어깨 위에 양손을 얹고 반환점을 돌아온다.
④ 갑은 10바퀴를 돌게 되고, 을은 9바퀴를 돌게 되고, 병은 8바퀴,
……

요　령: 체력이 강한 사람을 앞세워 진행한다.

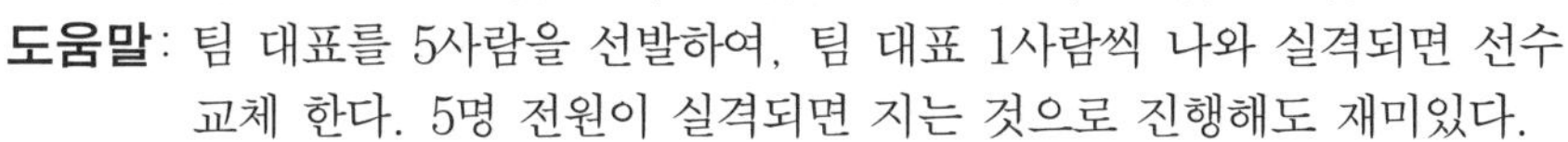

557 인사말 늘리기

진　행: ① 팀별 대표 1사람을 선발하고,
차례대로 돌아가며 인사말을 한다.
② 한번 나온 인사말은 다시 말할 수
없다.
③ 새로운 인사말을 못하거나 한번 나
왔던 인사말은 말하면 탈락!
　예 "만나서 반갑습니다", "다음에 또 뵙지요", "처음 뵙겠습니다"

도움말: 팀 대표를 5사람을 선발하여, 팀 대표 1사람씩 나와 실격되면 선수
교체 한다. 5명 전원이 실격되면 지는 것으로 진행해도 재미있다.

558 다양한 표현

진　행: "인사말 늘리기" 방법으로
진행하되, 특정한 표현을 다
른 말로 하는 게임이다.
　예 "너 혼날래?", "너 죽고 싶
어?", "너 사진에 검정 리본
달고 싶어?", "밥숟가락 놓고 싶어?", "숨쉬기 운동하기 싫어?"

도움말: 대상과 분위기에 따라 주제를 잘 선택해야 한다.

튜브 탑 릴레이

준　비: 튜브

진　행: ① 팀별 1렬 종대로 출발선에 줄을 선다.

　② 각 팀의 1번 선수는 튜브 5개씩을 몸에 낀다.

　③ 출발 신호와 함께 반환점을 돌아와 다음 선수에게 튜브 5개를 벗어서 바통 터치한다.

도움말: 튜브로 목까지 끼우고 하면 진풍경이 벌어진다. 이 때는 해변가에서 진행해야 한다. 왜냐하면 넘어져 다칠 수 있기 때문이다.

560 경보 릴레이

진　행: 경보 경기를 릴레이로 진행하되, 다음과 같이 변화를 준다.

　① 앞으로 걸어가는 경보 릴레이

　② 뒤로 걸어가는 경보 릴레이

　③ 옆으로 걸어가는 경보 릴레이

　④ 2사람, 3사람, …… 이 1개 조가 되어 걸어가는 경보 릴레이

도움말: 경보 릴레이는 생각보다 흥미롭고 재미있는 게임이다.

프로의 세계는 정말 냉혹하다.

561 다보탑 릴레이

준 비: 상자 ☞ www.selfevent.com

진 행: ① 상자 여러 개를, 큰 것을 아래
에 놓고 작은 것은 위에 쌓는다.

② 이것을 들고 반환점을 돌아오는
릴레이 경기이다.

③ 바람에 날리거나 흔들려 떨어지면
그 자리에서 다시 쌓아 올린 후
계속 뛴다.

도움말: 작은 상자를 아래에 놓고 큰 상자를 위로 쌓아 경기를 하면 어떨
까???

562 늘어나는 튜브

준 비: 튜브

진 행: ① 팀별 5사람을 선발하고, 출발선에 줄을 선다.

② 각기 튜브를 허리에 끼고, 1번이 반환점을 돌아온다.

③ 1번이 반환점을 돌아오면, 2번이 1번의 튜브에 자신의 튜브를 연
결하고 같이 뛴다.

④ 그 다음은 3번이 같이 뛰고, 5번까지 연결하여 먼저 돌아오는 팀이
이긴다.

요 령: 튜브 연결은 튼튼하게 해야 한다.

도움말: 1번이 돌아오면, 1번은 물러나고 새로이(2번, 3번) 2사람이 뛰고,
그 다음 또 새로
이(4번, 5번, 6
번) 3사람이 뛰는
방법으로 진행하
면 많은 사람이
참여할 수 있다.

진　행: ① 팀별 출발선에서 반환점을 향해 2줄로 줄을 선다.

② 같은 팀끼리 손을 서로 마주잡고 선다.

③ 몸무게가 가벼운 사람(기수)을 선발하고 출발선에 대기한다.

④ 시작 신호와 함께 기수는 그림과 같이 자기 팀원이 마주잡은 손 위로 뛰어 엎드린다.

⑤ 기수를 퉁겨서 앞으로 빨리 보낸다.

⑥ 반환점을 돌아온 기수는 다음 번 기수와 바통 터치를 한다.

⑦ 먼저 들어오는 팀이 이긴다.

요　령: 기수는 5사람 정도가 적당하다.

도움말: 기수가 처음부터 끝까지 퉁겨져 오면, 머리가 땅에 부딪히지 않도록 안전 요원을 세운다.

경쟁이 없는 아마추어의 세계에서는 탈락도 없다.

늣다리 밟기

진　행: ① 팀별 출발선에서 반환점을 향해 1렬 횡대로 줄을 선 후 엎드린다.

② 팀별 3사람이 1조가 되어, 5조를 선발한다.

③ 1조부터, 갑은 엎드린 팀원 등을 밟고 을과 병은 갑이 땅에 떨어지지 않도록 좌우에서 손을 잡는다.

④ 시작 신호와 함께 갑은 등을 밟고 앞으로 나가고, 갑이 밟고 지나간 사람은 일어나 앞으로 뛰어간다.

⑤ 앞으로 뛰어온 사람은 갑이 계속 지나갈 수 있도록 다시 엎드려, 자신의 등으로 다리를 놓는다.

⑥ 반환점을 먼저 돌아오는 팀이 이긴다.

요　령: 갑은 몸무게가 가벼운 사람을 선발하고, 신발을 벗고 등을 밟아야 한다.

도움말: 다리를 놓는 사람끼리 어깨를 붙여야 갑이 밟고 가기 좋다.

프로는 너무 친밀감을 주지 않으면서도 호감을 주어야 한다.

565 응급 환자 수송

준　비: 막대기

진　행: ① 팀별 3사람이 1조가 되어 출발선에 선다.

　　　② 2m 정도의 막대기 2개로 갑은 앞에서 잡고, 을은 뒤에서 잡고, 병은 그림과 같이 올라탄다.

　　　③ 출발 신호와 함께 반환점을 돌아오고, 다음 조에게 막대기로 바통 터치를 한다.

도움말: 5사람이 1조가 되어, 4m 정도의 막대기를 이용하여 갑은 앞에, 을은 뒤에, 병은 중앙에서 막대기를 잡고 남은 2사람이 앞쪽과 뒤쪽에 올라타고 반환점을 돌아오는 릴레이 경기도 할 수 있다.

566 매달리고 달리기

준　비: 막대기

진　행: ① 3사람이 1조가 되어, 갑과 을은 막대기 1개를 어깨 위에 올려 잡는다.

　　　② 병은 막대기에 매달린다.

　　　③ 출발 신호와 함께 반환점을 돌아와 다음 조에게 바통 터치를 한다.

레크리에이션의 끝은 행사의 모든 내용을 문서화하는 것이다.

567 공 업고 달리기

준　　비: 공

진　　행: ① 팀별 출발선에 1줄로 선다.

　　　　② 등에 공 3개를 그림과 같이 업
　　　　고, 1번부터 시작하여 반환점을
　　　　돌아오는 릴레이 경기이다.

　　　　③ 공으로 바통 터치를 할 때는 도
　　　　와줄 수 있어도, 중간에 공이 떨
　　　　어지면 혼자의 힘으로 공을 주워 등에 업어야 한다.

568 기우뚱 거리는 공

준　　비: 테니스 라켓, 배드민턴 라켓, 농구공, 테니스공

진　　행: ① 오른손엔 테니스 라켓을 들고 라켓 위에 농구공을 올려 놓는다.

　　　　② 왼손엔 배드민턴 라켓을 들고 라켓 위에 테니스공을 올려 놓는다.

　　　　③ 반환점을 돌아와 라켓과 공으로 바통 터치를 하는 릴레이 경기이
　　　　다.

요　　령: 테니스 라켓과 배드민턴 라
　　　　켓은 어느 손으로 잡든지
　　　　상관 없다.

도움말: 서로 크기와 무게가 다른
　　　　것을 잡고, 평형을 유지하
　　　　며 뛰기란 그리 쉽지 않다.
　　　　테니스공 대신 탁구공으로
　　　　하면 어떻게 될까?

준　비: 신문지
진　행: ① 적당한 인원으로 팀 구성을 한다.
　　　　② 각 팀마다 신문지 1장을 갖고, 인원만큼 찢어 조각을 낸다.
　　　　③ 다른 팀과 찢어진 신문지를 교환한다.
　　　　④ 시작 신호와 함께 찢어진 신문지 조각을 갖고, 먼저 원형으로 완성
　　　　　하는 팀이 이긴다.
요　령: 신문지를 찢을 때 인원의 배수로(5사람이면 10조각) 해도 좋다.
도움말: 신문지 조각을 1사람이 1조각씩
　　　　들고, 1번부터 반환점으로 가
　　　　서 그 곳에서 모자이크 식
　　　　으로 완성하고 돌
　　　　아오는 릴레
　　　　이 경기도
　　　　재미있다.

570 헛갈리는 글자

준　비: 도화지, 매직펜
진　행: ① 리더는 도화지에 격언이나 속담 또는
　　　　　간단한 문장 등의 글자를 여기저기 비스
　　　　　듬하게 쓰거나 거꾸로, 헛갈리게 쓴다.
　　　　② 그것을 전원에게 보여 주고 정답을 맞추
　　　　　게 한다.
요　령: 팀 대항이면 글씨를 크게 쓴다.
도움말: 연령에 맞는 내용으로 진행한다.

 스테레오 발성

진　행: ① 팀 구성을 한다.
　　　② 다른 팀이 모르게, 세 글자로 된 동물이나 물건의 이름을 정한다.
　　　③ 공격 순서를 정하여 차례대로 정한 이름을 큰 소리로 발성한다.
　　　④ 다른 팀은 그 소리를 듣고 팀원끼리 의논하여 이름을 맞힌다.
요　령: 정확히 먼저 맞추는 팀에게 고득점을 주고, 여러 번 시도하여 정답
　　　을 맞추는 팀은 낮은 점수를 준다.
도움말: 연령이 낮으면 두 글자로 된 이름으로 진행한다.

572 30초 수색

진　행: ① 리더는 다음과 같이
　　　　말을 한다.
　　　　"여러분 지금부터 30초
　　　　동안 자기와 같은 모습이
　　　　나 특징을 가진 사람을
　　　　만나, 짝이 되어 앉으십
　　　　시오!"
　　　② 30초 후 차례로 1쌍씩 일어나 짝이 된 이유를 발표한다.
도움말: 서먹서먹한 분위기 해소와 친밀감을 더해 준다.

유머마인드37

✏ **엉뚱한 생각**

코끼리를 냉장고에 집어넣는 2단계 방법은? "냉장고를 코끼리에게 먹인다." "코끼리를 까
뒤집는다." 답은 현실적으로 전혀 불가능한 이야기다. 그러나 이런 엉뚱한 내용의 퀴즈는 황
당하지만 우리를 즐겁게 하는 생활의 활력소가 되고 유머 감각의 길잡이다. 엉뚱해 져 보자.

573 원 바운드 골인 (1)

준　비: 공, 휴지통, 끈, 쟁반
진　행: ① 팀 구성을 한다.
　② 팀 대표 1사람을 선발하고, 끈으로 휴지통을 허리에 묶는다.
　③ 공을 바닥에 1번 튀겨서 올라오는 공을 휴지통으로 받는다.
　④ 공 1개에 1점, 30초 동안 공을 많이 넣은 팀이 이긴다.
　⑤ 선수를 교대하면서 릴레이로 진행할 수 있다.
요　령: 공을 튀기는 곳에 쟁반을 깔아 놓으면 음향 효과를 느낄 수 있다.
　공을 받다가 휴지통의 공이 밖으로 나오면 점수를 잃는다.

574 원 바운드 골인 (2)

준　비: 공, 휴지통, 끈, 쟁반
진　행: ① 2사람이 1조가 되어,
　3m 이상 떨어져 선다.
　② "원바운드 골인(1)" 방법으
　로 하되, 갑이 공을 바닥
　에 튀기면 을이 휴지통으
　로 공을 받는다.
요　령: 난이도를 높이려면 갑과
　을 사이를 멀리하면 된다.

무엇이 중요한지를(우선 순위) 생각하면 결정적 실패는 없다.

575 나는 공받기

준　비: 공, 휴지통, 끈, 발사대
　　　☞ www.selfevent.com
진　행: 이 게임은 장비(발사대)를
　　　만들어 진행하는 게임이다.
　　　그림과 같이 발사대 위에 공
　　　을 올려놓고, 갑이 점프를
　　　하여 공을 날려보내면 을이
　　　휴지통으로 공을 받는다.
요　령: 공을 동시에 2~3개를 날려
　　　도 재미있다. 공 받는 사람을 2~3명으로 해도 좋다.
도움말: 연령이 낮은 대상이면 발사대에서 날아오는 공을 그냥 받지 않고,
　　　한번 땅에 튀기고 난 후 받게 한다.

576 빽판 숏!

준　비: 공, 휴지통, 끈
진　행: ① 팀 대표 1사람이 휴지통을 허리에 매고, 던지는 선 5m 전방에
　　　선다.
　　　② 던지는 선에서 차례대로 공을 던져 휴지통으로 공을 넣는다.
　　　③ 공이 등에 맞고 휴지통으로 들어가면 2점, 그냥 들어가면 1점이다.

준　비: 종이, 볼펜

진　행: ① 전원이 종이 5장과 볼펜 1자루를 갖고, 둥글게 앉는다.
　　　② 1번 종이에는 자신의 이름을 쓰고,
　　　　2번 종이에는 유명인이나 가공의 인물 이름을 쓰고,
　　　　3번 종이에는 때(○○년 ○○월 ○○일)를 쓰고,
　　　　4번 종이에는 장소(○○에서)를 쓰고,
　　　　5번 종이에는 행동(○○○을 했다)을 쓴다.
　　　③ 종이를 번호별로 모으고, 잘 섞은 후 1장씩 나누어 갖는다.
　　　④ 자기 것이 아닌 것들을 조합해서 읽으면 멋진 사건이 만들어진다.
　　　　[예] "이쁜이는 일지매와 성탄절에 화장실에서 탱크를 타고 놀았다."
　　　　"영자는 링컨과 함께 부엌에서 춤을 추었다."

요　령: 자기 것을 갖게 되면 오른쪽 사람과 바꾼다. 주어진 문장에 그럴듯한 해석을 스스로 붙여 발표한다.

도움말: 팀 별로 진행할 경우 팀원끼리 의논하여 하나로 통일하고, 주어진 문장에 가장 멋진 해석을 붙이는 팀에게 점수를 준다. 생각보다 재미있는 문장과 해석이 속출한다.

※ 가십(gossip) : 잡담, 세상 공론, 남의 소문이나 이야기

578 1분 선전

진　행: ① 리더는 즉석에서 아무 물건이나 골라서, 팀별 1개씩 나누어준다.
　　　　② 팀원끼리 의논을 하여 주어진 물건에 대해 1분짜리 선전물을 만든다.
　　　　③ 차례대로 발표하고 성적을 매긴다.
요　령: 선전물을 만드는 시간은 5분 정도가 적당하다.
도움말: 선전물을 만드는 과정과 발표를 통해 팀웍이 좋아진다.

579 우리 것이 제일

진　행: ① 팀별 차례대로, 자기 팀의 '제일'을 뽑아 공격(발표)을 한다.
　　　　예 긴 머리카락, 왕갈비, 개미허리, 도둑발, 왕여드름, ……
　　　　② 다른 팀에서 더 '제일' 가는 것을 찾아내지 못하면 1승을 올리고, 찾아내면 1패를 기록한다.
　　　　③ 팀별 여러 번씩 공격과 수비를 한 후, 종합 점수로 순위를 가린다.
요　령: 눈으로 확인할 수 없는 것은 안된다.
　　　　예 이쁜이, 바보, ……
도움말: 자기 팀원과 상대 팀원에 대해 관심을 갖게 된다.

580 피 알(P.R.) 시대

진　행: 10초 동안 자신을 얼마나 나타낼 수 있을까? 차례대로 돌아가며 자신에 대해 아주 인상깊게 PR을 해 본다.
요　령: 참석 인원에 따라 시간을 증감한다.
도움말: ※ PR(Public Relations): 선전, 섭외, 공보활동

581 젖은 옷 릴레이

준 비: T셔츠, 바지
진 행: 수영장에서 가능한 게임이다.
　① 청, 백 두 팀으로 팀 구성을 한다.
　② 풀(Pool) 좌우로, 1열 횡대로 선다.
　③ 1번은 T셔츠와 바지를 입는다.
　④ 시작 신호와 함께 1번부터 풀로 뛰어들어 건너편까지 갔다와서 다음 사람에게 T셔츠와 바지를 벗어서 바통 터치를 한다.
　⑤ 건너편으로 갈 때는 헤엄을 치든지 걷든지 자유다.
요 령: T셔츠와 바지는 같은 것으로 한다.
도움말: 2사람이 1조가 되어 남자는 바지로, 여자는 T셔츠로 바통 터치를 한다. 물안경, 오리발 등을 혼합해서 사용할 수 있다.

582 팬티 릴레이

준　　비: 팬티
진　　행: ① 팀별 남, 녀 2사람이 1조가 되어 5개 조의 대표를 선발한다.
　　　　② 1조부터, 출발선에서 팬티를 입고 출발 신호와 함께 출발한다.
　　　　③ 반환점에서 팬티를 바꿔 입고 들어와 다음 조에게 팬티로 바통터치
요　　령: 리더의 재치 있는 멘트가 들어가면 진풍경이 벌
　　　　어진다.
도움말: 팬티는 원색의 칼라 팬티가 좋
　　　　다. 음악을 장르별로 준비
　　　　하여 팬티를 입고 춤
　　　　을 추게 할 수도
　　　　있다. 이 때는 춤
　　　　을 잘추면 보너스
　　　　점수를 준다.

583 좁은 문

준　　비: 바늘, 실
진　　행: 바늘과 실을 갖고 제한 시간 내에 실에 많은 바늘을 꿰는 게임이
　　　　다.
요　　령: 개인전으로 할 때는 기록 경기
　　　　로, 팀 대항이면 릴레이로 진행
　　　　한다.
도움말: 부부 게임으로 좋다. 이 때는 남
　　　　자가 바늘을, 여자가 실을 갖고
　　　　한다.

✎ 생략

　　유머 마인드에서 빼 놓을 수 없는 것이 생략하는 기술이다. 꼭 말을 다 해 설명을 해야 청중이 알
아듣는 것은 아니다. 중간중간 건너뛰면 오히려 청중은 중요한 대목을 놓칠세라 경청하게 된다. 또
생략과 함께 쓰는 것은 말소리를 작게 하는 것이다. 말소리가 작아지면 귓구멍은 커진다.

584 개와 닭 싸움

준 비: 종이, 볼펜
진 행: ① 청, 백 두 팀으로 나눈다.
  ② 각 팀 종이 위에 가로로 5줄, 세로로 5줄을 그어 25칸의 정사각형을 만든다.
  ③ 종이의 맨 위쪽 '가로'로 1, 2, 3, 4, 5를, 맨 왼쪽 '세로'로 가, 나, 다, 라, 마를 표시하여 좌표를 만든다.
  ④ 개(청)팀은 강아지의 '강'자 3개를, 닭(백)팀은 병아리의 '병'자 3개를 직선이나 대각선으로 연이어 기록한다.(상대팀이 모르게)
  ⑤ '개'라는 글자 1개를 닭 팀의 맨 왼쪽 위칸(1, 가)에, '닭'이라는 글자 1개를 개 팀의 맨 오른쪽 아래칸(5, 마)에 기록한다.
  ⑥ 교대로 1번씩 공격을 하는데, 공격 방법은 '개'나 '닭'이 써 있는 칸에서 시작하여 직선이나 대각선을 그으며 옮겨 다닌다.
  ⑦ 옮기는 방향은 '가로, 세로'표(좌표)로 선택하여 움직인다.
    예 "(5, 마)"하면 (1, 가)에 있던 '개'가 (5, 마)로 옮겨간다.

⑧ 좌, 우, 상, 하, 대각선으로 움직이는데, 상대 팀의 공격에 '병'자나 '강'자가 칸에 걸려 있으면 닭 팀은 "삐약!"으로 개 팀은 "깨갱!"으로 상대 팀에게 알려 준다. 2마리가 걸렸으면 "삐약! 삐약!", 3마리면 "삐약! 삐약! 삐약!".

⑨ 상대 팀에게서 "삐약! 삐약! 삐약!" 또는는 "깨갱! 깨갱! 깨갱!"(3번)을 먼저 받아 내는 팀이 이긴다.

요 령: '개'나 '닭'을 쓰는 위치(좌표)는 팀에서 임의로 정할 수 있다. 움직이는 거리(칸)는 팀에서 결정하여 좌표로 삼는다. 상대 팀의 공격에 1마리도 걸리지 않았으면, 닭 팀은 "뽕! 뽕! 뽕!" 개 팀은 "멍! 멍! 멍!"으로 알린다.

도움말: 종이를 큰 것으로 사용하고, 난이도를 높이려면 6줄씩 36칸으로 늘린다.

585 가위 바위 보 판 게임

준 비: 도화지, 매직펜, 동전

진 행: ① 그림과 같은 가위 바위 보 판을 만든다.

② 2사람이 또는 청, 백 두 팀이 출발점인 '가위' 표에 동전 1개씩을 놓고 가위 바위 보를 한다.

③ 이긴 사람은 '가위'에게 이기는 바위칸으로 가고, 진 사람은 '가위'에게 지는 보칸으로 선택하여 간다.

④ 이기거나 지면 해당되는 조건을 찾아 옮긴다.(계속 반복)

⑤ 도착 지점인 '가위'에 먼저 도착하는 사람(팀)이 이긴다.

도움말: 가위 바위 보의 승부를 갖고, 현재 자신의 동전이 있는 그림과 비교하여 움직인다. 혼돈이 없기를!

586 원형 주사위 판 게임

준　비: 주사위, 도화지, 매직펜, 동전
진　행: ① 그림과 같은 원형 주사위 판을 만든다.
　　　② 각기 출발점에 동전을 놓고 차례로 주사위를 던진다.
　　　③ 주사위를 던져서 출발점과 연결이 되는 숫자가 나와야 전진한다.
　　　　예 A는 1또는 2가 나와야 원 안으로 들어가고, 만약 2로 들어갔으면
　　　　　다음엔 4나 5가 나와야 전진할 수 있다.
　　　④ 원 중심으로 동전을 먼저 보내는 사람(팀)이 이긴다.
도움말: 건너가기 게임을
　　　해도 재미있다.
　　　즉 A는 원 중심으
　　　로 들어갔다가 B
　　　지점으로 도착하
　　　고, B는 C로, C
　　　는 A로 도착해야
　　　이긴다.

587 합(合)이 열 다섯

준　비: 종이, 볼펜
진　행: ① 그림과 같은 네
　　　모 칸을 만든다.
　　　② 1부터 9의 숫자를
　　　네모 칸에 넣어, 가
　　　로, 세로, 대각선의
　　　합이 모두 15가 되
　　　도록 한다.
　　　③ 각각의 숫자는 1회
　　　만 쓸 수 있다.

5. 액션 마인드

행동이 없다면 얻는 것도 없다!

빌게이츠가 유명하고 힘이 있는 것은 그가 아이디어가 좋고 젊어서가 아니다. 돈이 많기 때문이다. 누구나 빌게이츠만큼 궁리를 하고 젊지만 그처럼 될 수 없는 것은 과학적인 적절한 행동이 없었기 때문이다.

금메달을 따내는 선수는 보약을 많이 먹고 비디오를 철저히 분석한 사람이 아니고, 과학적인 적절한 행동과 연습량이 많은 사람이다.

이 세상에서 간절히 바라고 소원하는 것만으로도 모든 것이 이루어진다면 이 세상에 가난뱅이는 한 사람도 없어야 한다!

588 옆집이 싸운다

진 행: ① 청, 백 2팀으로 나누고, 팀별 1렬 횡대로 앉는다.
② 각 팀의 1번은 2번에게 "야단났다!"라고 한다.
③ 2번은 "왜그래?"하고 묻는다.
④ 1번은 "싸운다!", 2번은 "어디서?"
⑤ 1번은 "우리집 옆집 구멍가게에서 싸운다!"라고 대답한다.
⑥ 2번은 3번과 함께, ②~④까지의 요령으로 대화를 주고 받는다.
⑦ 2번의 대답은 "우리집 옆집의 옆집 구멍가게에서 싸운다!"
⑧ 3번의 대답은 "우리집 옆집의 옆집의 옆집 구멍가게에서 싸운다!"
⑨ 끝번은 1번에게 달려가서 "어디서 싸워?"하고 묻고, 1번은 "싸움 끝났어!"라고 대답한다.
⑩ 틀리지 않고 먼저 끝난 팀이 이긴다.
요 령: 양 팀의 인원은 꼭 같아야 한다. 리더는 "옆집의 옆집의 ……"라는 말의 수가 정확한지 지켜 본다.
도움말: 팀별로 시간을 재는 기록 경기로 진행해도 좋다.

589 따르릉 따르릉

진　행 : ① 다함께 동요 '따르릉'을 부른
　　　　다.

　　　　② '따르릉' 노래 가사의 글자마다
　　　　밑에 받침 'ㅇ'을 붙여 부른다.
　　　　"땅릉릉 땅릉릉 빙켱낭셍용, 장정
　　　　겅강 낭강닝당 땅릉릉릉릉 ……"

　　　　③ 리더는 차례대로 지적하여 부르게 하고, 틀리면 벌칙을 주거나 소
　　　　액의 벌금을 받아 상금이나 회비로 쓴다.

요　령 : 받침에 변화를 주어 진행한다.
　　　　예 'ㄱ' = 딱륵륵 딱륵륵 빅컥낙섹육, 작적격각 낙각닉닥 딱륵륵륵륵
　　　　　　'ㅂ' = 땁릅릅 땁릅릅 빕켭낙섭융, 잡접겁갑 납갑닙답 땁릅릅릅릅

도움말 : 리더는 진행하면서 벌금이나 기부금을 걷게 되면, 절대로 주머니에
　　　　넣지 말고 보이는 곳에 두거나 경리에게 금액을 확인하여 건네 준
　　　　다. 아무리 작은 금액이라도 리더가 개인적으로 갖으면 절대로 안
　　　　됨!!!!!

590 가사를 바꾸어 부르기

진　행 : ① 동요 '산토끼'를 부른다.
　　　　② 동요 '송아지'를 부른다.
　　　　③ '산토끼' 곡에 '송아지' 가사를 넣어 부른다.
　　　　④ '송아지' 곡에 '산토끼' 가사를 넣어 부른다.

요　령 : "따르릉 따르릉" 진행 방법, 요령, 도움말 참조

도움말 : 널리 불리는 노래를 활용하면 변화를 줄 수 있다.
　　　　예 '진짜 사나이' 곡에 '돌아와요 부산항에' 가사를 넣어 부른다.

유머마인드39

✏ **표정연기**

표정연기는 유머마인드와 유머훈련에 좋다. 다음 사항을 실제로 해 보라.
1. 설탕인 줄 알고 한 숟가락 먹었는데, 소금이다.
2. 배탈이 나서 화장실을 갔는데 앞에 세 사람이나 줄을 서고 있다.
3. 무거운 것을 들고 가다 놓쳐서 발등이 깨졌다.

---

591 돌림 노래 부르기

진　　행: ① 짝 배수로 팀 구성을 한다.
　　　　② A팀이 노래를 시작한다.
　　　　③ B팀은 A팀 시작 후 1마디 늦게 시작한다.
　　　　④ C팀은 B팀 시작 후 1마디 늦게 시작한다.
요　　령: 노래는 큰 소리로 부르게 한다.
도움말: 노래는 동요 또는 잘 알려진 '개사곡'으로 한다.
　　예 〈목장길 따라〉
　　　　키스바 사러 가게 갔다가, 키스바 없어 쪽쪽바 샀네.(×2)
　　　　키스바 키스바 키스바 쪽쪽 키스바 쪽쪽 키스바 쪽쪽.
　　　　키스바 키스바 키스바 쪽쪽 키스바 쪽쪽 쪽!쪽!쪽!

실전 문제 10

실제로 해 보자!

실제로 해 보는 사람과 그렇지 않은 사람과는 한 발 차이가 난다. 야구에서 한 발 차이는 죽고사는 문제이다.

① 우리 회사 창립이래 10대 뉴스 콘테스트
   (호재 또는 악재) 선정하기
② 기획서 기본 양식 꾸미기
③ 실내 이벤트의 체크리스트 작성하기
④ 실외 이벤트의 체크리스트 작성하기
⑤ 실내 이벤트 기획 모델 꾸미기
⑥ 실외 이벤트 기획 모델 꾸미기
⑦ 테마 이벤트 꾸미기
⑧ 오프닝 이벤트 꾸미기
⑨ S.P & P.R 이벤트 꾸미기
⑩ 대형 프로젝트 기획 모델, 전람회, 국제 교류 및
   학술 세미나 등의 자료 수집 또는 참석하기

592 가라사대

진　　행: ① 모두 모여 리더를 보고 앉는다.
　　　　② 리더의 말 속에 "가라사대"라는 말이 들어가면 전원이 리더의 행동을 따라하고, "가라사대"라는 말이 없으면 따라하지 않는다.
　　　　③ "가라사대"라는 말이 없는데 리더의 행동을 따라한 사람은 벌칙을!
요　　령: 리더는 최대한 대상들이 헛갈리게 해야 한다.
　　　　例 "가라사대 오른손 올려", "왼손도 마저 올려", "가라사대 박수 3번 시작", "박수 2번 시작", "지금까지 걸린 사람을 위해 박수!" – 이 때 박수를 쳐도 걸린다.

사람이 많으면 우선 팀구성을 하고 팀장을 뽑는다.

593 하나 딱 셋 넷

진 행: ① 모두 모여 둥글게 앉는다.
   ② 첫번째가 "하나!"하면 2번은 "둘!"을 하지 않고 손뼉을 "딱!" 친
      다.
   ③ 3번은 "셋!" 4번은 "넷!"
   ④ 5번은 다시 "하나!" 6번은 "딱!"……
   ⑤ 5배수의 2번째는 "딱!"하고 손뼉을 쳐야지 그렇지 않으면 벌칙을!
요 령: 속도에 변화를 준다.
도움말: 난이도를 높이려면 6배수, 또는 7배수로 진행한다.

594 7배수의 함정

진 행: ① "하나 딱 셋 넷" 방법으
      로 진행하되, 7배수에 해당
      되는 사람은 "빵!"이라고
      큰 소리를 내야 한다.
   ② 얼떨결에 "빵!" 대신 숫자

      를 말하거나 숫자 대신 "빵!"을 말하면 틀린다. 벌칙을!
요 령: 7에는 "빵!" 14는 "빵!빵!" 21은 "빵!빵!빵!" 70은 "빵!×10번"
도움말: "빵!" 대신 "야옹!", "맹꽁!" "징글!" 등으로 변화를 줄 수 있다.

진　행: "7배수의 함정" 방법으로 진행하되, 끝의 수가 4로 끝나는 숫자 (4, 14, 24, 34, ……)에는 "징글징글"이라고 하고 끝의 수가 7로 끝나는 숫자(7, 17, 27, 37, ……)에는 "벙글벙글"이라고 큰 소리를 낸다.

요　령: 징글로 틀린 사람은 징그러웠던 기억을 말하고, 벙글로 틀린 사람은 재미 있었던 기억이나 에피소드를 말한다. (벌칙으로!)

596 한 바퀴 돌고 안으로

준 비: 공

진 행: ① 원으로 둘러 선 후, 중앙에 공을 놓는다.

② 그림과 같이 팀 구성을 하고 팀별 일련 번호를 정한다.

③ 다함께 노래를 부른다.

④ 리더는 "스톱!"을 부르고, 번호 1개를 부른다.

　예 "3번!"

⑤ 각 팀의 3번은 원 밖으로 1바퀴를 뛰어 돌고, 자기가 빠져나온 곳으로 들어가 중앙에 있는 공을 집는다.

⑥ 공을 먼저 집는 사람(팀)이 이긴다.

요 령: 팀 대항일 경우 점수를 매기고, 인원이 적으면 2바퀴를 돌게 한다.

※ ■ - 원형, 　 - 변형

만일의 경우를 대비해서 비상 연락망을 확보한다.

597 끝번까지 뛰기

준　비: 바통

진　행: ① "한 바퀴 돌고 안으로"의 대
　　　　　형으로 선다.
　　　 ② 각 팀의 1번은 바통을 들고, 시
　　　　　작 신호와 함께 원 밖으로 뛴다.
　　　 ③ 1바퀴를 돌아 온 1번은 2번에게
　　　　　바통 터치를 한다.
　　　 ④ 2번은 1바퀴를 돌아와 3번에게 ……
　　　 ⑤ 끝번까지 먼저 뛰는 팀이 이긴다.

요　령: "한 바퀴 돌고 안으로" 요령 참조

598 지그재그 번호 뛰기

진　행: ① 팀별 1렬 종대로 줄을 선 후, 앞사람부터 일련 번호를 정한다.
　　　 ② 리더가 부르는 번호의 사람은 그림과 같이 지그재그로, 자기 팀원
　　　　　사이를 뛰고 자기 자리로 들어온다.
　　　 ③ 먼저 자기 자리로 들어온 사람(팀)이 이긴다.

도움말: 반환점을 설치하
　　　　여 지그재그로 뛴
　　　　후, 반환점을 돌
　　　　아올 수도 있다.
　　　　"끝번까지 뛰기"
　　　　의 방법으로, 1번
　　　　부터 끝번까지 뛰
　　　　게 해도 좋다.

599 찰라 공집기

준 비: 막대기, 공

진 행: ① 출발선에 막대기를, 3m 앞에 공을 놓는다.

　② 선수는 출발선에서 막대기를 세워 잡고 있는다.

　③ 막대기를 놓고 앞에 있는 공을 집은 후, 막대기가 쓰러지기 전에 잡아야 한다.

　④ 막대기를 쓰러뜨리면 탈락되고, 성공하면 거리를 조금 더 멀게 하여 다시 또 한다.

　⑤ 가장 먼 거리를 성공한 사람(팀)이 이긴다.

요 령: 막대기를 긴 것으로 해야 한다.

도움말: 공을 집는 대신, 막대기를 놓고 그 자리에서 1바퀴 돌고 다시 막대기를 잡는 게임도 재미있다. 이 때는 제자리에서 몇 회까지 돌 수 있는지를 센다.

600 기록을 유지하자

준 비: 종이, 볼펜, 카메라

진 행: 모든 크고 작을 행사를 위해 치밀한 사전 준비가 필요한 것 만큼이나 행사 후, 다음을 위해 기록을 유지해야 한다. 기록은 메모형식을 취하기보다는 연극 대본을 쓰듯이 자세할수록 좋으나 다음과 같은 표를 만들면 활용하기가 좋다.

요 령: 기록을 끝낸 후, 다음에 또 이와 같은 행사를 다시 한다면 어떻게 할 것인가를 가상해서 미리 프로그램을 짜놓는 습관을 기르면 좋다. 수시로 메모를 남기고, 여건이 된다면 카메라나 비디오 촬영을 해 둔다.

도움말: 게임의 다양화를 위해 다음과 같은 내용을 제언한다.

① 이 게임을 확대한다면?

② 이 게임을 축소한다면?

③ 이 게임과 다른 게임을 혼합한다면?

④ 게임에 사용된 도구에 변화를 주면?

⑤ 게임에 참여하는 인원에 변화를 주면?

⑥ 게임의 장소를 바꾼다면?

⑦ 불변(不變)하는 게임은 없다. 계속 연구하고 시도해 보는 습관은 무한한 가능성과 끊임 없는 흥미를 약속한다.

※ "머리 좋은 천재보다 무딘 연필이 더 낫다."는 말을 기억하면서 ……"

게임 평가표

게임번호	게임이름	날짜	장소	참가자

평가자

참가자에게 적합?	진행어울림을 느꼈나?	시간과 장소의 선택은?	준비물의 이용은?	규칙이 잘 지켜졌나?

활용색인

3

유형별 색인

1. 가족 게임
2. 관람적 또는 무대 게임
3. 마무리(마지막) 게임
4. 물가 게임(① 수영장, ② 바다 또는 강가)
5. 민속 놀이
6. 벌칙 게임
7. 분위기 조성 또는 도입 게임
8. 사회자 또는 전체적 게임
9. 소풍 또는 자연학습
10. 송년, 신년 및 각종 파티(모임)
11. 인간 관계, 심성 계발 게임
12. 야유회, 친목회

13. 장애자, 교정자, 병원 게임
14. 직장 또는 사무실 게임
15. 차내 게임
16. 체육 대회(① 큰 체육 대회, ② 작은 체육 대회, ③ 신바람(명랑) 운동회)
17. 친교 게임
18. 캠프 화이어 (장작 잔치)
19. 캠프(M. T.) 게임
20. 팀 나누기 게임
21. 팀 데몬스트레이션(① 팀웍 게임, ② 대표자 게임)
22. 파트너(커플) 게임

사용법 : ① 행사 성격에 맞는 유형 번호(1~22)를 찾아 간다.
② 그 곳의 번호(게임의 고유 번호)를 메모지에 적는다.
③ 도구별 색인으로 가서, 갖고 있는 도구 또는 준비할 수 있는 도구 번호 (1~106)를 찾는다.
④ 메모지에 적은 번호와 일치하는 것을 찾는다.
⑤ 일치하는 번호가 진행하기에 적합한 게임이다.
⑥ ③~⑤를 생략하고, 번호를 찾아 읽고난 후 선택하여 진행한다.
⑦ 변화를 주어 다양하게 진행한다.

※ 게임의 다양화를 위해 '600' 의 도움말을 참조한다.

---

1. 가족 게임

※ 실내(室內) 게임으로도 활용할 수 있다.

003 머리 속의 시계 (1)
009 안짱다리 줄다리기 (1)
011 신문지 줄다리기
012 신문지 움켜잡기
015 손수건 줄다리기
017 인지 줄다리기
023 폐활량 챔피언
024 긴 숨
031 ○표와 ×표 이어나가기
034 신문지 빙고
038 더하기 웅변
040 인간 기중기
047 종이컵 탑 쌓기
051 헛발질 조심
053 청각(聽覺) 테스트
054 미각(味覺) 테스트
055 후각(嗅覺) 테스트
056 지나간 물건은
062 제한 술래잡기
069 실내 올림픽 경기
071 천, 지, 수, 화!
072 어, 조, 목, 광!
073 천,지,수,화,어,조,목,광!
074 동물 이름 대기
079 모두 합죽이가 됩시다
088 빽미러(Back-mirror) 숏!

7. 분위기 조성 또는 도입 게임

8. 사회자 또는 전체적 게임

※ 참석한 모두에게 평등한 기회를
주어야 한다.

9. 소풍 또는 자연학습

※ 규모가 작거나 어린이 프로그램
으로 활용한다.

22. 파트너(커플) 게임

※ 대표자 게임으로 활용할 수 있다.

1. 가위	28. 메모지와 볼펜	55. 손수건	82. 젓가락
2. 거울	29. 명함	56. 수건	83. 제기와 제기판
3. 건전지	30. 모자	57. 숟가락	84. 종이 방망이
4. 고깔모자	31. 문짝	58. 스카이 콩콩	85. 종이 테이프
5. 고리	32. 밀가루	59. 스케이트보드	86. 주걱
6. 공	33. 바가지	60. 스펀지	87. 주사위
7. 과도	34. 바구니	61. 슬리퍼(신발)	88. 죽마
8. 과일(귤,사과…)	35. 바늘	62. 신문지	89. 줄
9. 과자	36. 바둑알	63. 실	90. 지네발
10. 깡통	37. 바통	64. 싸인펜	91. 책(잡지)
11. 껌	38. 방석	65. 알사탕	92. 칠판
12. 끈	39. 방안지(원고지)	66. 애드바룬	93. 컵
13. 눈가리개	40. 번호판	67. 야구공과 글러브	94. 크레파스
14. 달걀	41. 벙어리 장갑	68. 양동이	95. 타이어
15. 달력	42. 보자기	69. 양초(촛불)	96. 탁구공
16. 대야	43. 봉투	70. 오리발	97. 탁자
17. 도화지	44. 부채	71. 오자미	98. 테이프
18. 동전	45. 비치볼	72. 옷	99. 톱과 통나무
19. 들것	46. 빈 병	73. 우산	100. 튜브
20. 딸랑이	47. 빨대	74. 윷	101. 평균대
21. 럭비공	48. 빨래집개	75. 음악	102. 풍선
22. 롤러스케이트	49. 뽕망치	76. 의자	103. 호루라기
23. 막대기	50. 삐에로 복(衣)	77. 자	104. 화살과 항아리
24. 망치와 못	51. 상자	78. 자루	105. 화장지
25. 매직펜	52. 색종이	79. 잡동사니	106. 훌라후프
26. 먹거리	53. 성냥(성냥갑)	80. 장애물	107. 도구 없는 게임
27. 메모지	54. 세발 자전거	81. 쟁반	

사용법 : ① 갖고 있는 도구 또는 준비할 수있는 도구 번호(1~106)를 찾아 간다.

② 그 곳의 번호(게임의 고유 번호)를 메모지에 적는다.

③ 유형별 색인으로 가서, 행사 성격에 맞는 유형 번호(1~22)를 찾는다.

④ 메모지에 적은 번호와 일치하는 것을 찾는다.

⑤ 일치하는 번호가 진행하기에 적합한 게임이다.

⑥ ③~⑤를 생략하고, 번호를 찾아 읽고난 후 선택하여 진행한다.

⑦ 변화를 주어 다양하게 진행한다.

※ 게임의 다양화를 위해 '600'의 도움말을 참조한다.

도구별

도 구 별

도구별

도구별

도 구 별

도구별

제 목 별

제목별

제 목 별

제목별

*

프로 레크리에이션 600

*

초 판 1쇄 : 2002년 8월 10일
증보판 10쇄 : 2009년 4월 1일
증보판 11쇄 : 2015년 6월 20일

*

엮은이 : 전 승 훈
펴낸이 : 이 규 종
펴낸곳 : 해피&북스
*
서울특별시 마포구 망원동 379-41
출판등록 : 제10-1562호(1985.10.29)

TEL : 02-323-4060
FAX : 02-323-6416
e-mail : elman1985@hanmail.net
*
잘못된 책은 바꾸어 드립니다.
*
값 10,000원

놀이와 행사(상담 및 게임도구 렌탈, 구입시 연락처)
우 150-863 서울시 영등포구 양평동1가 131-2
인동빌딩 4층
☎(02)2068-2088, 011-282-5840
www.selfevent.com (행사용품 렌탈&판매)
www.funbox.kr (펀(FUN)용품 전문)
www.hifun.kr (유머 홈페이지)